21 世纪高职高专教材·市场营销系列

市场营销实训教程

白云华　赵雪梅　主编

清 华 大 学 出 版 社

北京交通大学出版社

·北京·

内 容 简 介

本书以培养高素质的技术技能型营销人才为目标，以营销岗位规范与职业标准为依据，按照工作流程，将内容整合为九个项目：营销岗位体验、营销环境分析、消费者需求分析、市场定位分析、产品决策、定价决策、分销决策、促销决策、新媒体运营。每个项目又分解为若干工作任务，以"实训目标—实训内容—实训指导—实训步骤与成绩评定"的逻辑思路编写而成，便于指导学生进行实际操作。本书为实训手册式教材，同时配套数字资源，有利于全面提升学生的综合职业能力。

本书可作为高等职业院校、高等专科院校、成人高校及本科院校的二级职业技术学院市场营销专业及其他相关专业的通用教材，也可作为营销从业人员的自学和培训用书。

图书在版编目（CIP）数据

市场营销实训教程/白云华，赵雪梅主编 . —北京：北京交通大学出版社：清华大学出版社，2022.10

ISBN 978 - 7 - 5121 - 4787 - 4

Ⅰ.①市…　Ⅱ.①白…　②赵…　Ⅲ.①市场营销学-高等学校-教材　Ⅳ.①F713.50

中国版本图书馆 CIP 数据核字（2022）第 152586 号

市场营销实训教程
SHICHANG YINGXIAO SHIXUN JIAOCHENG

责任编辑：谭文芳

出版发行：清 华 大 学 出 版 社　　邮编：100084　　电话：010-62776969　　http：//www.tup.com.cn
　　　　　北京交通大学出版社　　邮编：100044　　电话：010-51686414　　http：//www.bjtup.com.cn
印 刷 者：北京时代华都印刷有限公司
经　　销：全国新华书店
开　　本：185 mm×230 mm　　印张：19　　字数：425 千字
版 印 次：2022 年 10 月第 1 版　　2022 年 10 月第 1 次印刷
印　　数：1~2 000 册　　定价：49.00 元

本书如有质量问题，请向北京交通大学出版社质监组反映。对您的意见和批评，我们表示欢迎和感谢。

投诉电话：010-51686043，51686008；传真：010-62225406；E-mail：press@ bjtu.edu.cn。

前　言

教材改革是"三教"改革的重要组成部分。早在 2019 年教育部发布的《国家职业教育改革实施方案》中就明确倡导使用新型活页式、工作手册式教材并配套开发信息化资源。2020 年，教育部印发《职业院校教材管理办法》，要求职业院校教材要符合技术技能人才成长规律和学生认知特点，对接先进的职业教育理念，突出理论与实践相统一，注重以典型工作任务、案例等为载体组织教学单元。为贯彻教育部对职业院校教材改革的要求，编者通过总结以往的教学经验、学生实训项目的落地情况，将两者有机融合，编写了本书。本书为高职高专市场营销专业实训教材。

本书具有如下特点：

1. 本书是基于典型工作任务开发的新型实训手册式教材，突出了实操性训练。本书依据营销岗位工作流程，设计了九个项目，每个项目又分解为若干工作任务，每个工作任务设计了实训目标、实训内容、实训指导、实训步骤与成绩评定等环节，尽可能与企业的营销工作对接，突出了实操性，既有利于培养学生的综合职业能力，又方便教师开展项目化、情境化教学。

2. 为方便教学，本书配有在线教学资源，帮助学生理解重点与难点，更便于指导学生实训。

3. 实训指导中的理论内容、案例解析，尽可能选取最新素材，与线上线下融合发展的时代背景相结合，突出了新颖性、实用性与趣味性，有利于激发学生的学习兴趣。

4. 在实训项目的基础上，增加了课后练习，包括选择题、判断题、案例分析题、思考题、趣味题等内容，从理论与训练两条线入手，加强对学生全方位能力的培养。

本书共分九个项目，编写分工如下：白云华、高雯钰负责编写项目 1、2、4；张蕾负责编写项目 3；赵雪梅、王靖钧负责编写项目 5、8；滕凤英负责编写

I

项目 6；毕蕊负责编写项目 7；任爽负责编写项目 9。全书由白云华统稿、定稿。在编写过程中，本书借鉴了大量的文献资料，在此，向这些文献的作者表示感谢！

为方便教学，本书配备了课件、视频材料、习题库、作业库等教学资源。选用本书作为教材的教师和学习者可登录 https://www.xueyinonline.com/detail/222754272 观看在线课程。

由于编者水平有限，书中内容难免有缺陷和不足之处，恳请专家和读者提出宝贵意见，以便日后修订，使之完善。

编　者

2022 年 4 月

目　录

项目 1

走进营销——营销岗位体验

项目目标：

能力目标

- 能够正确认识市场与市场营销，学会从营销角度分析问题、解决问题
- 能够树立现代营销观念，开展企业营销活动
- 能够通过提升顾客的让渡价值，提高顾客满意度

知识目标

- 知道市场、市场营销在营销学中的确切含义
- 了解市场营销管理的基本任务
- 了解营销观念的演变过程
- 掌握提升顾客让渡价值的方法
- 了解未来就业的主要岗位及所需的能力、素质要求

素质目标

- 树立现代营销观念和可持续发展理念
- 培养顾客至上理念
- 培养自信心，提高情商
- 培养细致的观察能力、语言沟通能力和团队协作能力

项目内容：

当今社会已进入营销时代。2020 年 5 月份，人社部发布"2020 年第一季度全国 100 个短缺职业排行"显示，营销岗位连续 3 期稳居短缺岗位第一位，可见营销人才的需求量极大。市场营销是需要高智商、高情商才能胜任的职业，是企业中为数不多的直接创造利润的关键岗位，是适合勇敢人挑战的快速积累财富的工作。大学毕业生小李踌躇满志，想要在营销界披荆斩棘干出一番大事业。他应聘到一家连锁水果超市做营销工作。原来他以为上班后

会有老师傅带着他开展工作，可是到公司报到后，主管只是给他介绍了公司章程和岗位职责，就不再理会他了，他感到无所适从，不知道怎样才能成为一名优秀的营销人。于是，小李报名参加了岗位培训。

项目分解：

任务 1.1　认识市场营销

任务 1.2　树立现代营销观念

任务 1.3　培养顾客至上理念

任务 1.4　成为一名优秀的营销人

任务 1.1　认识市场营销

1.1.1　实训目标

知道市场的构成要素，能够从不同角度正确认识市场、识别市场。正确理解市场营销，了解市场营销过程及市场营销管理的任务，能够从营销角度分析问题、解决问题。

1.1.2　实训内容

营销是什么？大学教授说：它跟市场有关，它跟需求有关。公司老板说：它需要创新。婚礼策划人说：它是一门艺术。街边小贩说：它就是如何赚钱。小区大爷说：它就是把东西卖出去呗。对营销的理解，仁者见仁、智者见智，这些五花八门的答案基本勾勒出了营销的轮廓：市场、需求、创新、回归本质与关注人性。小李很困惑，到底什么是市场？什么是市场营销呢？市场营销是不是等同于推销？市场营销管理的实质又是什么？

在培训课中小李参加了系列座谈会，主持人通过讨论、模拟演练及案例分析，让大家围绕上面的议题，谈一谈对市场及市场营销的理解。

1.1.3　实训指导

1. 什么是市场

不同的人、不同的团体对市场的理解不一样，从不同角度分析的结果对市场的解释也是不一样的。

1）市场是商品交换的场所

这是从地理角度理解的市场，是买卖活动发生的特定空间，如商超、农贸集市等。这是对市场的狭义理解。现在买卖活动一定发生在某一固定的场所吗？不一定，买卖的时间与空间由于科技的发展尤其是互联网的发展发生了很大变化，买与卖并非同步。因此，我们要打破时间与空间的限制去理解市场，由此便产生了对市场的广义解释。

2）市场是商品交换关系的总和

这是从社会学、经济学角度理解的广义的现代意义上的市场。它涵盖了在交换过程中所发生的各种人与人、人与物之间的关系。这种交换关系发生必须具备三个要素，即买方、卖方与商品，买卖双方围绕商品进行交换，只要这种交换关系发生了则市场就存在。

3）市场是现实购买者和潜在购买者的集合

这是从企业角度理解的市场，也是营销学要研究的市场。从企业角度看，卖方构成行业，买方构成市场。那么这个市场也要具备三个要素，即购买者、购买力、购买欲望，三者缺一不可，构成了完整的市场。

2. 什么是市场营销

营销之父菲利普·科特勒说过，市场营销是个人或群体通过创造产品或价值，并同他人进行交换，以获得所需所欲的一种社会及管理过程。在菲利普·科特勒看来，"满足需求的同时获利"是对营销最简明的定义。

市场营销就是创造价值满足需求的过程。消费者需要的不是某一个具体的有形产品，而是这种产品能够给他带来的好处和利益，营销就是要创造这种利益并通过交换满足那些需要的人，同时也让自己获利的过程。

我们可以这样理解：市场营销是以交换为手段，以满足需求和欲望为最终目标。交换过程能否顺利进行，则取决于企业创造的产品和价值可以满足顾客所需的程度，以及企业对交换过程管理的水平。可以用图 1-1 来描述一个简单的市场营销过程。

图 1-1 一个简单的市场营销过程

市场营销活动的各种关系如下：

（1）市场营销的主体是企业（卖方）；

（2）市场营销的客体是市场（买方）；

（3）市场营销的媒体是产品；

（4）市场营销的核心是交换；

（5）市场营销的出发点是人类的需要和欲望；

（6）市场营销的目的是满足各方的需求；

（7）市场营销管理的实质是需求管理。

3. 市场营销与推销

有人说，市场营销就是推销。的确，营销离不开推销，但是就像仅仅依靠广告宣传是无法创建一流的品牌一样，仅仅依靠推销也无法实现市场营销的目标。那么，市场营销与推销是什么关系呢？

1）推销只是市场营销的基本职能之一，它是市场营销过程中的一项活动

当企业面临销售压力时，是会把推销或促销放在第一位的，但是如果前期做了周密的市场调研，有科学的市场定位，按消费者的需求组织设计产品、合理定价、提供便利的购买渠道，就有可能不会出现产品积压现象，就不需要拼命推销了。所以说，推销只是市场营销活动的最后一个环节，是市场营销过程中的一项活动，但绝不是核心环节。

过于注重推销，很可能会出现两种误区：一是生产出来的产品根本不是消费者需要的，在这种情况下，无论怎样大力推销，企业的营销效果都不会最佳；二是任何市场都会出现需求饱和点，如果已经达到饱和点，还要开足马力进行推销或促销，只会带来企业成本的增加，最终导致企业经营的盲目性。

2）推销只不过是市场营销的冰山一角

市场营销的目标是在满足消费者需求的同时尽可能多地实现产品销售，推销的目标也是如此。如果把市场营销比作一座冰山，推销就是这座冰山的顶端。但是，这座冰山是容易融化的，如果底部没做好，顶端就没那么高，推销的目标也无法实现。因此，必须要踏踏实实地做好市场营销的每一项工作，才能实现推销的目标。

4. 需求管理

市场营销管理的实质是需求管理。因此，市场营销管理的任务就是要管理需求。如何管理需求呢？任何市场均存在不同的需求状况，根据需求水平、时间和性质的不同，可归纳出八种需求类型，对不同类型的需求，市场营销管理的任务不同。

1）负需求

负需求是指绝大多数人对某个产品感到厌恶，甚至愿意出钱回避它的一种需求状况。有些老年人为预防疾病不敢吃甜点，素食主义者远离肉类食品，还有疫情期间人们对三文鱼等海鲜避而远之，这些都属于负需求。

针对这种需求，我们该怎么办？采用扭转性市场营销，也就是说找出不喜欢的原因，对症下药，扭转人们的抵制态度，把负需求变成正需求。比如，宣传老年人适当吃甜食可促进脑血液循环，改变老年人对甜食的看法；疫情期间正确宣传病毒的传播途径，减少人们对海

鲜的恐惧，教会大家正确食用海鲜，等等。负需求往往是因为消费者认识上的原因而导致的，因此，找出根源，重新设计产品、定价，做积极的宣传尤为重要。

2）无需求

无需求是指目标消费者对某种产品从来不感兴趣或漠不关心的一种需求状况。例如，非洲当地的土著人从来不穿鞋，对鞋子无需求；微波炉刚上市时，大多家庭主妇对它不感兴趣，认为没必要，这些都属于无需求状况。

针对这种需求，市场营销管理的任务是刺激性市场营销，即通过大力宣传及采取其他营销措施，努力将产品所能提供的利益与人的需要、兴趣联系起来，开发市场、创造需求，这需要企业营销人员思维的转变。

3）潜在需求

潜在需求是指不能立即转化为购买行为的需求。潜在需求转化为现实需求必须具备三个条件：强烈的购买欲望、足够的支付能力、满意的商品，三者缺一不可。潜在需求有三种表现：例如，最新的苹果手机上市，售价 8000 元人民币，小李特别想拥有，专卖店有货，但是小李没钱，只能暂时搁浅购买计划，待有钱了再买，这是第一种潜在需求的表现；第二种，小李有钱，也特别想买，但到了专卖店后发现自己喜欢的金色没有货了，只能等待；第三种，小李有钱，店里也有货物，但听说这款手机性价比没有那么高，所以小李的需求变得没那么强烈，不着急购买了。这三种都是潜在需求的表现。

针对潜在需求，市场营销管理的任务是开发性市场营销。当然，针对不同的潜在需求表现，采取的营销手段是不同的。支付能力欠缺，可通过支付方式的改变，如分期付款或调整价格，提升消费者的购买力；因产品上市量不足或产品性能上的问题导致消费者无法购买的，可通过加大产量或改进产品，促进潜在需求的转化；对于购买欲望不够强烈的，可通过加大宣传力度，刺激需求，诱导购买行为的发生。

4）衰退需求

衰退需求是指因产品进入衰退期，目标消费者对该产品的需求出现下降趋势的一种需求状况。衰退需求与负需求的区别在于，负需求是因消费者的原因减少的需求，而衰退需求是因产品自身的原因减少的需求。每个产品都有它的市场生命周期，当产品进入衰退期时，随着新产品的更新换代，老产品自然会失去它的生命力。

面对衰退需求，市场营销管理的任务是恢复性市场营销，也就是通过改进产品，采用更有效的沟通方式再刺激需求，通过创造性的再营销或通过寻求新的目标市场，以扭转需求下降的格局，恢复市场。

这方面最经典的案例就是回忆杀回力的复兴。回力创建于 1927 年，拥有 90 多年历史，它不仅承载了几代中国人的回忆，也是民族品牌的一个代表。1984 年，中国女排在第二十三届洛杉矶奥运会上夺得冠军，比赛时穿的就是回力排球鞋。在 20 世纪七八十年代，拥有一双回力鞋曾经是许多年轻人的梦想。到了 20 世纪 90 年代随着国外运动品牌的进入，回力鞋销量开始大减，甚至无人问津。2000 年以后，回力强势回归，它大打回忆牌，激起 70

后、80后对儿时的回忆与怀念，像《致青春》《同桌的你》等影片中都出现了"回力"的身影，对很多中年人来讲，回力代表了那些逝去的青春年华，通过一些明星、时尚人士的宣传，也得到了年轻人的追棒，甚至一度火到了国外。如今的回力，紧紧抓住运动市场复古潮流与国产老字号情怀风潮，及时意识到电商的重要性并加以利用，通过高性价比的产品，"明星+社交"营销方式，在耄耋之年，又重新回到了大众视线中。

5）不规则需求

不规则需求是指某些产品或者服务的需求在不同季节，或一周不同日子，甚至一天不同时间上下波动很大的一种需求状况。如运输业、旅游业、娱乐业都有这种情况。例如张家界景区，3月到11月是旺季，游客多，周边的酒店、旅馆短缺；而12月到次年的2月是淡季，游客少，周边的住宿空闲。再比如，在公用交通工具方面，在运输高峰时不够用，在非高峰时则闲置不用等。

在不规则需求情况下，市场营销管理的任务是协调性市场营销，即通过灵活定价、大力促销及其他刺激手段来改变需求的时间模式，使产品或者服务的市场供给与需求在时间上协调一致，达到均衡。例如，景区及周边的旅店实行淡旺季价格，冬季养客，夏季吃客。

6）饱和需求

饱和需求是指某种产品或服务目前的供需水平，在数量和时间上趋于平衡的状况，这是企业最理想的一种需求状况。但是，值得注意的是，需求的饱和状态不会静止不变，由于竞争及消费者兴趣和偏好的改变，供需平衡的现象随时都可能被打破，从而出现新的不平衡。

针对饱和需求，市场营销管理的任务就是维持性市场营销，设法维护企业现有的销售水平，防止出现下滑的趋势。

7）过剩需求

过剩需求是指市场上消费者对某些产品的需求超过了企业供应能力，产品供不应求的一种需求状况。造成过剩需求的原因有两个方面：一是由于受到资源和技术条件的限制，企业一时难以增加供应量；另一方面可能是由某种产品或服务长期过分受欢迎所致。过剩需求会造成资源的浪费和环境的破坏。例如，我国一些著名的风景区和名胜古迹由于人们长期的大量需求，造成了不同程度的破坏。

针对过剩需求，市场营销管理的任务是限制性市场营销，通过提高价格、减少服务内容、降低促销努力等，限制人们的需求强度，降低需求热情。例如，景区实行限流模式，2022年6月布达拉宫因疫情关闭后重新开放，参观人数每天控制在2100人次以内；2021年"十一"黄金周期间，北京故宫博物院每天限流30 000人。

8）有害需求

有害需求是指市场上的某些产品或服务对消费者的身心健康无益甚至有害的一种需求状

况。例如，包含了过量的某种对人体有害物质的食品或化妆品，不安全的电器，假药，有害公众利益的赌具、毒品、黄色书刊和音像等。

对于有害需求，市场营销管理的任务是反市场营销，也叫抑制性市场营销，大力宣传有害产品或者服务的严重危害性，停止生产供应。抵制性营销与限制性营销不同，限制性营销是限制过度的需求，而不是否定产品或劳务本身；抵制性营销则是强调产品或劳务本身的有害性，从而抵制这种产品和劳务的生产和经营。

1.1.4 实训步骤与成绩评定

1. 实训步骤

第一步，讨论。有这样三句话："周日，我们一起去逛服装市场吧""我们要依靠管理制度，促进市场繁荣""我们要开发和抢占大学生市场"。这三句话里的"市场"分别指的是什么？

第二步，模拟演练。假如你是水果店老板，有位老太太来买葡萄，你会怎么卖呢？两人一组，一人扮演水果店老板，一人扮演老太太，进行模拟演练。下面有三个场景，你会选择哪一个？演练后，说明理由。

场景一：

一位老太太走进水果店，问："老板，你这里有葡萄卖吗？"老板说："有啊，我这里的葡萄又大又甜，给您来一斤？"老太太二话没说，转身就走，离开水果店。

场景二：

一位老太太走进水果店，问："老板，你这里有葡萄卖吗？"老板说："有啊，我这里有甜的，也有酸的，您要哪一种？"老太太说："来一斤酸葡萄吧！"于是老板要了一斤酸葡萄给老太太，并将老太太送出门口。

场景三：

一位老太太走进水果店，问："老板，你这里有葡萄卖吗？"老板说："有啊，我这里有甜的，也有酸的，您要哪一种？"老太太说："来一斤酸葡萄吧！"老板继续说："您的牙口可真好，别人都喜欢吃甜的，您却喜欢吃酸的？"老太太说："哪里是我吃啊，是给儿媳买的，她怀孕了，想吃酸的！"老板说："恭喜您要当奶奶了！怀孕期间，孕妇多吃含有维生素的水果，将来一定会生下又健康又聪明的宝贝，您看我这里刚来一批新鲜的猕猴桃，维生素含量极高，听说对胎儿很有好处，您要不要来一斤？"老太太心花怒放，说："好、好、来一斤。"于是老板要了葡萄和猕猴桃给老太太，并将其送出水果店。

第三步，查找精彩的需求管理案例，介绍企业是如何进行市场营销管理的。

2. 成绩评定

成绩评定的要求见表1-1。

表1-1　考核要求及评分标准

考核内容	考核要求及评分标准	分　值
对市场的理解	能够从三个角度全面理解市场的含义	15
	能够准确说出不同市场的构成要素	15
对市场营销的理解	将对营销的理解融合到模拟演练中，能够准确把握营销的内涵	20
	能够理解营销与推销的关系	20
对市场营销管理的认知	案例内容选取准确，分析详尽	15
	案例讲解清晰、表达流畅	15

1.1.5　课后练习

1. 选择题

（1）市场营销的核心是（　　）。

A. 生产

B. 分配

C. 交换

D. 促销与服务

（2）市场营销的出发点是（　　）。

A. 需要与欲望

B. 需求

C. 交换

D. 价值

（3）构成市场的微观要素有（　　）。

A. 商品

B. 购买力

C. 交换

D. 购买者

E. 购买欲望

（4）从经济学角度理解，市场是由（　　）构成。

A. 商品

B. 买方

C. 交换

D. 卖方

E. 场所

(5) 对于潜在需求市场,市场营销管理的任务是 (　　)。

A. 刺激性营销

B. 扭转性营销

C. 开发性营销

D. 恢复性营销

2. 判断题

(1) 市场营销管理的实质是销售管理。(　　)

(2) 营销就是促销。(　　)

(3) 市场营销就是销售和做广告宣传。(　　)

(4) 从企业角度看市场就是买卖商品的场所。(　　)

(5) 从宏观上,市场的发展是由买方决定,卖方推动的动态过程。(　　)

3. 案例分析题

如何提升牙膏厂的营业额?

有一家牙膏生产厂家生产的牙膏质量优良,包装精美,深受广大消费者的喜爱,前五年每年的销售增长率为 10%~20%。当公司进入第六个年头时,业绩开始下滑。董事会感到很不满,便召开全国经理级高层会议商谈对策。会议中,一位年轻经理对董事会说:“我有一个建议,若您使用我的建议,必须另付我 10 万元。”总裁听了很生气,说:“我每月都给你开工资,年底还有奖励和分红。现在让你来开会讨论,你还另外要要 10 万元,是否过分了?”“总裁先生,您别误会。若我的建议行不通,您可以将它丢弃,一分钱也不必付。”年轻经理解释说。“好!”总裁接过年轻经理传递的纸条,阅毕,立即签了一张 10 万元支票给那位年轻经理。那张纸条上只写了一句说:将现有的牙膏开口扩大 1 mm。结果,该公司第七年的营业额增加了 32%。

思考与讨论:

(1) 年轻经理的营销建议是成功的还是失败的?

(2) 成功或失败的理由是什么,至少写出 3 个。

4. 思考题

网上有这样一个段子:男孩子追求女孩子,男孩子说,嫁给我吧,我年薪 10 万,有房有车,我会让你幸福,这是推销;男孩子继续求婚,我不仅有房有车,我爸有很多钱,跟我好,这些钱以后都是你的,这是促销;男生根本不表白,但很多女生被男生的学识、气质与风度所迷倒,这才是营销;女生不认识男生,但她所有的朋友都对那个男生夸赞不已,这就是品牌的魅力所在。你认可吗?说明理由。

任务 1.2　树立现代营销观念

1.2.1　实训目标

通过实训，明确营销观念的重要性，树立现代营销观念。

1.2.2　实训内容

在培训中老师说：当前营销已进入 4.0 时代。1.0 是工业化时代以产品为中心的营销，2.0 是以消费者为中心的营销，3.0 是以价值观为驱动的、以人为本的营销；4.0 则是以大数据、社群、价值观营销为基础的互动营销。随着时代的发展，营销观念正在与时俱进。

培训师让学员以某一企业为背景，通过调查，分析其营销观念是否符合现代市场经济的发展要求，并进一步说明树立正确的营销观念对于企业开展市场营销活动的重要性。

1.2.3　实训指导

思想有多远，我们就能走多远。正如人的行为受三观支配一样，企业的市场营销管理也是在一定的指导思想和经营理念下进行的，这种指导思想和经营理念，叫作营销观念。

营销自 1900 年诞生以来，至今经历了两大阶段：产品导向阶段与顾客导向阶段。每一种导向的产生，都是特定年代背景下的产物。

1. 产品导向的营销观念

产品导向，即以产定销，它是典型的企业本位，以"我"为中心，产生于供不应求的客观条件下。它的表现形式有生产观念、产品观念和推销观念。

1）生产观念

生产观念产生于 20 世纪 20 年代前，这种观念认为，消费者喜欢那些随处可以买得到的价格低廉的产品。它的思维方式是：生产−技术−销售。典型语言是：我能生产什么就卖什么。企业的中心任务在于组织资源、增加产量、提高效率、降低成本。这种观念在两种条件下是合理的：一是产品需求超过供给，也就是供不应求的时候；二是某种产品的市场前景非常好，但成本太高，必须通过提高生产力扩大市场，以降低生产成本。早期的福特车倡导的就是这种生产观念。

2）产品观念

产品观念则认为，产品是最重要的因素，消费者会优先选择质量最优、性能最好、功能最多的产品，也就是"以质取胜"，同时排斥用各种营销方式销售产品。它认为"酒香不怕巷子深"，只要产品好一定会有人买。因此，致力于技术的研发、质量的提升，并不考虑消费者需不需要，这一观念容易导致营销近视症。产品观念的实质仍是生产观念。

3）推销观念

推销观念产生于 20 世纪 20 年代到 50 年代。它认为消费者表现出一种购买惰性或抗拒心理。因此，企业必须将销售作为第一要素，想方设法加大宣传力度，提高推销效率。它的思维方式是：销售-技术-生产。典型语言是：我们卖什么，人们就买什么。企业的中心任务在于致力于大量推销和促销努力。这种观念的实质仍然是以生产、企业为中心。

综上所述，无论生产观念、产品观念、推销观念都产生于卖方占绝对或相对支配地位的市场环境，它的出发点是企业，通过增加生产、提高质量、扩大销售，获取企业利润。

到了 20 世纪五六十年代，社会生产力迅速发展，市场由原来的卖方市场转变为买方市场，人们对产品有了选择的要求，于是企业的经营理念发生了根本性变革，由此便进入顾客导向阶段。

2. 顾客导向的营销观念

顾客导向，即以销定产，也就是以"消费者"为中心，产生于供过于求的客观环境下。它的主要表现形式有市场营销观念和社会营销观念。

1）市场营销观念

市场营销观念认为，要达到企业目标，关键在于确定目标市场的需求与欲望，并比竞争者更有效率地满足消费者需求。它的思维方式是：消费者需求-销售-技术-生产。典型语言是：顾客需要什么，我们就生产什么、销售什么。这完全打破了传统的思维方式，要求企业以顾客为中心、以市场为导向、以协调的市场营销为手段、通过满足消费者需求来盈利。

2）社会营销观念

社会营销观念则是对市场营销观念的修改与补充。它认为，企业不但要满足现有消费者的需求，而且还要考虑维护未来消费者和社会的长远利益，这样，企业才有强大生命力。它强调企业利润、消费者需求的满足与社会利益三方的协调与统一。在社会营销观念的指导下，许多企业担负起社会与道德的责任，将环境保护、节约资源、维护青少年的身心健康等放在第一位。例如，很多电商开始了低碳化行动，研发可降解的快递袋和无胶带纸箱、建立回收站点回收快递箱再利用、推出电子签收系统等，这些都大大减少了包装材料的浪费。

总之，顾客导向与产品导向不同，顾客导向是以消费者需求为出发点，包括现有消费者和未来消费者，通过满足需求，增进社会利益，获取企业经济效益。

3. 创新型营销观念

随着经济全球化的发展及数字时代的到来，那种以产品为中心、规模化、单向化的，通过广告打造品牌的经营理念已经越来越不适应新的经济形势，营销观念的创新成为必然。

1）文化营销

文化营销是把商品作为文化的载体，通过市场交换进入消费者意识的企业行为。它在一定程度上反映了消费者物质和精神追求的各种文化要素。麦当劳卖的仅仅是面包加火腿吗？不是的，它卖的是快捷、时尚、个性化的美国饮食文化。中秋节吃月饼，吃的是什么？仅仅是味道吗？不是，吃的是中华民族传统文化——团圆喜庆。

羽西作为中国本土的高档知名化妆品，自品牌创立以来，一直努力为中国女性量身定制自然、安全的护肤和美妆方案。它卖的不仅仅是产品，是中国传统文化和东方审美。首先，它传承中医理论，采用灵芝、雪耳、当归、虫草、人参等珍贵天然药性植物作原料，结合先进的科技萃取技术定制系列产品。其次，在营销上，围绕"传统文化"和"东方审美"这两个主题，提升文化底蕴。2019 年 11 月，羽西携手《新华字典》推出有凤来仪限量版系列产品，以"她"字为始，探索女字旁汉字背后的中国新女性力量。2020 年 3 月，羽西又联合迪士尼，推出花木兰限量版彩妆系列，以中国独有的水墨画风格在传统与现代之间找到平衡点，将花木兰的柔美与忠勇融入产品设计中，传递了纯真智善、忠勇无畏、为自己而战的现代中国女性美。这就是典型的文化营销，将文化注入营销全过程，让消费者在消费过程中得到文化层面上的认可与尊重。

2）体验营销

体验营销就是企业以满足消费者的体验需求为中心开展的一切营销活动。企业利用现代技术、艺术、大自然及传统文化等各种手段丰富产品内涵，在满足人们的娱乐体验、情感体验、审美体验、思维体验、行为体验的同时，实现产品销售。体验营销有四大构成要素：设施、产品、服务及互动过程。这四种要素对体验效果的贡献程度因产品不同、服务不同、行业性质不同，表现各不一样。

自 1999 年，星巴克进入中国市场以来，在各大中城市开了上千家连锁店，在发达城市门店随处可见。与同类商品相比，星巴克在中国市场的定价是比较高的，可这并没有阻止人们对它的喜爱与忠诚，这与它的营销策略密不可分。星巴克公司认为，咖啡是一种载体，是顾客与企业之间沟通的有效方式，舒适的环境、舒缓的音乐、周到的服务、充满活力的氛围，加上对产品种类与质量的高要求，使顾客在星巴克感受到完美而又独特的体验，是约见朋友、商务会谈、休闲娱乐的重要场所。独特的体验营销，使星巴克不仅是一杯咖啡，而变成时尚和文化的代名词。

随着人们生活水平的日益提升，现在的消费者不仅仅重视产品或服务给他们带来的功能利益，而是更加重视在购买和消费过程中所获得的体验。可以说，消费者是理性的，但更多是感性的。通过体验，拉进企业和消费者之间的距离，是企业获得竞争优势的有力武器。

3) 关系营销

关系营销是将企业置身于社会经济大环境中，认为企业营销是一个与消费者、竞争者、供应者、分销商、政府机构与社会组织发生互动作用的过程，企业要处理好与这些利益相关者之间的关系，并将建立与发展所有关系作为营销的关键变量与核心。

2011 年，当海底捞被爆出骨头汤勾兑事件后，官方没有做任何狡辩推诿，而是第一时间在微博上发声明，愿意配合媒体及相关部门展开调查，同时公司老板也在其个人微博上称愿意接受公众的检查监督。正是这种坦诚、公开、透明、敢于负责任的态度，从一开始就争取了消费者与媒体的谅解，公众也给予了最大的包容。在微博上，坏事往往比好事传得更快，危机来临时，消费者是魔鬼还是上帝，取决于企业的态度。海底捞充分运用关系营销，赢得了相关利益者的认同与支持，为顺利渡过危机奠定了基础。

4) 数字营销

数字营销的概念非常广泛，一般认为数字营销得益于数字技术和互联网技术的发展，是在社交媒体等新媒体平台上进行品牌传播的一种营销手段，旨在拓展目标群体，实现流量转化，增加品牌资产。数字营销的目标是让企业用最低的成本和最快的速度走向市场，满足消费者需求。数字营销不仅仅是一种技术手段的革命，而且包含了更深层的观念革命，它是目标营销、直接营销、分散营销、客户导向营销、双向互动营销、虚拟营销、无纸化交易、客户参与式营销的综合。

2019 年，云闪付为针对年轻人宣传"用云闪付还信用卡，无手续费"概念，在社交媒体上正式启动"全球代言人计划"，请来无线电、无籽西瓜、无花果、无理数、无袖衬衫等20 位覆盖吃穿用等生活多方面的"无"字辈做宣传，趣味表达了对云闪付"无"手续费的支持。为凸显产品特点，云闪付还推出了创意视频，例如母亲节特辑《我妈说》，发布在各大门户网站，用无厘头和幽默的形式圈粉无数。这些独具一格的营销方式，非常符合年轻化营销思路和社交媒体时代的调性，达到了与年轻用户有效沟通的目的。

新时期，营销创新层出不穷，企业必须转变思路，勇于探索适应自身特点、适应市场需求的新的市场营销理念和模式，只有这样才可能在激烈的竞争中立于不败之地。

1.2.4 实训步骤与成绩评定

1. 实训步骤

第一步，分组。每小组 4 人，确定组长。以小组为单位查找资料。

第二步，小组内讨论，找出最优案例，分析其营销观念。

第三步，每小组选出一名代表，在班级做 PPT 汇报，汇报时间为 5 分钟。

第四步，小组之间互评，教师点评。

2. 成绩评定

成绩评定的要求见表1-2。

表1-2　考核要求及评分标准

考 核 内 容	考核要求及评分标准	分　值
案例的选取及分析	选取的材料具有代表性、创新性、时效性	20
	对其营销观念的分析准确、到位	20
	有独到见解	10
汇报方式	语言表达清晰、流畅	15
	PPT制作精良	15
	仪表得体、面带微笑	5
	时间控制在5分钟	5
团队分工与合作	团队分工明确、合作完成任务	10

1.2.5　课后练习

1. 选择题

（1）下列表述中，反映推销观念的是（　　）。

A. 我能生产什么，就卖什么

B. 我生产什么，你就要买什么

C. 我卖什么，就要设法让人们买什么

D. 顾客需要什么，我就生产什么

（2）"如果你能比你的竞争对手制造出质量更坚固的家具，人们就会踏破你的门槛"，这句话反映的营销观念是（　　）。

A. 生产观念

B. 产品观念

C. 推销观念

D. 市场营销观念

（3）必然导致营销近视症的营销观念是（　　）。

A. 生产观念

B. 产品观念

C. 推销观念

D. 市场营销观念

（4）以"顾客需要什么，我们就生产供应什么"作为其座右铭的企业倡导的是（　　）。

A. 生产观念

B. 市场营销观念

C. 推销观念

D. 社会营销观念

（5）要求市场营销者在制定市场营销政策时，要统筹兼顾三方面的利益，即企业利润、消费者需要的满足和社会利益，这是（　　　）。

A. 推销观念

B. 社会营销观念

C. 生产观念

D. 市场营销观念

2. 判断题

（1）营销观念是单一稳定的，是一层不变的。（　　　）

（2）所有的管理人员都应该认识到企业一切部门的工作都是"为顾客服务"，"市场营销"不仅仅是一个部门的职责，而且是一个企业的经营哲学。（　　　）

（3）产品导向和需求导向的区别在于产品导向着眼于生产者自身，而需求导向着眼于消费者。（　　　）

（4）文化营销在一定程度上反映了消费者对物质和精神追求的各种文化要素。（　　　）

（5）数字营销是指在广播、电视等传统媒体上做广告宣传的一种营销手段。（　　　）

3. 案例分析题

浪费问题日益凸显，快递包装如何"瘦"下去

近年来，我国快递业发展迅速，日均业务量约 3 亿件、日均服务用户超过 5 亿人次。随着我国快递业飞速发展，随之而来的包装浪费和环境污染问题也日益凸显。据国家邮政局相关负责人介绍，在邮件快件包装中，纸箱的回收利用率很高，污染和浪费主要在快递塑料袋包装上。塑料袋、塑料胶带、快递内部塑料缓冲物，并称为快递业的"三大污染"。以 2020 年快递包裹 830 亿件为例，根据有关调研报告，快递包裹 40% 是塑料袋，50% 是纸箱，10% 是文件封。据此估算，快递塑料袋共消耗聚乙烯 48 万吨，相当于耗费 2000 万吨石油。

如何让快递包装"瘦"下去，成了行业对绿色包装的诉求。2018 年中国邮政集团有限公司率先启动"绿色行动"，开展绿色包装。比如推广应用窄胶带，推广"一字""十字""井字"科学打包法，避免胶带过度缠绕。2020 年全年胶带使用量比 2017 年末减少 5 亿米，少用 40 亿张纸质面单，节约纸张 2 万吨。目前，苏宁物流共享快递盒投放使用累计超过 1 亿次，生鲜循环箱在 45 个城市实现常态化应用，每天节省的泡沫箱超过 5 万个。

2021 年 4 月，国家邮政局正式启动过度包装专项治理，争取利用一年时间，有效遏制过度包装等违法违规行为，初步构建防止过度包装的长效工作机制。推动出台《快递业限制过度包装要求》行业标准，结合行业实际进一步细化过度包装的认定依据，方便全行业

操作执行。

思考与讨论：

（1）快递业包装浪费日益严重，要求企业树立什么样的营销观念？为什么？

（2）如何降低包装浪费现象，请提出你的建议，至少写出3个。

任务1.3　培养顾客至上理念

1.3.1　实训目标

知道顾客让渡价值及其构成。结合实训，探讨如何提升顾客的让渡价值，进而提高顾客满意度，树立顾客至上理念。

1.3.2　实训内容

通过培训，小李知道应树立顾客至上理念，想方设法提高顾客满意度，而衡量顾客满意度的标准就是顾客让渡价值。小李所在的水果超市坐落在大学城，主要针对的群体是周边大学生。那么，水果超市应如何吸引顾客的同时留住顾客，提高顾客满意度呢？培训师要求小李提出提高顾客满意度的方案。

1.3.3　实训指导

对于企业而言，提高顾客满意度是保证顾客维持率的重要手段，如果企业每年能维持5%~10%的顾客增长，那么企业利润将会成倍增长。而提高顾客满意度就必须要从提升顾客的让渡价值入手。

菲利普·科特勒在《市场营销管理——分析、规划、执行和控制》（第8版）中，新增了《通过质量、服务和价值建立顾客满意》一章，提出了顾客让渡价值（customer delivered value）的新概念。顾客让渡价值是指顾客总价值（total customer value）与顾客总成本（total customer cost）之间的差额。也就是说，顾客在选购产品时往往从价值与成本两个方面进行比较分析，从中选择出价值最高、成本最低，即顾客让渡价值最大的产品作为优先选购的对象。用中国老百姓的大白话讲就是"值"。我觉得"值"，钱就不是问题，这是消费的一种最普遍、最朴素的原理。

1. 顾客总价值

顾客总价值是指顾客购买某一产品时所期望得到的一组价值或利益，它包含了产品价值、服务价值、形象价值和人员价值。

产品价值是由产品的质量、功能、规格、式样、包装等因素所产生的价值。它是消费者需要的中心内容，也是消费者选购产品的首要因素。提升产品价值的核心在于产品创新。

服务价值是消费者在购买产品时所得到的一系列服务所产生的价值。服务是产品的一部分，因此，严格来讲服务价值从属于产品价值，是"溢价"，是企业核心竞争力的表现。

形象价值是企业及其产品在社会公众中形成的总体形象所产生的价值。良好的形象对于企业来说是无形资产，会对企业的产品产生巨大的支持作用，会带给顾客精神上和心理上的满足感、信任感。

人员价值是企业员工的经营思想、知识水平、业务能力、工作效率与质量、经营作风及应变能力等所产生的价值，它决定了企业为顾客提供的产品与服务的质量。

顾客总价值也是顾客得到的总利益，可以概括为功能利益和情感利益。功能利益是物质层面的利益，而情感利益则是情感价值与社会价值，表现为审美体验、快乐感受、财富象征，还有学识、休养、自我个性、生活品位、社会地位的象征等。

2. 顾客总成本

顾客总成本是指顾客为购买某一产品所支付的货币，以及耗费的时间、精力、体力等，包含了货币成本、时间成本、精神成本和体力成本。

货币成本，即顾客购买产品时所支付的价格。时间成本则是顾客为想得到所期望的产品而必须处于等待状态的时期和代价。精神和体力成本是指顾客购买产品时，在精神、体力方面的耗费与支出。

具体来说，顾客让渡价值的构成与决定因素如图1-2和表1-3所示。

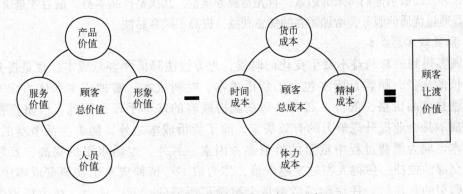

图1-2 顾客让渡价值的构成要素

表1-3　顾客让渡价值的决定因素

顾客总价值	价值决定因素	顾客总成本	成本决定因素
产品价值	质量、功能、规格、式样、包装等	货币成本	产品价格、交通费用、安装维修费用等
服务价值	伴随产品销售的售前、售中、售后服务	时间成本	咨询收集信息的时间、交通时间、购买等待时间等
形象价值	企业及品牌声誉与形象	精神和体力成本	收集信息、谈判交易条件、购买、安装、使用、维修等方面的精神和体力的支出
人员价值	员工的经营思想、知识水平、业务能力、工作效率与质量等		

3. 提升顾客让渡价值的途径

力求使顾客让渡价值最大化是企业提高竞争力的重要举措。那么，如何提升顾客让渡价值？尽可能提高总利益，降低总成本。

1）提高顾客总价值

最大限度地提高顾客总价值，也就是顾客总利益，是提升顾客让渡价值的重要手段。在顾客总价值中产品价值的提升最难也是最容易的。说难，是因为它需要技术的创新，需要投入大量的人才与资金，短时间内很难实现，但一旦实现就会形成巨大的市场冲击，大幅度提升顾客利益；说容易，是因为它易被模仿，形成同质化。因此，在产品本身追加顾客价值的空间是很有限的，寻求产品之外的附加价值——服务、情感、形象，是提高顾客总价值的主要途径。

全球最大的零售商沃尔玛有限公司的创始人——山姆·沃尔顿说过："卓越的顾客服务是我们区别于其他公司的特色所在。我们要向顾客提供他们需要的东西——并且再多一点服务，让他们知道你重视他们。"由此"顾客至上"的经营理念成为沃尔玛在市场竞争中取胜的法宝，其中两条规定尽人皆知，第一条："顾客永远是对的。"第二条："如果顾客恰好错了，请参照第一条！"美国哈佛商业评论发表的一项研究报告指出：公司利润的25%～85%来自再次光临的顾客，而吸引他们再来的因素，首先是服务质量，其次是产品本身，最后才是价格。沃尔玛正是通过优质的服务，增加顾客的情感利益，提高了顾客黏性。

2）降低顾客总成本

当顾客得到的总利益不发生变化的时候，想方设法降低顾客总成本，也是提升顾客让渡价值的途径。顾客总成本包含了货币成本、时间成本、精神成本和体力成本。货币成本就是商品价格，低价、高质永远是赢得顾客的基本手段，因此，严格把控生产和流通成本是企业提升竞争力的有效法宝。除了货币成本之外，随着生活节奏的加快，时间成本也成为消费过程中重要的价值参考因素。另外，生活水平的提高，互联网的发达与交通的便捷，使得人们越来越懒惰，体力成本与精神成本也在消费成本中出现。当有了购买的意愿后，往往购买的激情会被购买所需的时间、体力、精力所消磨，最终放弃，这种情况在感性消费中尤为突出。因此，大幅度降低时间成本，减少或去掉顾客的体力成本和精神成本，可以大大提高销售的可能性。由此便出现了送货上门、一站式购物等销售方式。

在物质丰富、技术先进的网络时代，企业按照顾客的需求生产各种产品。产品品种、规格繁多且更新换代快，市场物质极大的丰富，顾客在选择商品时具有很大的选择空间，整个市场处于买方市场。企业要获取最大利润，顾客要获取最大的让渡价值，解决这一矛盾，企业不仅要树立"质量第一，顾客至上"的基本理念，还要在企业和顾客之间建立和保持一种长期良好的合作关系。用企业的产品、服务和信誉牢牢吸引住顾客，使顾客对企业的信任度、满意度始终处于100%，才能加快企业发展。

1.3.4 实训步骤与成绩评定

1. 实训步骤

第一步，结合水果超市的经营，谈一谈怎样提升顾客总价值。

第二步，结合水果超市的经营，谈一谈如何降低顾客总成本。

第三步，提交提高顾客满意度的方案。

第四步，教师点评。

2. 成绩评定

成绩评定的要求见表1-4。

表1-4 考核要求及评分标准

考核内容	考核要求及评分标准	分 值
提高顾客满意度的方案	正确理解顾客总价值及其构成要素	20
	正确理解顾客总成本及其决定因素	20
	结合水果超市的经营提出方案，内容全面	20
	有创新点	20
学生表达能力	语言表达清晰、流畅	10
	仪表得体、面带微笑	10

1.3.5 课后练习

1. 判断题

（1）商品价值的大小是客观的，而不是主观的。（   ）

（2）顾客总利益是指顾客购买某一种产品或劳务时所期望获得的一组利益。（   ）

（3）商品价值的大小取决于商品价格的高低。（   ）

（4）顾客的让渡价值越大，顾客的满意度越高。（   ）

2. 案例分析题

"苹果妹"的水果店

在长春某学院内有家水果店，店老板是两名女大学生。这两个家境不错的女生从 10 箱苹果开始创业，所以同学给她们取名为"苹果妹"。

一般对女生来讲吃水果很在行，但真要自己去卖水果，问题就来了：怎么卖、怎么挑、怎么进货和保存，等等，都得从零学起。于是她们花了两个月的时间跑市场、做调研、上网学习如何挑选和保存水果。

2019 年 9 月，两人从生活费里节省出 1000 元钱，从农贸市场进回 10 箱苹果，每天下午放学后在女生宿舍门口摆起了地摊。价格要比学校附近的水果摊贩便宜 1 元多，苹果可以免费品尝，只买一两个也可以。渐渐地，两个"苹果妹"的生意好起来，两个人轮流去进货，去时乘坐公交车，回来时就租个三轮车骑回来。忙时，她们就聘请学生帮工，报酬每小时 5 元。

2020 年 10 月，她们投资 2 万元在校内租房开了家水果店，并且千方百计地把它做得有创意，小店里整合了当下流行的各种元素，"亲，脆到骨子里的苹果，你还能 HOLD 住吗？"等宣传语很受女学生的喜爱。她们提供免费送货服务、办水果卡可打折购买等促销活动，吸引了很多回头客。她们的勇气和努力赢得了一些水果批发商的支持，不仅教她们如何挑选水果，有时钱没带够，也会让她们先提货再给钱。

谈到日后的打算，一人想在毕业后经商，另一人则打算继续考研深造。

思考与讨论：

"苹果妹"的水果生意，哪些值得借鉴？

3. 思考题

某日，一超市服务台前人声嘈杂，围满了观看的人群。经了解，是一位老年顾客拿着没有购物小票的台灯要求退货。超市内部并没有出售该型号的台灯。

如果你是营销部经理，你会怎么办？

任务 1.4　成为一名优秀的营销人

1.4.1　实训目标

学习优秀营销人的品质与德性，加强自我认知，做好职业规划，培养诚实守信、自信自强的职业素养，提高语言表达能力与沟通能力。

1.4.2　实训内容

主题演讲，分享成功人士的故事，总结成功要素，结合自己谈一谈职业规划。

1.4.3　实训指导

2020 年 5 月份，人社部发布的"2020 年第一季度全国 100 个短缺职业排行"显示，"营销岗位"连续 3 期稳居短缺岗位第一位。可见，当前市场营销人才需求量非常大。

1. 市场营销类基础岗位

对于企业来讲，一方面，随着企业的发展壮大，需要一支优秀的市场营销团队进行市场开发与管理；另一方面，或由于工作压力大，或为追求更高的回报，营销人员的流动频繁，无形中让企业增加了对营销类人员的招聘频度。从就业岗位来看，主要的市场营销类职业岗位有：销售类岗、营销类岗、运营类岗，如表 1-5 所示。

表 1-5　市场营销专业就业岗位

岗位类别	具体岗位
销售类岗	业务员、跟单员、电话销售员、客户经理、销售助理、销售经理等
营销类岗	产品经理、品牌经理、市场分析员、客户服务专员、媒体策划、营销主管、公共关系主管等
运营类岗	新媒体运营、App 推广运营、SEO/SEM 运营、广告投放/流量运营、网店运营、社群运营等

市场营销专业典型工作任务及其工作过程如表 1-6 所示。

表 1-6　市场营销专业典型工作任务及其工作过程

典型工作任务	工作过程
产品销售	熟悉产品，了解市场→客户开发→产品销售→洽谈与签订合同→客户维护
销售管理	依据销售政策与目标，制定销售计划→人员培训与管理→执行销售计划→总结与分析
客户关系管理	挖掘新客户→维护老客户→建立客户资料管理系统→客户关系维护
市场调查	制定市场调查方案→市场调查的组织与实施→市场调查资料的整理与分析→市场调查报告的编写与跟踪
市场推广	市场调研→制定市场推广方案→执行方案→效果测评与分析
营销策划	市场调研→制定营销策划方案→执行方案→效果测评与分析
新媒体运营	熟悉各类主流自媒体平台规则→负责互联网自媒体平台的日常运营→使用互联网等资源拓展开发客户→负责社群运营及客户管理→跟进自媒体平台营销发展趋势，分析网络推广规划

对高等职业院校的学生来说，初始就业岗位主要是上述各类岗位的基层岗位，随着自身素质和业务能力的提升，可获得更高的职位，如销售经理或销售主管、市场部经理、企划部

经理、运营主管，甚至可能成为企业高级管理人员。一般 3 年左右的时间，就可以升迁到更高一级的岗位。

2. 对市场营销从业人员职业能力的要求

根据市场营销职业岗位的工作环境、条件、技术性质等方面的特点，市场营销从业人员应具备市场调查与分析能力、产品销售能力、营销策划与执行能力、营销管理能力，详见表1-7。

表1-7　市场营销职业能力分解表

职 业 能 力	具 体 技 能	任 务 要 求
市场调查与分析	市场调查能力 市场分析能力 编制市场调查报告的能力 运用市场调查报告结果的能力	制订市场调查计划 实施市场调查 分析调查资料 撰写调查报告
产品销售	需求分析、方案设计能力 商务谈判能力 产品销售能力 客户沟通与公关能力	良好的客户沟通 基本的商务谈判 较好的营销服务 销售技巧 商务礼仪
营销策划与执行	撰写策划方案的能力 执行策划方案的能力 新媒体的运营与推广能力	推广方案的策划 各种营销手段的运用 各类新媒体的运营与推广
营销管理	营销组织与协调能力 渠道管理能力 客户关系管理能力 培训和激励员工的能力 基本的财务管理能力	组织和协调销售活动 渠道管理 客户关系管理 销售人员管理 营销财务管理

除此之外，一名优秀的营销人员还应具备敏锐的观察能力、灵活的应变能力、较强的沟通能力、良好的语言表达能力及创新能力。

3. 对市场营销从业人员职业素养的要求

职业素养是营销行业对从业人员职业道德、心理特质、文化及身体等方面素质的基本要求。市场营销人员必须具备良好的职业道德和敬业精神，对待客户充满热情；具有较为丰富的知识结构和优秀的文化素养，能够对所涉足的行业有足够的专业认识；面对复杂的工作环境，能自我调节，心态平和，做到自信但不骄狂，自重而不浮躁；身体强健，能够承受随时而来的超负荷工作压力。

1）责任感

这种责任感体现在对企业与顾客两个方面。一方面要对企业负责，营销人员是企业和品牌的代表，其一言一行都关系到企业的声誉和形象；另一方面要对顾客负责，营销是帮助顾客解决问题的过程，要诚心诚意为顾客着想，全心全意为顾客服务。

亨利·沃德·比彻曾说过："把自己需要承担的责任置于比其他人所期望的更高的高度，不要为自己寻找托词。"

2）诚信

孔子曰："人无信不立"，"言而无信，不知其可也"。诚信经营被奉为中国传统的经商之道，也是营销的根本。以诚待客，为顾客提供真实信息，为顾客提供真正符合顾客利益的产品，并信守各项交易条款，按时、按质、按量兑现自己的承诺。唯有如此，才能赢得顾客的信任，建立长期稳定的客户关系，实现可持续发展。

3）自信

营销岗位中销售类岗位是最容易遭遇挫折的职业，销售员经常受到冷落、拒绝、嘲讽、挖苦、打击和失败，每一次挫折都可能导致情绪的低落、自我形象的萎缩或意志的消沉，最终影响业务的拓展或干脆退出竞争。因此，营销人员要有良好的心理素质，要有抵抗挫折的能力，要自信。自信是营销人员必备的素质之一。

4）乐观

乐观，是指精神愉快，对事物的发展充满信心，它是治疗挫折感的良药。从心理学角度来看，在乐观情绪下，人会处于适度兴奋状态，表达思想轻松、自然、准确，会增强销售的说服效果，而且乐观的情绪还可以感染对方，使其高兴起来，积极参与交易。乔·吉拉德说："当你笑时，整个世界都在笑，一脸苦相没有人愿意理睬你。从今天起，直到你生命的最后一刻，用心笑吧。"

5）勤奋

推销大王乔·坎多尔弗说："我成功的秘密相当简单，为了达到目的，我可以比别人更努力、更吃苦，而多数的人不愿意这样做。"成功的营销人员要脚勤、口勤，不怕吃苦，要时时比别人先迈出一步，要多走一步，才有可能获得成功。

1.4.4 实训步骤与成绩评定

1. 实训步骤

第一步，查找资料，选一位自己喜欢、敬佩的某一成功人士，分析其成功因素，并结合自己谈谈职业规划。

第二步，反复演练，达到内容熟练，神情自然。

第三步，课堂演讲（脱稿），时间为 5 分钟。

第四步，学生之间互评。

第五步，教师点评。

2. 成绩评定

成绩评定的要求见表 1-8。

表 1-8　考核要求及评分标准

考 核 内 容	考核要求及评分标准	分　值
演讲稿的内容	内容真实、剖析准确	15
	有准确的自我认知	15
	有明确的职业规划	15
PPT 制作	PPT 制作精良	15
学生表达能力	脱稿，声音宏亮、吐字清晰、表达流畅	15
	站姿与肢体语言得体	10
	服装得体	5
时间掌控能力	时间控制在 5 分钟	10

1.4.5　课后练习

1. 案例分析题

董明珠的经典语录

在格力 2018 再起航盛典上，格力集团董事长董明珠在回应换届退休时表示自己还很年轻，虽然身体年龄已经 60 多了，但她依然拥有 25 岁的内心。一句"我还很年轻"，让不少网友都为之敬佩。以下是董明珠的经典语录摘选。

（1）一毛钱都不想投资，一点都不想付出，却想着月入过万，十几万？……那是做梦。成功人的两会：开会，培训会。普通人的两会：约会，聚会。穷人的两会：这也不会，那也不会。奋斗的人两会：必须会，一定得会。正在拼搏的你，是否深有体会！—— 致所有奋斗中的伙伴们！

（2）别太关注企业大小，要关注企业文化。

（3）当你站在山顶的时候，你的头上还有星空。

（4）对自己狠一点。

（5）顾客是最好的老师，同行是最好的榜样，市场是最好的学堂。取众人之长，才能长于众人。

（6）信赖感大于实力。销售的 97% 都在建立信赖感，3% 在成交。

（7）力不致而财不达，心不善而福不到。销售，就要积德行善！

（8）拒绝是成交的开始。销售就是零存整取的游戏，顾客每一次的拒绝都是在为你存钱。

（9）所有的一切事物，都要学会去链接。情感的关系大于利益关系和合作关系，要与顾客有深层次的情感交流。

（10）销售时传递给顾客的第一印象：我就是你的朋友，我今天与你见面就是和你交朋友的，所有顶尖高手都是会把客户当家人的人。

思考与讨论：

（1）董明珠的经典语录中，你最喜欢的是哪一句？为什么？

（2）你认为你适合做营销工作吗？为什么？

2. 思考题

你的人生目标是什么？

该怎样用心灵去发现自己的人生目标？其实只有一个人能告诉你人生的目标是什么，那就是你自己。建议你闭上眼睛，把第一个浮现在你脑海里的理想记录下来，因为不经过思考的答案是最真实的。回忆过去，在你最快乐、最有成就感的时光里，是否存在某些共同点？它们很可能就是最能激励你的人生目标。你可以想象一下，十五年后，当你达到完美的人生状态时，你将会处在何种环境，从事什么工作？其中最快乐的事情是什么？如果你只剩下六个月的生命，你最想做什么？如果你永远不必担心金钱的多少，那么，你最想做的事情是什么？假设你过完了理想的、无悔的一生，已经与世长辞。三个人来参加你的葬礼，并在葬礼上对你大为赞许。如果这三个人，一个是你的家人，一个是公司的同事，另一个是你社会上的朋友。那么，你认为他们会对你的一生如何评价？问题的答案不必给任何人看，但一定要真诚。

知识点小结

市场是什么？从社会学、经济学角度理解的广义的市场是指商品交换关系的总和，它是由买方、卖方与商品构成。从企业角度理解的市场是现实购买者和潜在购买者的集合，它要具备三个要素，即，购买者、购买力、购买欲望。从企业角度来看，卖方构成了行业，买方构成了市场。

市场营销是创造价值满足需求的过程。市场营销的主体是企业，市场营销的客体是市场，市场营销的媒体是产品，市场营销的核心是交换，市场营销的出发点是人类的需要和欲望，市场营销的目的是满足各方的需求，市场营销管理的实质是需求管理。市场营销离不开推销，但不等同于推销。

营销管理的任务就是管理需求。任何市场均存在不同的需求状况，根据需求水平、时间和性质的不同，可归纳出八种需求类型：负需求、无需求、潜在需求、衰退需求、不规则需求、饱和需求、过剩需求、有害需求，对不同类型的需求，市场营销管理的任务不同。

市场营销观念是企业的指导思想与经营理念，当前，产品导向的营销观念已向顾客导向的营销观念转变。随着经济全球化的发展以及数字时代的到来，文化营销、体验营销、关系营销、数字营销……各种创新型营销观念正在不断推陈出新。

培养顾客至上理念，提高顾客满意度是保证顾客维持率的重要手段。而提高顾客满意度就必须要从提升顾客的让渡价值入手，尽可能提高总利益，降低总成本。

根据市场营销职业岗位的工作环境、条件、技术性质等方面的特点，市场营销从业人员应具备市场调查与分析能力、产品销售能力、营销策划与执行能力、营销管理能力。同时，要具有责任感、诚信、自信、乐观、勤奋等基本职业素养。

项目 2

因地制宜——营销环境分析

项目目标：

能力目标
- 能够设计调查问卷，开展市场调查，提交市场调查报告
- 能够正确分析市场营销环境，找出市场机会与环境威胁
- 能够运用机会——威胁矩阵，诊断市场营销环境
- 能够运用 SWOT 分析法，提出战略决策

知识目标
- 了解市场调查的基本步骤与方法
- 知道调查问卷、调查报告的基本格式与内容
- 掌握机会——威胁矩阵分析法
- 掌握 SWOT 分析法

素质目标
- 培养思维的缜密性与逻辑性
- 锻炼抗压能力，提高情商
- 培养语言沟通能力和团队协作能力
- 树立社会责任心

项目内容：

大学毕业生小李应聘到一家连锁水果超市做营销工作。这家水果超市刚进入××市，尚未打开市场。因此，经理让小李先开展市场调查，了解当地水果市场情况，提交一份市场调查报告。再对水果超市的市场营销环境做分析，提出建设性意见。小李运用所学的营销学知识，开始了市场调查和环境分析工作。

项目分解：

任务 2.1 市场调查

任务 2.2 市场营销环境分析

任务 2.3 诊断市场营销环境，提出战略决策

任务 2.1 市 场 调 查

2.1.1 实训目标

正确理解市场调查的科学性及其重要性。通过实训，使学生了解市场调查的全过程，学会设计调查问卷、开展市场调查、撰写市场调查报告，全面提升调研能力。同时也可以锻炼学生的观察能力与沟通能力，培养社会责任心。

2.1.2 实训内容

针对水果超市所在的城市（城市由教师指定）开展市场调查，具体包括设计调查问卷、实施市场调查、提交市场调查报告。

2.1.3 实训指导

市场调查是指运用科学的方法，系统地收集、记录、整理和分析相关市场的信息资料，从而及时了解市场发展中的变化、现状和趋势，为下一步企业的营销策划和营销决策提供科学的事实和理论依据的过程。市场调查包括数据搜集与数据研究两个部分。

数据搜集是指利用一种或几种市场调查方法，系统地收集有关市场需求情况、产品销售情况、产品使用情况、竞争对手情况，以及消费者购买动机、购买行为等方面的数据和资料，并加以有效整理的过程。

数据研究是指根据收集所得的数据，要经过一个细致的"去伪存真、由此及彼、由表及里"的分析过程，具体包括对数据进行整理、编码、分类、制表、交叉分析及其他统计分析，最终提出研究报告。

1. 市场调查的特征与作用

1）市场调查的特征

① 市场调查是一种有目的性、有针对性的认识市场的活动。

② 市场调查需要借助一套科学方法，包括二手资料调查法和一手资料调查法。

③ 市场调查的任务是收集和记录信息数据，并对这些所得信息进行分析研究，以如实反映市场营销的客观环境。

④ 市场调查的最终目的是要为企业的战略与策略制定提供决策依据。

2）市场调查的作用

① 有助于企业快速了解真实的市场情况，发现新的营销机会。

② 有助于企业开发新产品，迅速有效地进入目标市场。

③ 有利于提高企业的综合竞争实力。

④ 有利于保持和巩固忠实客户。

2. 市场调查的内容

1）宏观环境调查

企业的营销活动始终处于复杂多变的市场营销环境当中。其中，宏观环境，包括人口、经济、政策法律、社会文化、自然、科学技术等环境是企业不能控制的营销因素，所以企业要时刻对宏观环境进行调研与分析，适时调整自己的经营战略与策略，主动适应环境的变化，提高企业对环境变化的适应能力。

2）消费结构与需求调查

随着社会的进步、生产的发展，以及人们生活水平的提高，居民生活消费结构在不断发生变化。例如，"十三五"期间，我国消费结构升级，其中一个重要特点就是"从买商品变为买服务"。"十三五"期间，我国服务消费达到居民消费的50%。从餐饮消费到休闲娱乐，从家政服务到美容美发，从运动健身到干洗熨烫，百姓身边的生活服务业在快速发展，加速拥抱互联网、实现了数字化转型。2020年，在线诊疗、在线教育等新型服务消费也得到了迅速发展。面临这些变化趋势，企业需要密切关注、加强调查，以便为新产品研发、销售渠道的创新等提供市场依据。

另外，消费者购买产品，最关心的是产品能否满足自己的需要，因此，了解目标受众的需求与关注点也是市场调查的核心。以盒马鲜生为例，它的目标消费群体是一、二线城市的中高端年轻人群，这部分人群具有如下特征：第一，主要是80后、90后年轻群体，单身、丁克家庭越来越多；第二，生活富裕的同时，生活节奏也在加快，所以他们更需要"解馋"，要吃到好吃的东西，而不是便宜的东西，要更方便、快速地拿到他们想要的东西；第三，他们更需要相互认同彼此的价值和创造，所以"挑剔"。正是基于这种注重产品品质和购买体验的需求特征，决定了盒马鲜生的战略定位和商业模式，"新鲜每一刻""所想即所得""一站式购物""让吃变得快乐，让做饭变成一种娱乐"，这些消费价值观在它的广告宣传中成为诉求重点。由此可见，研究消费者需求是市场调查的核心内容之一。

在如今激烈的市场竞争中，企业都想抓住那些尚未被满足的市场需求，而这种未被满足的市场需求永远存在于市场中，等待被发现，问题是企业要如何才能发现这些最佳的市场机会，如何把这些机会战略性地转化为企业的营销机会。这时开展市场调查是企业发现未被满足的市场需求的重要途径。

3）消费者及其购买行为调查

消费者及其购买行为调查是市场调查中最常见的内容。主要包括：消费者基本情况调查，如消费者的数量、性别结构、年龄结构、文化程度、收入情况等；消费者购买行为调查，如购买目的、购买数量、购买频次、购买时间、购买地点、购买渠道、购买金额等；消费者认知度调查，如对企业、品牌的认知度、对广告的认知度等；还有消费者满意度调查等。

4）竞争对手调查

对竞争对手的调查，主要调查企业的竞争对手是谁？有几个？这些竞争者的市场地位如何？哪些是主要竞争者，哪些是次要或潜在竞争者？这些竞争者在消费者心中的知名度和美誉度有多高？另外，这些竞争者近年的生产能力、产品特点、销售策略、市场分布、财务状况、人力资源状况等也要了解。只有充分了解竞争对手的市场地位，他们的竞争优势与劣势、营销目标、营销策略以及对竞争的反应模式等，企业才能够采取灵活的营销对策，战胜对手。

5）广告效果调查

广告效果调查主要包括三个方面：一是广告的社会效果，即该广告对社会文化道德和人们的思想观念产生的影响，对社会经济结构、消费者生活方式和行为模式产生的影响；二是广告的心理效果，即广告内容、广告表现手法和广告发布时点对诉求对象所产生的视听率、注意度、知名度、好感度、理解度等的影响；三是广告的销售效果，即广告费用的投入对销售额的影响程度，它是衡量广告效果的主要依据。

除此之外，对企业及其产品的调查，对供应商、营销中介、社会公众的调查也是市场调查的一部分。

3. 市场调查的方法

1）文献调查

文献调查是指利用现有的文献、档案等既存资料进行市场调查的方法，它是对二手资料的调查研究。这种方法的最大优点就是省时、省力、省费用，且资料广泛。随着计算机的普及及其在信息处理能力方面的进步，调查人员已经能够轻松获取大量相关信息。而且随着人们对信息的日益重视，大多数单位也都在建立和完善自己的资料库，这也为文献调查提供了更为有利的条件。

在运用文献调查法时，要格外注意资料的准确性和时效性。因为市场改变非常迅速，一旦使用过时或尚未确定的二手资料，很有可能会使调研结果陷入某种错误，因此要做好甄别工作。同时，也要做好资料的筛选和整理工作，使之类别化、条理化和系统化。

2）实地调查

实地调查是指通过对调查对象进行实际调查，而直接获取一手资料的方法。这种方法的最大优点是真实，能够及时发现市场机会和威胁，但比较费时、费力，且费用高。常用的实地调查方法有访问法、观察法、实验法、问卷调查法等。

（1）访问法

访问法是指调查人员与被调查者，通过有目的的谈话，获取所需资料的一种调查方法。根据调查人员与被调查者的接触方式不同，访问法又可以分为面访、电话调查、邮寄调查和网上调查。

面访是调查人员与被调查者面对面交谈，而获取一手资料的过程，它有安排访问和拦截访问两种形式。这种方法的优点在于：可以在调查中直接听取被调查者的意见，观察他们的反应，保证一手资料的真实准确；访问的内容可以较为深入，拓宽调查的广度和深度；可以控制谈话的节奏和气氛，在谈话的同时，展示样品或其他文字材料，能够保证自己提出的问题得到对方的答复；可以增加感性认识，促进双方情感的交流。但这种方法的缺点在于：费用高、耗时多、样本少，只能选取少量有代表性的调查对象，如果选择不当，会影响调查结果的准确性。这种方法对调查人员的素质要求比较高，要求调查人员具有一定专业知识、沟通能力和观察能力，心理素质也要过硬。

电话调查是调查人员通过电话这一通信工具向被调查者询问，而获取一手资料的过程。这种方法的优点在于：成本低，简便快捷，只要有良好的通信设施，随时随地都可以进行调查。但这种方法的缺点在于：无法判断被调查者的真实性；只能简单地提问和回答问题，不能深入进行交谈；被调查者可以随意挂断电话，不易取得调查对象的合作。

邮寄调查是将调查表邮寄给被调查者，请求调查对象按照规定的要求和时间填写，并寄回的一种调查方法。这种方法的优点在于：节省费用，调查区域广泛，被调查对象作答自由度大，可以避免调查人员的偏见。但这种方法的缺点在于：回收率低，漏答现象严重，难以得到全面而可靠的资料。

网上调查是将调查问卷发表在互联网上，由点击页面者自愿作答，而获取一手资料的过程。这种方法的优点在于：操作简单，费用低廉，调查范围广，信息反馈及时，而且网上调查也具有趣味性和保密性的特点。但这种方法的最大缺点是样本对象的局限性，由于受计算机普及程度等客观条件的限制，网民还只是一个成分较少的特殊群体，这就可能造成因样本对象的局限性问题，而带来调查误差。另外，由于网络的虚拟性，对所获信息的准确性和真实性程度也难以判断。

（2）观察法

观察法是指调查人员在某一特定的营销环境下，通过对调查对象的行动、反应直接进行观察，获取所需资料的一种调查方法。如表2-1所示，在市场调查中，观察法常用于检测售点的客流量，某地段的人流量、车流量，某户外广告的注目率等，也可以通过观察消费者的行为，来测定某品牌的市场偏好和促销效果。随着科学技术的发展，人们利用一些专门的仪器来观察消费者的行为，如摄像机、照相机、监视器等，但使用较多的还是人员的现场观察。

表 2-1　顾客购买行为观察表

××超市顾客购物情况观察表　　　　　　　　　　　　　　　　　　　　　日期：2021-05-01

时　间		顾客基本情况						顾客购物情况		
		男　性			女　性			食　品	日　杂	服　装
时	分	老	中	青	老	中	青			

在运用观察法时，由于被调查者是在不知不觉中接受调查的，因此，所获取的资料比较真实、客观，具有较高的准确性和可靠性。但这种方法只能观察外部现象，难以深入了解被调查者的深层心理状况，而且所需时间较长、费用高。使用观察法，必须具备三个条件：第一，所需信息必须是能观察到的，或者是能从消费者行为中推断出来的；第二，所要观察的行为必须是重复性的、频繁的；第三，所要观察的行为必须是相对短期的。

（3）实验法

实验法是指调查人员通过实验对比，获取所需资料的一种调查方法。它一般分为实验室测试和市场测试两种，通常用于在营销活动展开前探究消费者对产品口味、包装、价格的反应，或在广告推出前探究消费者对广告主题、广告文案的反应等。

其中，市场测试是市场调查中最常用的方法。例如，某连锁超市要检验店内两种售点广告的效果。该连锁超市根据店面大小、地理位置、交通流量和经营年限，选择了 12 家在统计上具有可比性的超市。从这些超市中随机地选出 4 家使用第一种售点广告，另有 4 家被随机地选出使用第二种售点广告，剩下的 4 家则不使用任何售点广告。调查人员分别收集各家超市在实验前 7 天、4 周实验过程中和实验后 7 天的销售数据。结果表明，使用第一种售点广告的超市销量至少翻了一番，而使用第二种售点广告的超市的销量只有少量增加，不使用售点广告的超市则没有任何变化。根据这一结果，该连锁超市的经理认为，第一种售点广告在促进销售上效果显著，于是决定使用了第一种售点广告。这就是典型的市场测试法的运用。

这种方法的优点在于科学性，通过实验所获得的数据和情况比较客观、可靠，可以为营销决策提供依据。但在实验中也会出现一些非实验因素的干扰，如消费者的偏好、竞争者的策略等，在一定程度上会影响对实验结果的比较。

（4）问卷调查法

问卷调查法是指调查人员将调查内容设计成问卷表，发给被调查对象，请对方按要求回答并回收，获取所需资料的一种调查方法。它的优点在于：成本低，调查范围广，被调查者有比较充裕的时间思考问题，收集到的资料比较真实。但问卷调查法的效果如何，关键取决于调查问卷的质量，能否设计科学、合理的调查问卷，将直接影响到问卷的回收高低及资料是否具有真实性与有效性。

4. 市场调查的程序

1）明确市场调查目的

市场调查目的要回答为什么调查，调查要了解或解决什么问题。确定调查目的，实质上是确定调查的总方向，它决定了调查内容，制约着调查全过程。

如何确定调查目的？以下面的案例为例：A 商场是一个具有 30 余年历史的国有商业企业，在多年的经营过程中，在该地区商誉较好，知名度较高，尤其是中老年人对其有着深厚的感情。但是自从在商场斜对面建立了一家与其规模相当的商场后，尽管同类商品的价格低于竞争者，但是客流量还是不断在下降，为此 A 商场把此次调查目的确立为：深度了解消费者对本商场的看法和购物态度。根据当前存在的问题，提出调查目的，由此确定了本次市场调查的任务。

2）制定市场调查方案

市场调查方案包括调查目的、调查内容与项目、调查对象与范围、调查方法、资料分析方法、调查进度安排、经费预算、调查结果的表达等内容。制定市场调查方案是对调查工作各个方面和全过程的通盘考虑和安排。

3）实施市场调查

首先，组织调查队伍。调查人员可以由本单位自行组织人员进行调查，在条件许可的情况下，企业还可以委托专业的调研机构来完成调查。如果本公司自行组织人员进行调研，则要确定参加调查人员的条件和人数，并对调查人员进行必要的培训。通常调查人员应具备以下素质：①敬业，忠于岗位，认真实干，实事求是，不歪曲问题；②耐心，不会因为重复机械性工作而烦恼；③开朗，善于与他人交谈并愿意与人讨论各种问题；④积极，在规定时间内努力完成规定的调研任务，并不为困难所折服；⑤细心，在工作中尽量避免差错，减小误差，认真记录问题答案。

其次，设计调查问卷。调查问卷，也称市场调查表，是市场调查人员在向调查对象作访问调查时用以记录调查对象的态度和意愿的书面形式。有关调查问卷的内容与设计要求在后面详细介绍。

最后，开展市场调查。一方面搜集二手资料，另一方面通过实地调查搜集原始一手资料。在调查过程中要严格监督，发现不足要及时予以修正，确保最终调查结果的准确性。

4）整理调查资料，撰写市场调查报告

采用不同的调查方法搜集的原始资料大多是零散的、不系统的，只能反映事物的表象，无法深入事物的本质和规律性，这就要求调查人员运用科学的方法对大量原始资料进行加工汇总，使之系统化、条理化。目前这种复杂的资料处理过程大多借助计算机来完成。

市场调查的最终结果是对调查目的与内容中需要解决的问题做出判断性结论，编写建设

性的市场调查报告，市场调查报告是市场调查研究成果的集中体现。

5. 调查问卷的设计

1）调查问卷的构成

一份完整的市场调查问卷，一般由标题、问卷说明、问卷内容、附录构成。

（1）标题

标题要简明扼要，一般由调查对象加上调查内容再加上"调查问卷"字样组成。例如，"长春市民手机购买意向调查问卷"。

（2）问卷说明

问卷说明一般介绍本次调查的目的、意义，说明填表所需的时间、作答方式，同时向填写问卷者表示感谢。通常问卷说明部分包括以下内容：

① 称呼、问候，如"女士/先生：您好！"

② 调查员自我介绍，如"我是创行调研公司的调查员。"

③ 简述调查的内容或目的，如"为了提供令您满意的产品，我们正在进行有关手机购买意向的调查"。

④ 说明作答的意义或重要性，如"您的回答十分重要，将有助于我们提升产品质量。"

⑤ 说明作答对被调查者无负面影响，如"答案无对错之分，只要出于自己的真实想法即可，结果绝对保密。"

⑥ 说明回答所需要的时间，如"做完所有题目大约花您 2 分钟。"

⑦ 说明作答方式，如要求被调查者多选或单选，打钩或画圈等。

⑧ 表示答谢，如说明什么时间、给他们什么礼品等。

⑨ 致谢等礼貌用语，如"谢谢您的合作。"

问卷说明部分语言要简单明了，语气要诚恳。

（3）问卷内容

问卷内容是问卷的主体部分，依据调查的目的，设计若干问题，要求被调查者回答。怎样设计合理的命题，是取得有效资料的关键。

（4）附录

附录部分主要用来记录被调查者的背景资料，如职业、年龄、收入、联系电话等情况，以便统计分析。也可以对某些问题附带说明，或再一次向被调查者表示感谢。

2）问题的设计

（1）直接性问题和间接性问题

直接性问题，例如："您的年龄""您的职业""您最喜欢的洗发水是什么牌子的？"等等，这些都可获得明确的答案。直接性问题应该是事实存在，一般不涉及态度、动机方面的问题，被调查者回复时不会感觉到有压力。

间接性问题，通常是指那些被调查者因对所需回答的问题产生顾虑，不敢或不愿意真实表达意见的问题。某些比较敏感的问题会让被调查者感到不愉快或难堪，这时，可采用间接回答的方式。

例如：有人认为应该高度重视妇女权力保障问题，对这种观点，您的意见是：

完全同意□　　有保留的同意□　　不同意□

（2）开放性问题和封闭性问题

开放性问题是指只设计问题，不设计答案，答案由被调查者自由回答。开放性问题有以下几种提问方式。

① 自由回答法。例如，您认为目前大学生就业难的主要原因有哪些？

② 词语联想法。例如，看到"手机"这个词，您会想到什么？

③ 回忆法。例如，请说出您所知道的电脑品牌。

④ 语句完成法。例如，您购买笔记本电脑时，最主要考虑的因素是_____。

开放性问题的优点是：比较灵活且容易调动答题者的积极性，让他们充分表达自己的观点和想法，对于调查者来说能够搜集到原来没有想到或者容易忽视的资料。缺点是：被调查者的答案各不相同，标准化程度低，增加了资料整理的难度。一般问卷中只设置1~2个开放性问题即可。

封闭性问题是指针对每一个问题，都要设计可供选择的若干个答案，让被调查者选择回答。封闭性问题的优点是：标准化程度高，回答问题方便，结果易于处理分析，回答率较高，节省调查时间。缺点是：选项容易有漏洞，可能会对被调查者产生诱导，会出现被调查者猜测或乱答等情况，使答案难以反映真实情况。

（3）动机性问题和意见性问题

动机性问题是指为了了解被调查者的一些具体行为的原因和理由而设计的问题。例如："您购买某一品牌电脑的原因是什么？"

意见性问题也称态度性问题，主要是为了了解被调查者对某些事物的看法和态度。例如，"您对学校餐厅服务的满意程度为多少？"

总体来讲，问题的设计要注意：提问内容尽可能简短；用词要确切、通俗；一项提问只包含一项内容；避免诱导性提问；避免否定形式的提问；避免敏感性问题。另外，在设计问题的顺序时注意要符合逻辑性，要先易后难，能引起被调查者兴趣的问题尽可能放在前边，开放性问题放在后边。

3）答案的设计

封闭性问题需要设计可供选择的若干个答案，答案设计是否科学、合理，直接决定了问卷的质量以及调查的最终效果。那么，答案的设计有哪些类型？

（1）二项选择法

一个问题两个答案，两者只能择其一。这种形式只适用于不需要反映态度程度的问题。

例如，您是××品牌手机用户吗？

是□　　不是□

（2）多项选择法

一个问题多个答案，可任选一项或多项。这种形式的优点是能较多地了解被调查者的态度，但不易于统计。

例如，促使您购买手机的主要原因是什么？（最多选三项）

品牌□　价位□　功能□　外观□　售后服务□　广告□　商家信誉□　其他□

（3）顺序法

给出若干个答案，要求被调查者根据自己的态度排序。

例如，您喜欢的手机品牌依次为（请依据您的喜好程度，分别标上序号）：

苹果□　三星□　华为□　小米□　魅族□　荣耀□　OPPO□　VIVO□　一加□　中兴□　其他□

（4）量表法

要求被调查者对事物的属性从优到劣分等选择。这种形式主要用于测量被调查者的态度。

例如，您认为××品牌手机的售后服务如何？

很好□　　好□　　一般□　　差□　　很差□

答案的设计要注意：第一，一致性，即答案要与所提问题协调一致，避免答非所问；第二，穷尽性，即答案应包含所有可能的情况；第三，互斥性，即答案之间不能交叉重叠，相互包含。

4）设计调查问卷的总体要求

（1）问卷设计要目的明确

明确调查目的，问卷内容的设计一定要有助于调查目的的实现。每一个问题的提问都是为实现调查目的服务的，与调查目的无关的问题不要问。

（2）问卷设计要争取被调查者的合作

要尊重被调查者，激发他们的合作意愿，尽可能减轻被调查者的负担，保证提供的情报真实、有效，有助于调查目的的达成。

（3）问卷设计要简明易懂，方便回答

问题不宜过多或过于分散，要力求简明扼要，通俗易懂。避免使用含糊不清的字句或专业术语，避免提出引起反感或带有暗示性的问题。语言要讲究艺术趣味，使被调查者乐于回答。

（4）问卷设计要便于事后统计和处理

问卷的形式要有利于统计，有利于计算机读入和进行数据分析。

（5）问卷设计要力求完美

从确定主题、拟定填写说明、设计问题和答案，到制成一张完整的调查问卷，应当细心推敲，力求完美。

6. 市场调查报告的设计

市场调查报告的格式一般由标题、前言、目录、正文、附录等五个部分组成。

1）标题

标题是市场调查报告的题目。它有两种写作形式：一是公文式标题，即由调查对象和内容、文种名称组成，例如《2021年××市手机市场销售情况调查报告》；二是文章式标题，即用概括的语言形式直接交代调查的内容或主题，例如《全省城镇居民潜在购买力动向》，一般这种类型调查报告的标题，多采用双题（正副题）的结构形式，例如，《竞争在今天，希望在明天——全国洗衣机用户问卷调查分析报告》。

2）前言

前言又称引言或导语，是调查报告正文的前置部分。前言要交代调查的目的、时间、地点、对象与范围、方法等与调查者自身相关的情况，也可以概括调查报告的基本观点或结论，以便读者对全文内容、意义等获得初步了解。前言要写得简明扼要，精炼概括其中内容包括调查的目的和范围、调查方法、调查结果、提出建议、附件等。编写时要注意紧扣主题，用调查得来的数据来说明问题，统计出的数据要准确；文字要简明扼要，突出重点；分析问题要客观，避免主观臆断；尽量少用技术性术语，必要时可以用图表加以说明。

3）目录

如果调查报告的内容、页数较多，为了方便阅读，应当使用目录或索引形式列出报告所分的主要章节和附录，并注明标题、有关章节号码及页码。一般来说，目录的篇幅不宜超过一页。

4）正文

正文是市场调查报告的主体。它要完整、准确、具体地说明调查的基本情况，进行科学合理的分析预测，在此基础上提出有针对性的对策和建议。材料一定要真实准确，分析一定要有根据，运用科学的分析方法得出正确的结论。正文可以从以下三方面来写。

（1）调查说明

说明在调查过程中使用了什么样的方法及使用该种方法的理由，调查对象是谁，具体调查的时间、地点及人员安排等。如果使用了文献调查，应说明文献的来源。通常这部分无须写太多，但也要适当交代，以便使用者了解数据是怎么获得的，结论是怎么得出的。

（2）调查结果

即，对调查所获得的基本情况进行介绍。在具体写法上，既可按问题的性质将其归结为几类，采用设立小标题的形式，也可以以时间为序，或者列示数字、图表或图像等加以说明。情况介绍一定都要力求做到准确、具体，富有条理性。

（3）结论与建议

结论是以调查结果为基础得出的结果或决策。调查人员应对调查所获得的资料进行科学的研究和推断，形成符合事物发展变化规律的结论性意见。结论要做到有理有据、言简意赅，切忌脱离调查所获资料随意发挥。

建议是以结论为基础，提出的关于怎样推进工作的提议，以供决策者参考。建议是撰写市场调查报告的主要目的，要注意建议的针对性和可行性，要能够切实解决问题。

在正文的最后，也可以总结与分析本次市场调查的得与失，以便使用者能够充分了解此报告的价值，合理利用研究成果。

5）附录

附录是调查报告正文包含不了或没有提及，但与正文有关，必须附加说明的部分。它是对正文报告的补充或更详尽的说明，包括数据汇总表、原始资料背景材料、必要的工作技术报告等。

市场调查报告是市场调查结果的最终体现。撰写市场调查报告应注意以下事项：

① 简明扼要，突出重点，不要拖泥带水，不要将无关资料写入报告；

② 避免使用晦涩的词语、专业术语和陈词滥调；

③ 仔细核对全部数据和统计资料，做到准确无误，不要把无事实依据的主观想法强加进去，或歪曲研究结果以迎合管理层的期望；

④ 用具体数字分析、说明问题，利用各种绝对数和相对数来进行比较对照，阐述结果，提出建议，提高论点的可靠性；

⑤ 充分利用各种统计图、统计表说明和显示资料，帮助使用者理解，还可以提高页面的美观性；

⑥ 注意细节，对打印好的调查报告要反复检查，不允许有一个差错出现，特别是企业名称、专业术语、专门的英文词汇等更要仔细检查，以防止因出错而带来的消极印象。

调查问卷范本 1

长春市巧克力市场调查问卷

尊敬的女士/先生：

您好！我们受××公司委托，正在进行一项有关长春市巧克力市场的调查，非常希望得到您的支持。问卷很简单，用不了您多长时间。卷中所提问题无所谓对错，请您根据实际情况填写，对选中的答案，请在该答案的编号前打"√"，谢谢您的合作。为了感谢您的支持，我们准备了一份小礼物，敬请笑纳。

1. 请问您上一次购买巧克力食品是在：

A. 一年前　B. 半年前　C. 一个月前　D. 几天前　E. 不记得　F. 从没买过

2. 请从来没有买过巧克力食品者谈谈您不买的原因是：

A. 没有吃巧克力的习惯　B. 讨厌巧克力的味道　C. 巧克力太贵

D. 从来都是别人送巧克力吃　E. 其他原因（请注明）

3. 您选购巧克力时最注重：

A. 包装漂亮　B. 口味适宜　C. 价格便宜　D. 有名气　E. 购买方便

F. 其他（请注明）

4. 请问您购买巧克力一般是用来：

A. 自己当零食　B. 小孩作零食　C. 充饥　D. 送礼　E. 家庭待客

F. 其他（请注明）

5. 请问您购买糖果类食品一般是在：

A. 百货公司　B. 超级市场　C. 有名的食品店　D. 一般的食品店

E. 在家附近的零售店　F. 其他（请注明）

6. 请列举您购买最多的巧克力品牌或您印象最深的巧克力品牌。

---

7. 请问您是通过什么渠道知道这些品牌的？

A. 朋友介绍　B. 广告　C. 新闻　D. 店内陈设　E. 售货员推荐　F. 自己购买

G. 其他（请注明）

8. 请问您最喜欢的巧克力种类是：

A. 牛奶巧克力　B. 果仁巧克力　C. 酒心巧克力　D. 苦巧克力　E. 威化巧克力

F. 其他（请注明）

9. 请问您最喜欢的巧克力口味是：

A. 香　B. 滑　C. 甜　D. 细　E. 苦

10. 请问一块中等大小（约100克）的巧克力，您可以接受的价格是：

A. 2元以下　B. 4元以下　C. 6元以下　D. 10元以下　E. 10元以上

11. 请您选择以下几个巧克力广告语中您最熟悉的一个。

A. 只溶在口，不溶在手　B. 瑞士最佳风味，只给最爱的人　C. 金子般纯真

D. 牛奶香浓，丝滑感受　E. 一粒进口，四季甜蜜　F. 都不熟悉

12. 请您根据所了解的情况连线：

巧克力品牌　　生产

申丰　　　进口

上儿　　　合资

金帝　　　国产

M&M's　　不清楚

13. 提起巧克力，您最先联想到的词有哪些？（最多选三项）

A. 高贵　B. 礼物　C. 童话　D. 肥胖　E. 恋人　F. 烦躁　G. 刺激　H. 幸福

下面请介绍一下您的个人情况：

1. 您的性别：

A. 男　　　B. 女

2. 您的年龄：

A. 15岁以下　B. 15~19岁　C. 20~29岁　D. 30~39岁　E. 40岁以上

3. 您的职业是：

A. 学生　B. 企业管理人员　C. 工商服务人员　D. 公务员　E. 外资或合资企业职员

F. 工人　G. 教师　H. 私营职业者　I. 其他（请注明）

4. 您的文化程度：

A. 大专或以上　B. 中专或高中　C. 初中或以下

5. 您的月收入：

A. 1000元以下　B. 1000~3000元　C. 3000~6000元　D. 6000~10 000元

E. 10 000元以上　F. 无收入

谢谢您的支持！

调查地点：＿＿＿＿＿＿＿＿

调查日期：＿＿＿＿＿＿＿＿

调查员：＿＿＿＿＿＿＿＿

2.1.4 实训步骤与成绩评定

1. 实训步骤

由教师指定水果超市所在的城市或区域，以小组为单位进行××城市（区域）水果市场调查。

第一步，设计市场调查问卷。

第二步，实施市场调查，包括文献调查和指定区域的实地调查。

第三步，完成市场调查报告。

2. 成绩评定

成绩评定的要求见表2-2。

表2-2　考核要求及评分标准

考核内容	考核要求及评分标准	分　值
调查问卷的设计	调查目的清晰、明确	10
	问题的设计能够覆盖调查目的所需内容，问题至少达到15个	10
	答案设计合理，符合一致性、穷尽性、排斥性要求	10
	调查问卷排版合理，文字流畅	10
调查实施过程	调查方法得当	10
	人员分工明确，团队协作能力强	10
调查报告的设计	市场调查报告完整、表述清晰、图文并茂	20
	结论符合市场情况，能够提出建设性意见，有创新	20

2.1.5   课后练习

1. 选择题

（1）问卷设计是否合理，调查目的能否实现，关键就在于（   ）的设计水平和质量。

A. 前言部分

B. 主题内容

C. 附录部分

D. 说明部分

（2）调查问卷的说明部分主要是对（   ）的说明。

A. 调查的目的与意义

B. 调查的对象

C. 调查的问题

D. 作答方式

（3）问卷设计的首要步骤是（   ）。

A. 进行必要的探索性调查

B. 设计问句项目

C. 把握调查的目的和内容

D. 收集和研究相关资料

（4）调查人员的（   ）是影响调查报告质量的重要因素，调查人员要有严格的职业操守，尊重事实、反映事实。

A. 道德水准

B. 经营水准

C. 职业水准

D. 其他

2. 判断题

（1）问卷中问题与答案的设计应该生动、新颖，以吸引被调查者的注意，有时为了使其配合调查，可以将问句偏离调查目的与内容。（   ）

（2）问卷中的一些词汇，如"经常""通常"等已经成为人们有较大共识的词语，可以在设计时大量采用。（   ）

（3）在现实生活中，许多人认为年龄、收入、受教育程度等属于个人隐私，不愿意真实回答，所以在设计问卷时可以把这些问题省略，以免影响整个回答的真实性。（   ）

（4）对于被调查者不清楚的某些问题，调查人员可以适当加以提示，以引导被调查者完成调查。（   ）

（5）市场调查报告中可以用大量的图片来完全代替文字性的说明工作。（   ）

3. 案例分析题

麦肯锡：2020 中国消费者调查报告

自 2005 年起，麦肯锡针对中国消费者行为进行了一系列持续性研究。《麦肯锡：2020 中国消费者调查报告》显示，中国消费者行为正在分化，由过去那种各消费群"普涨"的态势转变为不同消费群体"个性化"和"差异化"的消费行为。报告中指出，在中国中低线城市，涌现出一支新的消费生力军，他们以二线及以下城市的年轻女性为代表。这一群体并不担心生活成本或未来储蓄问题，具有很强的购买意愿。但在"北上广"等生活成本高昂的大城市，不同消费群体则表现各异：有的更加理性，愿意为品质而不是社会认同买单；有的更加精明，追求最高性价比；还有的更加谨慎，缩减开支，未雨绸缪。这种千人千面的消费分级现象，值得所有在中国的消费品企业关注与研究。

报告对消费者进行了画像，具体提出五大值得关注的消费趋势：趋势一，中低线城市消费新生代成为增长新引擎；趋势二，多数消费者出现消费分级，在升级的同时有的更关注品质、有的更关注性价比等；趋势三，健康生活理念继续升温；趋势四，旅游消费更重注体验；趋势五，本土高端品牌正在崛起。

为此，麦肯锡对品牌商提出建议：第一，加倍关注中低线城市消费新生代；第二，关注"消费分级"群体，尤其高线城市；第三，善于利用健康消费趋势；第四，创造独特而另人难忘的体验，为更成熟的中国消费者带来惊喜和愉悦；第五，把中国元素巧妙融入产品中。

思考与讨论：

（1）结合案例谈一谈市场调查的重要性。

（2）麦肯锡的中国消费者调查报告给中国消费品企业带来哪些启示？

任务 2.2　市场营销环境分析

2.2.1　实训目标

了解水果超市的外部环境，提高学生分析问题、解决问题的能力。同时，也有助于学生正确认识社会、认识市场，培养大局观念，提升社会责任心。

2.2.2　实训内容

分析水果超市的外部环境，包括宏观环境与微观环境，找出市场机会与环境威胁。

2.2.3　实训指导

市场营销环境是指一切影响和制约企业营销活动及其目标实现的外部因素和条件。它往往是企业营销部门不可控制或难以控制的因素，企业只能趋利避害，主动适应。

任何一个企业的市场营销活动都是在一定的环境条件下进行的，当外部环境发生变化时，企业的经营策略也必将发生改变。例如，麦当劳在美国本土市场主要提供牛肉汉堡、炸薯条、冰激凌和软饮料，当它进军不同国家市场时，因各国消费者饮食习惯的差异，就不得不修改标准菜单。印度人不吃牛肉汉堡，麦当劳就推出羊肉汉堡；在中国，麦当劳推出麦乐鸡、麦乐鱼、麦辣鸡腿汉堡、麦香猪柳蛋等快餐食品，以适应中国消费者的口味。2020 年 3 月 19 日，麦当劳在 Facebook 上发布了新的 logo，原本的"M"被拆分成了两个单独的"n"，并保持着一定的距离感，呼吁大家在疫情期间注意隔离，保护自己、保护他人。可见，企业的市场营销活动是以环境为依据的。企业应主动去适应环境，同时又要在了解和掌握环境的基础上，努力去影响外部环境，使环境有利于企业的生存和发展，有利于提高企业营销活动的有效性。

市场营销环境可以分为宏观环境和微观环境两个层次。宏观环境是指影响企业及其微观环境各要素的一系列巨大的社会力量，主要有人口、经济、政治法律、社会文化、科学技术、自然等。微观环境是指和企业紧密相连的，直接影响企业营销能力的各种参与者，主要有供应商、营销中介、顾客、竞争者和社会公众。市场营销环境对企业的影响如图 2-1 所示。

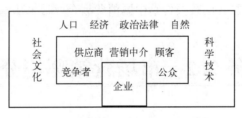

图 2-1　市场营销环境对企业的影响

1. 宏观环境分析

1）人口环境

人口是构成市场的第一因素。因为，市场是由有购买欲望同时又有支付能力的人构成的，人口的多少直接影响市场的潜在容量大小。从影响消费需求的角度看，人口因素可以从人口规模、人口的年龄结构、人口的地理分布、家庭构成、人口性别等五个方面进行分析。

一个国家或地区的总人口数量，是衡量市场潜在容量的重要因素。例如，中国现有的人口相当于欧洲和北美洲人口的总和。随着市场经济的发展，人们收入水平的提高，中国已被视为世界上体量最大的潜在市场，吸引着各国大企业、大财团的进入。所以，对企业而言，准确掌握市场的人口数量，有利于判断市场潜力。

在年龄结构方面，随着社会经济的发展、科学技术的进步，生活条件和医疗条件的改善，人均寿命大大延长。当前，我国人口年龄结构的变化是：人口老龄化加速和出生率下降。但是随着我国三胎政策的实施，一些婴幼儿教育等相关行业，以及老年人医疗保健等行业逐渐成为朝阳和热门行业。

人口的地理分布，即人口在不同地区的密集程度，它会影响商业网点的设置及服务方式的变化。近十年，我国流动人口规模大幅增加，呈现由农村到城市、由中西部到东部和东南沿海一带流动的趋势。根据国家统计局 2021 年 5 月 11 日发布的第七次全国人口普查数据，2020 年我国 31 个省区市和现役军人人口总量达到 141 178 万人，其中流动人口占 26.0%。我国流动人口占常住人口比例最高的 6 个省市区依次分别是上海、广东、浙江、北京、福建和江苏。其中，上海、广东的流动人口比例高达 42.1% 和 41.3%，近乎一半的人口都属于流动人口，人口密集程度相当高，由此形成了北上广等一些超大城市，给当地居民消费带来了巨大动力，也给部分行业带来了商机。

家庭是社会的细胞，也是商品采购和消费的基本单位，家庭的构成会直接影响某些消费品的需求。当前随着晚婚、晚育现象的增多，我国家庭组成出现了人数减少、职业女性增多、单亲家庭数量不断增多，同时独身者也不断涌现等几种趋势，这些都会带来家庭消费需求的巨大变化。

人口性别的差异，会带来消费需求的差异，也会带来购买习惯、购买行为上的不同。一般来说，在一个国家或地区男女人口总数相差并不大，但在一个特殊的地区或行业会有性别结构的较大差异。例如，矿区、林区、较大的工地，还有 IT 行业，往往是男性所占比重较大，男性用品的需求量较高；而在某些女性占比较大的行业，如服务、教育、文化行业，不仅设有女性专用品商店，很多家庭用品和儿童用品也纳入女性市场中。

2) 经济环境

经济环境是指企业从事市场营销活动所面临的社会经济条件及其运行状况和发展趋势。从市场营销的角度看，购买力是构成市场和影响市场规模的重要因素，而社会购买力直接或间接受经济规模、消费者收入水平、价格水平、储蓄和信贷等经济因素的影响。

一个国家或地区的经济规模通常用国民生产总值（GNP）或国内生产总值（GDP）、人均收入等指标来衡量。如果一个国家的国民生产总值高，则反映该地区的市场容量大，同时人均可支配收入也高，反映了该地区人们的现金收入水平高。在这种情况下，一个大的市场容量和居民较高的货币支出，会给企业的经营发展创造良好的外部条件。国家统计局发布，2020 年我国国内生产总值达 101.6 万亿元，比上年增长 2.3%，是全球唯一实现经济正增长的主要经济体，是推动全球经济复苏的主要力量，市场发展潜力巨大。城市 GDP 总量排在前五位的依次是上海、北京、深圳、广州、重庆，经济高速发展的这些城市成为世界各大跨国公司竞相争夺的宝地。

消费者购买力来自消费者的收入。消费者收入可分为个人可支配收入和个人可任意支配收入。个人可支配收入是在个人收入中扣除税款和非税性负担的余额，它能够反映个人收入中用于消费支出或储蓄的部分，反映了个人实际的全部购买力状况。个人可任意支配收入是在个人可支配收入中减去用于维持个人和家庭生存必不可少的费用（如，房租、水电、车贷、房贷、食物、燃料、衣着等开支）后所剩余的部分。这部分收入主要用于满足人们基本生活需要之外的开支，一般用于购买高档耐用品、旅游或储蓄等。它是消费需求变化中最活跃的因素，也是企业开展营销活动时所要考虑的主要对象。

随着消费者收入的变化，消费者支出模式，即消费结构也会发生相应的变化。德国统计学家恩格尔提出了恩格尔定律。它发现家庭收入越少，用于食物方面的支出占家庭总支出的比重越大；反之，当家庭收入增加时，食物方面的支出占家庭总支出的比重则会下降。因此，人们就把消费支出中用于食物的支出占全部消费支出的比重称为恩格尔系数。恩格尔系数越大，生活水平越低；恩格尔系数越小，生活水平越高。

恩格尔系数＝用于购买食物的支出/全部消费支出

2022 年 2 月国家统计局发布，2021 年我国居民恩格尔系数为 29.8%，比上年下降 0.4 个百分点。我国已全面进入小康社会。

3）政治与法律环境

政治环境是指企业从事市场营销活动的外部政治形势。对政治环境进行分析，首先应了解政治权利与政治冲突对企业营销活动的影响。政治权利对企业的影响，往往表现为政府机构通过采取某种措施来约束外来企业，如进口限制、外汇控制、劳务限制等。政治冲突是指国际上的重大事件与突发事件，这类事件在以和平发展为主题的时代从未绝迹，对企业影响或大或小，有时带来机会，有时带来威胁。

法律环境是指政府的相关政策、法令法规。各国政府通过立法规范企业的行为，影响市场需求规模和结构，从而间接或直接影响企业的营销活动。2021 年新修订的《中华人民共和国广告法》完善了对保健食品、药品、医疗、医疗器械、教育培训、招商投资、房地产、农作物种子等广告的准则，加大了对消费者的保护力度。新法明确界定：虚假的宣传、引人误导的内容，均属于虚假广告，对违法行为起到了很大程度的震慑作用。同时，新的广告法对明星代言也作了法律责任规定，只要明星代言的是虚假广告，同样负有连带责任，从而限制和约束了明星代言。新的广告法中又规定 10 岁以下未成年人不能代言广告，不能在学校、幼儿园、少年儿童经常活动的场所做广告，特别是在教材里面不能做广告。一系列的新规定，提高了法律责任的震慑力。

4）社会文化环境

社会文化环境一般泛指一个国家或地区的价值观念、宗教信仰、风俗习惯、审美观念等各种行为规范。社会文化是在长期的社会生活中形成的，带有传统的持续性的特点。它是影响人们的欲望、行为、习惯的重要力量。

价值观念是人们在社会生活中对各种事物的态度和看法。不同文化背景下，人们的价值观念存在很大差异，导致人们的购买行为也存在很大差别。例如，不同年代出生的人会表现出不同的价值观。80 后比较关注集体主义和奉献精神，倾向于理想主义，雷锋、张海迪等榜样的力量对他们有着极强的感召力；而 90 后人则比较关注个人价值的实现，偶像多数是娱乐圈中的歌星、明星及各类选秀节目中的选手。比起 80 后，90 后更追求生活品质，追求享乐、时尚，注重对新生力量和新鲜事物的尝试体验。因此，明星代言、个性与时尚的传递、数字营销、体验营销等成为针对 90 后的主要营销手段。

在宗教信仰方面，人类的生存活动充满了对幸福、安全的向往和追求。在生产力低下、人们对自然现象和社会现象迷惑不解的时期，这种追求容易带有盲目崇拜的宗教色彩，沿袭下来逐渐形成一种消费模式。企业在开展营销活动时，应尊重当地的宗教信仰，避免与之发生冲突，有时还可以适当利用。例如，比利时有一位叫范德维格的地毯商，将特殊的指南针嵌入祈祷地毯，这种指南针，不是指南或指北，而是直指圣城麦加。这样，伊斯兰教徒不管走到哪里，只要把地毯往地上一铺，麦加方向顷刻之间就能准确找到。这种地毯一推出，在穆斯林居住地区立即成了抢手货。

另外，不同地区、不同民族的风俗和生活习惯、审美观念、教育状况等也都会影响企业的营销活动。无数营销案例告诉人们：企业营销绝对不能与特定的文化相抵触，一旦与文化格格不入，再好的营销策划也不会有任何建树，严重的甚至会影响产品形象和企业声誉。2021 年底，三只松鼠登上了热搜，原因是有网友晒出 2019 年 10 月三只松鼠的酸辣粉产品海报，海报中模特是"眯眯眼"妆容，部分网友认为有"丑化中国人"嫌疑，网上"眯眯眼不符合中国人的审美，让人看着不舒服""眯眯眼本来就是西方国家百余年来对中国人刻板、丑化的印象""眯眯眼是西方人对亚洲人的一种歧视"等言论纷至沓来。后三只松鼠在微博发声明公开道歉，并第一时间将广告页面替换，但由此而产生的对品牌形象的影响却是长期的、负面的。

5）科学技术环境

科学技术是第一生产力，它对整个社会经济的发展起着推动作用。技术的每一次飞跃，都会为社会创造新的市场需求，为企业提供新的市场机会。手机的不断更新换代充分见证了这一点。从最初的模拟制式手机到今天的 5G 手机，从完成简单的语音通话，到提供社交平台、网页浏览、电子商务、电话会议、教育培训等多种信息服务，小小的手机大大改变了人们生活方式，创造了新的市场需求，同时也为国产手机企业提供了新的市场机会。当然，科学技术是一把双刃剑，它既会给一些行业或企业带来新的市场机会，也会给另一些行业或企业，尤其是传统行业带来威胁。

科学技术的发展也将影响消费者的消费方式、购买行为和购买习惯。例如，网络技术的发展，使消费者网上购物、信用卡网上消费逐步流行，提高了购物效率。但由于网络技术的不完善，也会给网上消费带来了一定的风险。

6）自然环境

自然环境，即企业所在地区的地理位置、气候条件、地形地貌、交通运输等情况。自然环境是人类赖以生存和发展的基础。近几年来，随着可持续发展战略的提出，以保护环境、节约资源、强调人与自然和谐发展的循环经济成为社会的主导。企业正在努力发展循环经济，实施绿色营销，通过生态营销、绿色营销，体现企业的社会责任，树立企业良好的社会形象。

2. 微观环境分析

1）供应商

供应商是向企业提供生产产品所需资源的（包括原材料、零部件、机器设备、能源、劳务等）企业或个人。供应商对企业营销活动的影响主要表现在三个方面：第一，供货的稳定性与及时性；第二，供货的价格变动；第三，供货的质量水平。企业在寻找和选择供应商时，必须充分考虑供应商的资信状况，要选择那些能够提供品质优良、价格合理的资源，交货及时，有良好信用，在质量和效率方面都信得过的供应商，并且要与供应商建立长期稳定的合作关系，保证企业生产资源供应的稳定性。

2）营销中介

营销中介是指协助企业将产品提供给最终消费者的中介机构，包括中间商、实体分配机构、营销服务机构、金融机构等。

中间商也叫分销商，是指产品从生产者转移到消费者的中间环节或渠道，它分为经销商与代理商两大类。中间商的主要职责是帮助企业寻找顾客，为企业产品打开销路服务。因此，中间商是联系生产者与消费者的桥梁，他们的工作效率与服务质量，以及双方的合作关系，直接影响企业产品的销售。

实体分配机构是指协助企业进行产品包装、仓储、运输、装卸、搬运等工作的仓储物流企业。其基本功能是实现产品的时间效用和空间效用，帮助企业将产品适时、适地、适量地提供给最终消费者。

营销服务机构是指为企业提供咨询、调研、广告宣传等各种营销服务的机构，如营销咨询公司、广告公司、市场调查公司等。营销服务机构涉及的面比较广，他们提供的专业服务对营销决策的制定和实施起着直接影响。

金融机构是指协助企业融资或提供保险服务的机构，如银行、保险公司、信贷机构等。企业能否顺利融资，以及贷款利率的高低、保险费率的变动都会直接影响企业经营与成本。

3）顾客

顾客是企业产品服务的对象。研究顾客需求和偏好是企业营销活动的起点，同时顾客又是企业营销活动的落脚点和归宿，企业的一切营销活动都应以满足顾客需求为中心。企业所面对的顾客，即市场，可分为五种类型：消费者市场、生产者市场、中间商市场、政府市场、国际市场。如表2-3所示，五类市场各有其不同特点，要求企业以不同的方式提供相应产品，从而会影响企业的营销决策和服务能力的构成。

表 2-3　市场的类型及特点

市场类型	构　　成	购买目的
消费者市场	消费者：个人和家庭	用于消费
生产者市场	生产者：个人和企业	再生产，获取利润
中间商市场	中间商：经销商、代理商	销售，获取利润
政府市场	政府机构	履行政府职责、提供公共服务
国际市场	国外的消费者、生产者、中间商、政府机构	国外消费、生产、经营、服务

4）竞争者

企业的营销系统总是被一群竞争者包围和影响着，企业必须识别和战胜竞争对手，才能在顾客心目中确定强有力的地位，以获取竞争优势。企业所面对的竞争对手可以分为以下四个层次。

（1）愿望竞争者

愿望竞争者也叫消费竞争者，是提供不同类产品，满足不同需求，但目标消费者相同，争夺同一目标市场购买力的竞争者。例如，房地产企业与汽车企业，在争夺消费者购买力方面存在竞争，它属于广义的竞争。

（2）类别竞争者

是提供不同类产品，但满足消费者同种需求，产品之间可以相互替代的竞争者。例如，航空公司与高铁客运都可以满足消费者方便出行的需要，彼此为争夺客源而展开竞争。

（3）行业竞争者

是提供同种或同类产品，但规格、型号、款式等不同的同行业竞争者。例如，汽车行业中电动汽车与传统燃油汽车之间的竞争，高档汽车与中低档汽车之间的竞争。

（4）品牌竞争者

是同一行业中，提供的产品规格、型号、品质、价格等属性相同或相似，只是品牌不同的竞争者。例如，手机市场中 VIVO 手机与 OPPO 手机的竞争，空调市场中格力空调与海尔空调的竞争。

在以上四个层次的竞争对手中，品牌竞争者是最直接、最主要的竞争对手，是企业研究的主要对象。但如果仅仅把注意力集中在品牌因素上，未免目光短浅，企业还应着眼于扩大其基本市场，努力为产品在市场上争夺更大的市场份额。

另外，竞争者还可以根据所处的市场地位的不同，分为市场领导者、市场挑战者、市场追随者和市场补缺者。企业要明确自己的市场地位，同时密切关注其他竞争者的市场地位的变化，采取相应的营销策略巩固和扩大自己的市场份额。处于不同地位的竞争者所采取的营销策略各不相同，如表 2-4 所示。

表 2-4　不同地位的竞争者营销策略

竞争者类型	营 销 策 略	具 体 措 施
市场领导者	扩大市场需求量	挖掘新用户、开发新市场 开发产品新功能 增加现有产品使用量
	保持市场占有率的同时，扩大市场占有率，防御挑战者	加强产品创新 提供优质服务 提高分销效益 降低成本
市场挑战者	明确挑战目标和竞争对象，选择进攻策略，以期扩大市场份额，挑战领导者	正面进攻 侧翼进攻 包围进攻
市场追随者	仿效领导者的做法，提供类似产品，保持现有市场份额，争取新顾客	紧密追随 有距离的追随 择优追随
市场补缺者	专业化策略	客户专业化 客户订单专业化 产品专业化 服务专业化 区域专业化

5）公众

公众是指对企业实现其营销目标，有现实或潜在影响的所有团体。它包括融资公众、媒介公众、政府公众、社团公众、社区公众、一般公众、企业内部公众。由于企业的营销活动必然会影响公众的利益，所以这些公众会监督、影响、制约企业的营销活动。企业应采取积极措施，树立良好的公众形象，力求保持和各类公众之间的良好关系，为企业发展创建宽舒的营销环境。

微观环境各要素对企业的影响如图 2-2 所示。实际上，微观环境的各个要素与企业之间存在双向运作关系，它们之间是相互影响的利益共同体。按照双赢原则，企业营销活动的成功应给供应商、中间商、顾客都带来利益，同时造福于社会公众。即使是竞争者之间也并

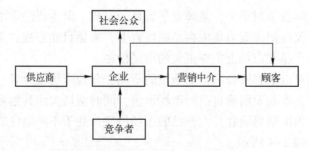

图 2-2　微观环境各要素对企业的影响

非完全是对抗关系，有时也要合作共赢、共同发展。

3. 市场营销环境对企业市场营销活动的影响

市场营销环境对企业市场营销活动的影响主要表现在两个方面：一是环境的变化可能会给企业带来新的市场机会；二是这种变化也有可能给企业造成新的环境威胁。

市场机会是指对企业有吸引力的，能够带来赢利空间的环境因素。例如，近十年来我国从政策层面上多措并举支持新能源汽车消费，包括免征新能源汽车车辆购置税、鼓励地方对新能源汽车的购买和通行便利给予支持等，这些政策红利使新能源汽车的消费呈跳跃式增长，给新能源汽车生产厂家带来了巨大的市场机会。面对同一市场机会，哪些企业会获得成功，取决于企业的资源实力是否与成功的条件相匹配，以及企业是否比竞争者具有更大的差别优势。

环境威胁是指环境中不利于企业开展营销活动的各种因素。例如，2020年蔓延全球的新冠肺炎疫情给世界经济的稳定带来了巨大的负面影响，其涉及面覆盖了各行各业，尤其对服务业的影响巨大，使得一些中小微服务性的企业被动关门倒闭。再如，随着环保意识的增强，一些国家实施"绿色壁垒"，给那些不符合环保要求的产品及企业带来严峻挑战。

2.2.4 实训步骤与成绩评定

1. 实训步骤

第一步，分析水果超市的宏观环境。

第二步，分析水果超市的微观环境。

第三步，寻找市场机会与环境威胁。

2. 成绩评定

成绩评定的要求见表2-5。

表2-5 考核要求及评分标准

考核内容	考核要求及评分标准	分 值
宏观环境分析	对人口、经济、社会文化等宏观环境要素的分析全面、准确	30
微观环境分析	对顾客、竞争者等微观环境要素的分析全面、准确	30
识别市场机会	能够准确识别市场机会并说明理由	20
识别环境威胁	能够正确找出环境威胁并说明理由	20

2.2.5 课后练习

1. 选择题

（1）市场营销环境中的（   ）被称为一种创造性的毁灭力量。

A. 新技术

B. 自然资源

C. 社会文化

D. 政治法律

（2）影响消费需求变化的最活跃的因素是（　　　）。

A. 个人可支配收入

B. 个人可任意支配收入

C. 个人收入

D. 人均国内生产总值

（3）企业的营销活动不可能脱离周围环境而孤立地进行，企业营销活动要主动去（　　　）。

A. 控制环境

B. 征服环境

C. 改造环境

D. 适应环境

（4）恩格尔定律表明，随着消费者收入水平的提高，恩格尔系数将（　　　）。

A. 越来越小

B. 保持不变

C. 越来越大

（5）对于企业而言，最应该高度重视的竞争对手是（　　　）。

A. 愿望竞争者

B. 类别竞争者

C. 行业竞争者

D. 品牌竞争者

2. 判断题

（1）我国南北方人民在食品口味上存在着很大的差异，导致对食品需求也不同，这是宏观环境中经济因素导致的。（　　　）

（2）不同亚文化群的消费者有相同的生活方式。（　　　）

（3）微观环境与宏观环境之间是一种并列关系，微观环境并不受制于宏观环境，各自独立地对企业的营销活动发挥着影响作用。（　　　）

（4）微观环境的各个要素与企业之间存在双向运作关系，它们之间是相互影响的利益共同体。（　　　）

（5）在一定条件下，企业可以运用自身的资源，积极影响环境因素，创造更有利于企业营销活动的空间。（　　　）

3. 案例分析题

数说年报：疫情对行业的影响

　　据 Wind 数据显示，2020 年 A 股年报季，共有 1340 家上市公司在业绩预告中提到了疫情对于经营的影响，几乎占到 A 股上市公司总数的三分之一。其中，因疫情导致主营业务亏损的有 585 家，涉及 59 个行业。受疫情影响亏损最严重的就是航空业，航空业公司全部亏损，包括四大航（国航、东航、南海、海航）在内的 6 家航空公司累计亏损 962 亿元。疫情对于航空业的冲击，最直观的反映在客运需求的锐减上。以四大航为例，2020 年各航线乘客人数平均较 2019 年下降了 71.5%。年报显示，四大航内地航线乘客人数平均同比下降 35.4%。港澳台航线的下滑程度甚至超过了国际航线，乘客人数平均同比下降达 91.2%。

　　虽然中国率先实现了疫情可控，但航空业未来的恢复情况仍存在较大的不确定性。作为中国年客运量最大的航空公司，南航在年报中指出，这些不确定性体现在境外疫情未得到有效遏制，疫苗产量、全球分配等问题上。国际航协预计，全球航空业可能在 2022 年之前都不会赢利，行业复苏将需要更多政府援助。

　　另外，疫情也给一些行业带来了利好。比如生物科技业，疫情带来的主要业绩增长点是核酸检测需求的大幅上升。靠卖核酸检测试剂、检测仪器和相关产品，包括华大基因在内的 4 家生物科技公司去年扣除非经常性损益后的净利润均超过 10 亿元，平均同比增长了 740%。

　　资料来源：澎湃新闻 https://www.thepaper.cn/

　　思考与讨论：

　　（1）结合案例谈一谈市场营销环境对企业的影响。

　　（2）自选某一行业，查找相关资料分析疫情对该行业的影响。

任务 2.3　诊断市场营销环境，提出战略决策

2.3.1　实训目标

　　学会运用机会-威胁矩阵分析法与 SWOT 分析法对企业内外部环境进行分析，制定企业经营战略，提高学生的营销决策能力。同时也有助于学生正确认识企业、认识市场、了解环境，培养大局观念，提升社会责任心。

2.3.2　实训内容

通过机会-威胁矩阵，判断水果超市面临的综合环境类型；运用 SWOT 分析法了解水果超市的内外部环境，提出经营对策。

2.3.3　实训指导

1. 机会-威胁矩阵分析

市场营销环境通过提供市场机会或构成环境威胁，影响企业的营销活动。但是，不是所有的市场机会都有利用的价值，也不是所有的环境威胁都会给企业带来致命的影响，企业需要对市场机会和环境威胁进行评估，综合评价外部环境的类型，再结合自身特点，提出战略对策。

1）机会矩阵

对市场机会的分析，主要考虑两个方面：一是机会的吸引力程度，即盈利性；二是成功的概率，即企业的业务实力是否与成功的条件相符合。将两个方面结合起来，会得出机会矩阵图，如图 2-3 所示。

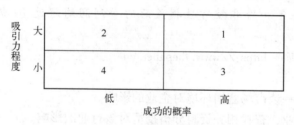

图 2-3　机会矩阵图

在图 2-3 中，处于 1 位置的机会，吸引力和成功的概率都大，有极大的可能会为企业带来高利益，企业必须高度重视，加以利用；处于 4 位置的机会，吸引力和成功的概率都小，企业基本可以略而不顾；处于 3 位置的机会，吸引力程度较低，但成功的概率高，企业不需要立即采取对策，但应密切关注市场变化趋势，及时采取有效措施；处于 2 位置的机会，吸引力程度较大，但成功的概率低，企业应该找出原因，改善自身条件，以便条件成熟时利用市场机会。

有效地捕捉和利用市场机会，是企业营销成功和发展的前提。只要企业能够密切关注营销环境变化带来的市场机会，适时地做出恰当的评价，并结合企业自身的资源和能力，及时将市场机会转化为企业机会，就能够开拓市场、扩大销售，提高企业的市场占有率。

2）威胁矩阵

对环境威胁的分析，也需要结合两方面来考虑：一是威胁对企业的影响程度；二是威胁出现的概率大小。将这两方面结合起来，同样会得出威胁矩阵图，如图 2-4 所示。

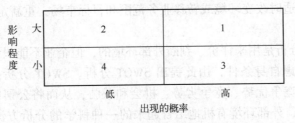

图 2-4　威胁矩阵图

在图 2-4 中，处于 1 位置的环境威胁是企业必须要高度重视的，因为其危害性高、出现的概率又大，企业应及早制定相应对策；处于 4 位置的环境威胁，对企业的影响程度小、发生的概率也低，企业不必过于担心，主要是观察其是否有向其他象限变化的可能；处于 3 位置的环境威胁，对企业影响不大，但出现的概率却很高，对此企业及时关注即可；处于 2 位置的环境威胁，出现的概率低，但一旦出现给企业带来的危害是极大的，企业必须密切监视其发展动向。

3）机会-威胁综合矩阵

在企业实际面临的营销环境中，单一的机会环境或单一的威胁环境是极少见的。一般情况下，都是机会与威胁并存、利益与风险并存。所以，企业需要运用机会-威胁综合矩阵，评价市场营销环境，如图 2-5 所示。

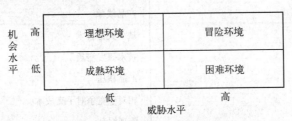

图 2-5　机会-威胁综合矩阵

如图 2-5，横坐标表示威胁的强弱程度，纵坐标表示机会的强弱程度，由此可把环境划分成理想环境、冒险环境、成熟环境和困难环境。

理想环境是高机会、低威胁水平的环境，是利益大于风险的环境。这种环境一般稍纵即逝，企业应抓住机遇，拓展业务，开拓市场。

冒险环境是高机会、高威胁水平的环境，这种环境既存在较大利益，同时又存在较大风险，属于高利润、高风险并存。企业应加强调查研究，审慎决策，降低风险，争取利益。

成熟环境是低机会、低威胁水平的环境，是一种比较平稳的环境。企业一方面应按照常规经营，另一方面应积蓄力量，为进入理想环境或冒险环境做准备。对于大多数企业来说，都普遍生存在成熟环境当中。

困难环境是低机会、高威胁水平的环境，这种环境风险大于机会，企业困难重重，必须设法扭转当前局面，适时改变环境或转移业务范围和目标市场，重新定位以求发展。

2. SWOT 分析

机会–威胁矩阵分析是用来评价、判断外部环境的，但企业不能只考虑外部环境，还要考虑自身条件，由此提出 SWOT 分析。SWOT 分析是用来确定企业自身的竞争优势、竞争劣势、机会和威胁，从而将公司的战略与公司内部资源、外部环境有机地结合起来的一种科学的分析方法。其中 S（strength）代表优势、W（weakness）代表劣势、O（opportunity）代表机会、T（threat）代表威胁。SWOT 分析法是营销学中最常见的分析方法模型，它包括 SW 分析和 OT 分析两个部分。

1）SW 分析

即企业内部因素的分析。企业内部因素包括营销能力、资金能力、生产技术能力、组织管理能力。具体可以从企业的生产设备、技术研发、成本管理、财务状况、市场开发、产品销售、品牌竞争力、员工素质、组织管理等方面找出优势与劣势，如表 2-6 所示。

表 2-6　SW 分析

内部优势（S）	内部劣势（W）
适应力强的经营战略	战略方向不同
有利的竞争态势	竞争力差
良好的企业形象	设备老化
强大的产品线	产品线单一
独特的生产技术	缺少关键技术
超强的研发能力	技术研发滞后
优质的产品	产品积压
具有规模经济	相对于竞争对手高成本
品牌知名度高	管理混乱
广阔的市场覆盖面	缺乏品牌知名度与信誉
优秀的营销技巧	市场反应能力滞后
雄厚的资金	资金短缺
其他	其他

企业的优势与劣势分析，主要着眼于企业自身实力及其与竞争对手的比较。当两个企业处在同一市场或者他们都有能力向同一消费群体提供产品和服务时，如果其中一方的盈利率更高，说明这个企业比另一个企业更具有竞争优势，竞争优势也就是企业超越其竞争对手的能力。

2）OT 分析

即企业外部环境的分析。企业外部环境包括宏观环境和微观环境，从外部环境中寻找市场机会和环境威胁，并对机会与威胁进行评估，找出对本企业影响重要的市场机会与环境威胁，按轻重缓急排序，以便使更重要的、更紧迫的机会和威胁能受到更多的关注。企业可能存在的潜在机会与威胁，如表 2-7 所示。

表 2-7　OT 分析

潜在机会（O）	潜在威胁（T）
核心业务拓展潜力大 市场需求旺盛 发现快速增长的新市场 市场竞争平稳 竞争对手失误 技术发展进入新领域 经济飞速发展 居民生活水平的提高 打破市场壁垒 出台对行业有利的政策 其他	核心业务日益衰退 市场需求减少 国内外竞争压力加大 新的竞争对手的出现 新产品或替代品的出现 经济形势与居民收入的下滑 市场紧缩 行业政策不利变化 客户偏好改变 突发事件 其他

3）战略选择

找出企业内部的优势与劣势，外部的机会与威胁后，要将这些要素进行组合，制定企业的经营战略，以促进企业发展，如表 2-8 所示。

表 2-8　SWOT 分析及战略选择

SWOT 分析		优势（S） 1. 2. 3.	劣势（W） 1. 2. 3.
机会（O）	1. 2. 3.	SO 战略：增长型战略 利用优势，抓住机会	WO 战略：扭转型战略 改进劣势，抓住机会
威胁（T）	1. 2. 3.	ST 战略：多种经营战略 利用优势，规避或减少威胁	WT 战略：防御型战略 将劣势与威胁最小化

2.3.4　实训步骤与成绩评定

1. 实训步骤

第一步，水果超市的机会-威胁矩阵分析。

第二步，水果超市的 SWOT 分析。

2. 成绩评定

成绩评定的要求见表 2-9。

表 2-9 考核要求及评分标准

考核内容	考核要求及评分标准	分 值
机会-威胁矩阵分析	能够正确评估市场机会与环境威胁	20
	能够准确判断综合环境类型	20
SWOT 分析	内部因素的分析准确、到位	20
	外部环境的分析准确、到位	20
	能够提出合理化建议与经营对策	20

2.3.5 课后练习

1. 选择题

（1）经过分析，企业面临的环境如下，其中企业的市场机会有（　　　）。

A. 强势竞争者的进入

B. 消费群数量的增加

C. 政府减免税收政策的落地

D. 供应商原材料价格的提高

（2）经过分析，企业面临的环境如下，其中给企业带来威胁的是（　　　）。

A. 强势竞争者的进入

B. 消费群数量的增加

C. 供应商原材料价格的提高

D. 银行贷款利率的提高

（3）成熟环境的特点是（　　　）。

A. 高机会、高威胁

B. 高机会、低威胁

C. 低机会、低威胁

D. 低机会、高威胁

（4）对于企业而言，最常见的外部环境是（　　　），在这种环境下，只要企业能正常经营就可以获得行业平均利润。

A. 理想环境

B. 冒险环境

C. 成熟环境

D. 困难环境

（5）在 SWOT 分析图上，最佳的战略是（　　　）。

A. 扭转型战略

B. 防御型战略

C. 多种经营战略

D. 增长型战略

2. 判断题

（1）威胁来自外部条件，具体包括：新的竞争对手的出现、替代产品增多、市场紧缩、行业政策变化、经济衰退、客户偏好改变、突发事件等。（   ）

（2）当前人们的文化生活日益丰富，对文化产品的要求越来越高，很多新型文化业态（如网络短视频、网络直播等）发展迅速，这对传统印刷类文化产品行业来说是一种市场机会。（   ）

（3）许多国家政府对自然资源管理的干预有日益加强的趋势，这意味着市场营销活动将受到一定程度的限制。（   ）

（4）面对目前市场疲软、经济不景气的环境威胁，企业只能等待国家政策的支持和经济形势的好转。（   ）

3. 案例分析题

特斯拉在中国的 SWOT 分析

特斯拉成立于 2003 年，致力于生产、销售高端电动汽车，并打造了世界上首辆使用锂离子电池为驱动能量的纯电动汽车。经过五年的研发，2008 年 2 月，特斯拉第一个纯电动汽车车型 Tesla Roadster 下线交付，之后又陆续推出了 Model S、Model X 和 Model 3 等车型，均在全球新能源汽车市场上收获了不错的反响。2013 年，中国正处于对新能源汽车积极推广的时期，新能源汽车在中国是具有极大潜力的朝阳产业，特斯拉抓住这个优越的市场机遇进军中国。2013 年底，特斯拉在北京开设了第一家 4S 店，以 Model 3 为主要车型进行销售，从此开启了进军中国的进程。下面是特斯拉在中国的 SWOT 分析。

内部环境分析		外部环境分析	
优势（S）	劣势（W）	机会（O）	威胁（T）
1. 纯电动车品牌认可度第一 2. 创新的开创者，极具影响力的 CEO 3. 致力于环保事业 4. 在电池续航里程、效率及充电桩方面拥有领先技术 5. 在自动驾驶领域拥有领先技术、经验丰富 6. 拥有超级充电站网络，能够提供免费快速充电服务	1. 在 2017 年、2018 年过度烧钱，资金面临巨大压力 2. 从高档跑车生产商转型为大众市场公司，对其生产规模提出质疑 3. 对外开放所有专利	1. 电动汽车市场是未来的发展趋势，消费者认同并购买的量加大 2. 可再生能源地位的提升 3. 政府政策的扶持	1. 市场转向纯电动车过慢 2. 其他车企的进入，竞争加剧 3. 部分激励政策的消失，增加不确定性

资料来源：https://finance. eastmoney.com/a2/202009241647492395. html. （部分节选）

思考与讨论：

（1）结合案例查找相关资料，运用机会–威胁矩阵分析我国新能源汽车产业面临的环境类型。

（2）结合特斯拉在中国的 SWOT 分析，指出其战略选择。

知识点小结

市场调查是指运用科学的方法，系统地收集、记录、整理和分析相关市场的信息资料，从而及时了解市场发展中的变化、现状和趋势，为下一步企业的营销策划和营销决策提供科学的事实和理论依据的过程。市场调查包括宏观环境调查、消费结构与需求调查、消费者及其购买行为调查、竞争对手调查、广告效果调查。市场调查的方法主要有文献调查和实地调查两种。市场调查的流程如下：第一，明确市场调查目的；第二，制定市场调查方案；第三，实施市场调查；第四，整理调查资料，撰写市场调查报告。其中，调查问卷的设计及市场调查报告的设计是核心任务。

市场营销环境是指一切影响和制约企业营销活动及其目标实现的外部因素和条件，它分为宏观环境和微观环境两个层次。宏观环境则是指影响企业及其微观环境各要素的一系列巨大的社会力量，主要有人口、经济、政治法律、社会文化、科学技术、自然等。微观环境是指和企业紧密相连的，直接影响企业营销能力的各种参与者，主要有供应商、营销中介、顾客、竞争者和社会公众。

市场营销环境既会给企业带来市场机会，也会带来环境威胁，企业需要对每一项机会与威胁进行评估，以确定其重要性，再通过机会–威胁矩阵分析，判断外部环境类型。外部环境根据机会与威胁的强弱程度，可分为理想环境、冒险环境、成熟环境和困难环境。

SWOT 分析法是用来确定企业自身的竞争优势、竞争劣势、机会和威胁，从而将公司的战略与公司内部资源、外部环境有机地结合起来的一种科学的分析方法。它包括 SW 分析与 OT 分析两部分。企业找出内部的优势与劣势，外部的机会与威胁后，要将这些要素进行组合，制定企业的经营战略，具体有：增长型战略、扭转型战略、多种经营战略、防御型战略。

项目 3

你的心思我知道——消费者需求分析

项目目标：

能力目标
- 能够针对不同购买角色的消费者采取不同的销售方式
- 能够深层次挖掘消费者需求，识别不同的购买动机，投其所好
- 能够在消费者决策过程的不同阶段采取不同的营销决策

知识目标
- 知道消费者市场的特点
- 熟悉消费者购买动机
- 了解影响消费者购买行为的各类因素
- 掌握消费者的购买决策过程

素质目标
- 树立正确的消费观念
- 提高消费维权的意识
- 认识到诚信经营对于企业的重要性，建立诚信经营的意识

项目内容：

小王大学刚刚毕业，应聘到一家别克 4S 店工作，通过岗前培训，小王对所在区域的汽车市场有了一定的认知，对于自家汽车的品牌也有了了解，对未来的销售工作充满了信心。今天，主管安排小王到销售岗位进行锻炼，从具体的销售工作做起。虽然通过培训有了一定的理论基础，但是到了与消费者面对面接触的时候，小王心里有点儿打鼓，不知道该怎样接待客户。有着二十年销售经验的李师傅先带着小王接见了不同客户，然后让小王独立完成销售工作。

项目分解：

任务 3.1　认识消费者与消费者购买动机

3.1.1　实训目标

　　知道什么是消费者，能够正确判断购买过程中各类角色的扮演者，有针对性地采取不同的销售方式。了解消费者市场的特点，熟悉不同类型的消费者购买动机，能够针对不同的购买动机，制定适应的销售策略。

3.1.2　实训内容

　　作为菜鸟级销售员的小王，经常听到市场、目标群体、消费者需求等名词，但谁是消费者？营销人员服务的对象又是谁？如何掌握其中的规律有效地开展营销活动？小王请教李师傅。李师傅带着小王接待了一对夫妇，让小王注意观察、判断谁是消费者，分析消费者购买动机。

3.1.3　实训指导

1. 什么是消费者

　　消费者是指购买、使用各种消费品或服务的个人与用户。在现实生活中，同一消费品或服务的决策者、购买者、使用者可能是同一人，也可能不是同一人。在消费决策过程中，不同类型的购买参与者扮演着不同的角色。如果把产品的购买决策、实际购买和使用视为一个统一的过程，那么，处于这一过程任何一个阶段的人，都可以称为消费者。

　　在购买决策过程中，很多产品所涉及的购买决策成员不止一个人，购买角色也有多个：

　　① 倡议者——首先提出或想要购买某种商品或劳务的人；

　　② 影响者——提供建议或看法影响最后购买决策的人；

　　③ 决策者——对购买决策的某个方面（是否买、买什么品牌、何时买、何处买）做出

决定的人；

　　④ 购买者——实际去购买的人；

　　⑤ 使用者——使用消费该产品或服务的人。

　　对某一产品来讲，企业必须了解谁是决策者，谁是影响者，谁又是使用者，因为他们对产品设计、广告宣传以及定价都有影响。比如，家用汽车的购买，可能是孩子提出了买车的要求，朋友推荐了车的类型，丈夫选择了车的品牌，妻子对车的规格与内饰有明确要求，最终丈夫拍板决定并出钱购买，但妻子用车却比丈夫频繁。在这一购买决策过程中，丈夫、妻子、孩子和朋友都是消费者，他们各自扮演了不同角色，对汽车公司的产品设计、广告宣传等营销计划都会有影响。比如，广告宣传应主要针对丈夫，因为丈夫是决策者与购买者，同时还是使用者；产品性能的设计还要考虑能否取悦妻子的要求，因为妻子是影响者，也是使用者；当然也不能放弃孩子和朋友，因为他们作为倡议者和影响者，对购买决策也会有影响。可见，了解购买决策过程中的所有参与者和角色扮演者，有助于市场营销人员妥当地安排市场营销计划，设计适销对路的产品，拟定恰当的广告词，取得最佳的营销效果。

　　2. 什么是消费者市场

　　消费者市场又称消费品市场或生活资料市场，是指个人或家庭为满足生活所需而购买或租用商品的市场，它是现代市场营销研究的主要对象。成功的市场营销者是那些能够有效地开发对消费者市场有价值的商品，并运用富有吸引力和说服力的方法将商品有效地呈现给消费者市场的企业或个人。消费者市场具有以下几个方面的特征。

　　1）人数众多，但交易数量零星

　　相对于组织市场来说，消费者市场的购买人数众多，交易频繁，且交易数量零星。值得注意的是，消费者市场的范围极为广阔，因此，消费者的总体交易规模也显得极为庞大。企业在进行营销活动时，必须给予消费者市场以足够的关注。

　　2）产品需求多样性

　　从消费者市场交易的产品看，由于消费者的需求千差万别，不同消费者对衣、食、住、行、用等的偏爱与重视程度就不同，所以所需的产品花色、品种、规格复杂多样，产品的市场寿命周期较短，产品的技术和专用性不强，许多产品可以互相代替。例如，加工服装，可以用这种面料，也可以用那种面料；人们喝水可以用玻璃杯，也可以用瓷杯。所以消费者市场的需求弹性很大。

　　3）非专业性购买

　　从消费者市场购买动机和行为看，消费者市场的购买者大都缺乏专门的产品知识和市场知识，消费者购买行为具有自发性、感情冲动性的特点。消费者购买行为属非专业性购买，购买者对产品的选择受广告、宣传的影响较大。尤其是大多数购买者对除日用品以外的其他商品缺乏专门的知识，购买时往往感到茫然，表现为非行家购买。

4）供需矛盾表现频繁

从市场的动态看，由于消费者的需求复杂多变，产品供需之间的矛盾表现频繁。此外，地区之间、国内外之间消费者购买力的流动性很大，这就使产品供需的平衡更加复杂，从而加剧了供需之间的矛盾。

3. 消费者购买动机研究

消费者购买动机就是消费者在选购和消费产品时的心理动力，是驱使消费者产生各种购买行为的内在原因，反映了消费者在心理、精神和感情上的需求。

1）消费者购买动机的特点

（1）购买动机的内隐性

购买动机是消费者内在的心理活动，由于主体意识的作用，往往使购买动机形成内隐层、过渡层、表露层等多层次结构。而在现实生活中，消费者在购买行为过程中，常常把自己真正的动机隐藏起来，或出于某种原因而不愿意让别人知道自己的真实动机。有时候，消费者知道自己要什么，也能说出自己为什么要购买，但他们由于社会规范的原因，不愿讲出来，购买者都有需求，却羞于表达，这就是动机的内隐性。这就需要比较细心的心理专家用旁敲侧击的方法去刺探与个人隐私有关的产品，使之产生购买动机。

（2）购买动机的冲突性

消费者在同一时间里，可能会产生多种类型的需要，并形成几个相互冲突的购买动机。在购买产品时，面临两个同时具有吸引力或排斥力的需要目标而又必须选择其一时，或两个利弊因素同时存在而又必须做出选择时，就会产生遗憾的感觉。常见的冲突有以下三种。

第一种情况是"利-利"冲突。发生相互冲突的各种动机都会给消费者带来相应的利益，因此对消费者有着同样的吸引力。但是，由于一些外在因素的限制，消费者只能在各种可行的方案中做出选择，尤其在动机吸引力较均匀时，这种冲突会表现得更加明显。解决此类冲突的措施是，借助于外界的刺激做出更适合自己的选择。

第二情况是"利-害"冲突。消费者面临的同一种消费行为既有积极的后果，又有消极的后果的冲突。而且积极的后果是消费者极力追求的，消极后果是消费者极力避免的，因而是出于利弊相伴的动机发生冲突。例如，许多消费者很向往各种美味食品，但又害怕自己身体发胖，因此，就有了尝试美味佳肴与避免体重增加的动机之间的冲突。解决这类冲突的措施是，尽可能减少不利后果的严重程度，或采用替代品抵消有害结果的影响。例如，各类减肥食品、低热量食品、低脂肪食品以及各种保健品、健身器材等风行市场，为消费者趋利避害、解决此类动机冲突提供了有效途径。

第三种情况是"害-害"冲突。消费者面临两种或两种以上均会带来不利的动机。由于两种结果都是消费者企图回避或极力避免的，但因条件所迫又必须对其做出选择，因此，两种不利动机之间也会产生冲突。例如，对于部分消费者，由于收入低，不能够一次性付款购房，而租房每月租金也不便宜，消费者的买房与租房动机之间产生了冲突。解决这类冲突的措施是，分期付款、向银行贷款，可以使消费者的购买风险大大减少，从而使消费者动机冲突得到明显的缓和。

（3）购买动机的转移性

几种购买动机在孕育和形成过程中，总会有一种购买占主导地位，成为主导性动机，而另一些购买动机则处于辅助地位，成为辅助性动机。可转移性是指消费者在购买或决策过程中，由于新的消费刺激出现而发生动机转移，原来的非主导性动机由潜在状态转入显现状态，上升为主导性动机的特性。

2）消费者购买动机类型

具体来说，消费者的购买行为一般来源于以下几种具体的购买动机。

（1）求实动机

消费者以追求商品的实用价值为主要目标，购买时注重商品的实用、质量。如家庭主妇在购买家庭用品时，往往会反复斟酌、多方比较、衡量其实用价值之后再做决定。求实动机通常也带有求廉的因素。在一般情况下，普通消费者更倾向于物美价廉的商品。

（2）求新动机

消费者以追求商品的整体价值为主要目标，购买时注重款式新颖、功能创新和时代风格，既要确保质量，又要追求款式新颖。

（3）求便动机

消费者以追求商品的使用便利性为主要目标，购买时注重使用方便、维修方便。特别是针对老年人，产品功能过于复杂会使用不便，且现代人随着工作、生活节奏的加快，也越来越注重便利性。

（4）求奇动机

消费者以追求商品的奇巧、趣味为主要目标，购买时注重商品的造型、结构、款式的奇特。一些能一眼勾起人们兴趣的商品，往往能迅速引起人们的购买行为，具有很强的感染力。

（5）求美动机

消费者以追求商品的美学欣赏价值、艺术价值为主要目标，购买时注重商品的色彩、造型、装潢艺术性和可观赏性。人类是随着文明的进步去认识美和创造美的，因此，消费者在购买商品时，不仅会考虑到商品的实用价值，还会要求商品具有造型美、色彩美、艺术美。以灯具为例，以前都是样式简单的白炽灯，现在消费者却争着购买各种造型优美、光线柔和的壁灯、吊灯、台灯。从中可以看出，随着生活水平的提高，人们的求美动机将会更强烈。

（6）模仿动机

消费者以追随自己喜欢、崇拜的对象为主要目标，仿效他人购买商品的行为，并以此为荣，如以政治人物、知名人士、影星、歌星、体育明星等为模仿对象。

（7）自我表现动机

消费者以追求完美的自我形象为主要目标，期望通过购买某些商品表达和塑造自我形象。这类消费者在购买中感情色彩较重，通常会选择可以传达自身风格和特色的具有某些相同特性的商品组合，以期得到别人的认可和赞赏。

3.1.4　实训步骤与成绩评定

1. 实训步骤

场景：

有三人走进别克4S店，其中两位是四十岁左右的夫妇，另一位是青年男子。

李师傅：欢迎光临别克4S店，我是这里的销售顾问，我姓李。请问三位怎么称呼？

中年男：我姓刘，这位是我太太。听我朋友说新上市的别克昂科拉还不错，能帮我介绍介绍吗？

李师傅：刘先生，您真有眼光，每一个走进展厅的客户，首先都被这款车所吸引，这也是我们这里近期卖的最火爆的一部车。

中年男：这款车性能怎么样？

李师傅：看得出来，刘先生对性能很关心，一般看一款车的性能主要从外观、动力、安全、舒适、超值性这五个方面看。您更关心哪方面的呢？

中年女：开车嘛，首先注重的就是舒适度。

李师傅：那我就先说舒适方面的吧！对了，冒昧地问一下这辆车谁开呢？

中年女：我们想为我先生换一辆新车。

李师傅：刘先生那您是在高速开车多呢，还是在市区开车多呢？

中年男：高速比较多吧。

李师傅：刘先生，您在高速上开车时，油门踏板踩的时间长了，脚会出现酸胀的感觉吧？那这一款配置一定适合您。

中年男：哦？什么配置？

李师傅：就是自动定速巡航。自动定速巡航系统可以按您当时设定的时速，通过电脑控制对油量的供应来控制车速，这样就可以使您的右脚轻松地解放出来，令您身体得到舒缓。

中年男：嗯，这个配置确实不错。小杨，你对车比较了解，你帮我看看这款车怎么样？

刘先生回头问青年男子。

青年男：这款车外形挺漂亮的，但是后排座椅看着短，长时间乘坐舒适性可能会不太好，后备箱空间也有限。在配置方面，它还有哪些优势？

李师傅：这款车是紧凑型SUV，想要大空间也很不现实，前后排空间够用，一点也不拥挤。你们可以坐进去感受一下。

李师傅：昂科拉还专门为客户设计了一种空调叫自动恒温双区空调，他能够根据不同的人对温度的需要设定不同的温度，从而使您车内驾驶室和乘坐室的温度不一样，这样就能很好地照顾到您和您家人不同的需要了。这样的配置如何？

中年女：还有这么实用的配置？那得多少钱能买到这款车？

李师傅：这样，我们先去试驾一下，回头我们再谈个好价钱，怎么样？

中年男：好吧！

试驾回来后。

中年男：不错！昂科拉的动力和舒适性都不错！开着很舒服。你们觉得呢？

中年女：车内的装饰高端大气，我喜欢。

青年男：嗯，感觉后排悬架比较硬，其他的还可以。

李师傅：这款车性价比很高的。对了，你们喝点什么？茶还是咖啡？

中年男：茶吧。

李师傅：请稍等。

（三位客人商量了一阵，女士想选择白色的）

青年男：咱们现在有现车吗？这个白色的可以再优惠一点吗？

李师傅：咱们现在有现车，但是价格不能再低了！您先别生气，目前的价格已经是最优惠的低价了。

中年女：那……这样你再优惠2000元，我一定买！

李师傅：嗯，如果再优惠2000元，需要争得我们经理的同意，我去打个电话，请稍等。

李师傅：已经联系过经理了，也表达了咱们买车的诚意，终于给您争取到了2000元的优惠。

中年女：那好，我们现在就签合同，请尽快安排提车。

李师傅：应该可以的，请这边办理手续和转账。

（资料来源：百度文库 wenk.baidu.com，内容有部分修改）

第一步，讨论。小王观察李师傅的销售过程，分析三位客户分别扮演了什么样的购买角色？各自有哪些购买动机？如何有针对性地开展营销活动？

第二步，情境再现。分组进行，每个小组选派4名学生情境再现。

第三步，自导自演。假如你是营销员小王，你会怎么进行销售？各小组可以适当增加购买角色，重新设计台词，再选出若干名学生进行角色扮演，再次模拟演练。

2. 成绩评定

成绩评定的要求见表3-1。

表 3-1　考核要求及评分标准

考核内容	考核要求及评分标准	分值
对消费者角色的理解	能够正确识别购买决策过程中的消费者角色	20
模拟演练	消费者角色清晰、台词设计科学合理	20
	能够针对不同的购买角色，设计不同的销售语言	20
	语言表达清晰、流畅	20
团队合作能力	团队分工明确，合作完成脚本并出色表演	20

3.1.5　课后练习

1. 选择题

（1）在购买决策过程中，很多产品所涉及的购买决策成员不止一个人，购买角色有（　　）。

A. 倡议者

B. 影响者

C. 使用者

D. 购买者

E. 决策者

（2）现代市场营销理论研究的主要对象是（　　）。

A. 消费者市场

B. 组织市场

C. 产业市场

D. 中间商市场

（3）以下对消费者市场理解不正确的是（　　）。

A. 人数众多，但数量零星

B. 产品需求的多样性

C. 非专业性购买

D. 供需矛盾表现不频繁

（4）消费者以追求商品的实用价值为主要目标，购买时注重商品的实用、质量的购买动机是（　　）。

A. 求实动机

B. 求新动机

C. 求便动机

D. 求奇动机

（5）消费者购买动机具有（　　）特征。

A. 内隐性

B. 主动性

C. 冲突性

D. 转移性

2. 判断题

（1）消费者市场是市场体系的基础，对企业的营销活动起着决定性的作用。（　　）

（2）消费者就是到商场与销售人员面对面，来购买东西的人。（　　）

（3）消费者在购买行为过程中，常常把真正的动机隐藏起来，或出于某种原因而不愿意让别人知道真实动机。（　　）

（4）在多种动机并存时，消费者购买行为受主导动机的影响，而非主导动机不会起任何作用。（　　）

3. 案例分析题

惊人的大数据画像

大数据一直被认为是互联网公司的金矿，基于市场调研收集的相关数据，通过科学论断分析后，显示出来的惊人画像有时准确得让人害怕。

腾讯旗下企鹅智库于 2019 年 1 月通过对网民进行调研，并联合腾讯新闻于 4 月发布最新 2019 年智能手机、智能硬件购买意愿报告，最终得出小米、华为、苹果的用户画像是这样子的。

小米：如果你是一、二线城市用户，那选择小米手机的可能性会占据 50% 以上。其中，一线城市的用户，选择小米的可能性要大于三星和华为这两大品牌。从性别特点来说，男性用户选择小米的可能性更大，占比达到了 61.8%。而在年龄分布方面，各阶段年龄在小米品牌中的分布比较均匀，其中，20～39 岁中青年用户占比最大。在月收入方面，3001～8000 元档的用户占比最高，达 38.4%。

华为：选择华为手机的用户中，60.9% 的用户是 30 岁以上的用户，其中，40 岁以上的用户占 33%。按所处城市的级别来看，偏爱华为的用户生活在三、四线的比一、二线的更明显。从学历上来看，有超过一半的用户是初中及以下学历。在月收入方面，3001～8000 元档的用户比例最高，达到了 40.7%。

苹果：作为公认的最高端手机品牌，iPhone 的主力消费用户群体集中在 20～39 岁年龄段，总占比达到了 67.9%，19 岁以下的苹果用户最少，仅占 19.7%。从学历分布上看，43.8% 的用户在初中及以下。从用户性别看，女性用户大大高于男性用户。

资料来源：https://blog.csdn.net/weixin_34543731/article/details/112225580

思考与讨论：

（1）企鹅智库为什么对手机消费者进行精准画像？

（2）这些手机消费者的精准画像对于手机生产和销售企业有什么用处？

任务 3.2　分析消费者购买行为

3.2.1　实训目标

通过实训，能够准确分析消费者购买行为，判断购买行为类型。能够针对不同购买行为类型的消费者，采取不同的销售方式与营销对策。

3.2.2　实训内容

李师傅在传授销售经验时，强调不但要识别消费者，还要认真分析消费者的购买行为，判断购买行为类型，在销售中做到有的放矢。

李师傅又带着小王见了几位客户，让小王分析影响这几位客户购买行为的因素会有哪些？他们的购买动机是什么？再让小王模拟接待客户。

3.2.3　实训指导

1. 认识消费者购买行为

消费者购买行为是指消费者为个人和家庭而购买商品和劳务的行为。消费者购买行为的形成是一个复杂的过程，差异性很大，企业无法控制，但可以通过分析，把握方向，制订相应的营销组合策略，影响和控制购买行为。

营销人员应该了解消费者购买行为的基本分析框架。

1）谁购买？

即确定购买活动的参与者。消费者市场人多面广，人人都是"消费者"，但未必都是购买的决策者和执行者。在一项具体的购买决策中，有倡议者、影响者、决策者、购买者、使用者，这些角色及其影响力客观存在，而且经常发生变化。

2）为什么买？

即确定购买目的，权衡购买动机。消费者的购买动机是多种多样的，同样购买一台家用汽车，有的人是为了代步，有的人是为了规避涨价风险，有的人则是为了显示富有。

3）买什么？

即确定购买对象。购买对象受制于具体需求，是人们满足欲望的实质性内容。它具体包括品牌、款式、规格、材质、性能、价格、包装，等等。

4）买多少？

即确定购买数量。购买数量一般取决于实际支付能力及市场的供应情况。如果市场供应充裕，那么消费者既不急于购买，买的数量也不会太多；如果市场供应紧张，那么即使目前不是急需或支付能力不足，消费者也会负债购买。

5）在哪里买？

即确定购买地点。购买地点是由多种因素决定的，如路途远近、可挑选的品种数量、价格及服务态度等。它既与消费者的惠顾动机有关，又与消费者的求廉、求便动机有关。

6）何时买？

即确定购买时间。购买时间也是购买决策的重要内容，它与主导购买动机的迫切性有关。在消费者的多种动机中，往往由需要强度高的动机来决定购买时间的先后缓急。同时，购买时间也与市场供应状况、营业时间、交通情况和消费者可供支配的空闲时间有关。

7）如何买？

即确定购买方式。购买方式具体包括购买类型、付款方式，如函购、邮购、预购、代购，线上购买还是线下购买？是付现金、开支票还是分期付款，等等。

2. 消费者购买行为的影响因素

消费者的购买决策受到周围各类因素的影响。从某种意义上讲，消费者的购买决策是各类因素综合作用的结果。具体来说，消费者购买行为的影响因素主要包括文化、社会、个人和心理等因素。

1）文化因素

文化是决定和影响人类欲望和行为模式的最基本因素。一个人在成长过程中，受家庭、学校、社会潜移默化的影响，渐渐习得基本价值观、生活习惯、审美情趣等，形成了一定的行为模式和偏好。每一种文化都有不同特点，正是由于文化的差异性，才形成了世界各地人们消费模式的多样化。文化因素包括社会文化、亚文化和社会阶层。

2）社会因素

消费者的购买行为也受到诸如相关群体、家庭、社会角色与地位等一系列社会因素的影响。

（1）相关群体

所谓相关群体是指那些直接或间接影响人的看法和行为的群体。从影响的方式上看，相关群体又可分为直接相关群体和间接相关群体。

直接相关群体又称为成员群体，即某人所属的群体或与其直接关系的群体。成员群体又分为首要群体和次要群体两种。首要群体是指与某人直接、经常接触的一群人，如家庭、至亲好友、同事邻居等，首要群体一般都是非正式群体。次要群体是指对其成员的影响直接，但接触不是很频繁的一群人，一般都是较为正式的群体，如宗教组织、职业协会、贸易协会等。

间接相关群体是指某人的非成员群体，即其不属于其中的成员，但又受群体影响。这种相关群体又分为向往群体和厌恶群体。向往群体是指某人推崇的一些人或希望加入的群体，如体育明星、影视明星就是其崇拜者的向往群体，这些"偶像"的一举一动，常常会牵动"粉丝"们的喜怒哀乐。厌恶群体是指某人讨厌或反对的一群人，一个人总是不愿意与厌恶群体发生任何联系，在各方面都希望与其保持一定距离，甚至经常反其道而行之。

相关群体对消费者购买行为的影响，表现在三个方面：第一，相关群体为消费者展示出新的行为模式和生活方式；第二，由于消费者有效仿其相关群体的愿望，因而消费者对某些产品的态度也会受到其相关群体的影响；第三，相关群体使人们行为趋于某种"一致性"，从而影响消费者对某些产品和品牌的选择。

（2）家庭

家庭是社会组织的最基本单位。家庭的收入与人员状况对于一个地区和国家一定时期的消费特点具有重要影响。例如，随着家庭的小型化，我国小户型家具的需求越来越旺盛。

（3）社会角色与地位

一个人在其一生中会参加许多群体，如家庭、俱乐部及其他各种组织。角色是一个人所期望做的活动内容，每个人在各个群体中的位置可用角色和地位来确定。对你的父母来说，你是儿子或女儿的角色；在自己家里，你是丈夫或妻子的角色；在孩子眼里，你是父亲或母亲的角色；在公司里，你是领导或员工的角色。每个角色都将在某种程度上影响其购买行为。每一角色都具有一种地位，这一地位反映了社会对他的总体评价。

3）个人因素

消费者购买行为也受其个人特征的影响，特别是受年龄、职业、经济状况、生活方式、个性及自我概念的影响。人的欲望和能力，随着年龄的增长而变化，儿童期、少年期、年青时和步入老年后，对食品的选择、对服装的偏好、对娱乐的要求都会发生很大变化。一个人的职业也影响他的消费观念，如蓝领工人一般会去买工作服，而白领人员一般都会去买西服、领带等。一个人的经济状况通常决定了他的消费能力和水平。生活方式是指一个人在日常生活领域中的活动形式和行为特征，表现为不同的个人情趣、爱好和价值取向。生活方式不同，消费偏好和追求也会不同。个性是一个人所特有的心理特征，它导致一个人对其所处环境做出相对一致和持续不断的反应。自我概念是指一个人对自身的社会地位和社会形象的理解。个性与自我概念在很大程度上决定了消费者购买行为的差异。

4）心理因素

消费者的购买行为离不开心理因素的推动作用。营销学对心理因素的研究，主要集中在动机、感知、经验、信念和态度等几个方面。动机是指引发行为的内在动力，它是一种被激励的需求。感知是个体对外界刺激物或情境的反应。动机决定了行为的方向，感知决定了对外界信息的接受程度。经验是在反复的行为活动中习得的知识。信念和态度产生于经验，是一个人对某种事物的看法和评价。消费者在长期购买、使用商品的过程中，会不断获取、积累大量的经验，这些经验会影响他们对不同商品的态度，帮助消费者调整以后的购买行为。

正是由于上述心理因素的存在，同一个体在相同的环境下，面对同一商品会表现出不同的偏好。

3. 消费者购买行为的类型

1）复杂购买行为

复杂购买行为通常发生在消费者购买的商品价格比较昂贵，品牌众多、品牌之间差异很大的情况下。人们在购买住房、汽车、高档家

具等商品时，往往会采用复杂购买行为模式。在复杂购买行为模式下，消费者会收集大量信息，全面了解各类品牌，然后通过与自身的要求进行对照，反复权衡利弊，慎重做出购买决定。

2）消除差异购买行为

消除差异购买行为通常发生在消费者购买的商品价格高，不经常买，品牌之间差异并不大的情况下。消除差异购买行为也叫化解不协调的购买行为。由于看不出品牌之间的差异，往往会依据价格和方便性完成购买。购买后可能会发现差异，产生不满意或心理不舒服的情况，这时会寻求种种理由，化解心理的不满意，消除差异，以证明自己的选择是正确的。在消除差异购买行为模式下，信息的作用、决策过程中影响者的作用显得极为重要。

3）习惯性购买行为

习惯性购买行为通常发生在消费者购买的商品价格低廉，品牌差异极低，且购买频繁的情况下。例如，对自己熟悉的日常生活用品的购买，即使认牌子，也是出于习惯。广告的作用对于习惯性购买行为模式的影响比较大。此外，显眼的标志和恰当的包装，也容易引发消费者习惯性购买。

4）广泛挑选购买行为

广泛挑选购买行为是指消费者对于品牌的差别非常关注，喜欢通过经常更换品牌，来体验不同品牌的不同特性。在广泛挑选购买行为模式下，消费者更换品牌并不是对商品不满意，而是为了体验一个新的品牌。一般情况下，消费者对于这类产品的品牌忠诚度都较低。

3.2.4　实训步骤与成绩评定

1. 实训步骤

场景一：

一对穿着名牌服装的 20 多岁的小夫妻走进了 4S 店。

李师傅：欢迎光临！请问能有什么为你服务的吗？

男士：我们随便看一下。

李师傅：先生怎么称呼你啊？

男士：我姓张。

李师傅：张先生，你好！准备选择什么样的车型？谁开呢？

男士：我们想看看你家的SUV车型，主要是我开。

李师傅：两位请这边走。目前我们4S店共有三种SUV车型。昂科拉是小型SUV，昂科威是中型SUV，昂科旗是中大型SUV。标牌上有关于每种SUV的详细数据。张先生，你对车的动力性有什么具体要求吗？

男士：两驱的和四驱的价格差多少啊？

李师傅：不同车型，差的价格也不太一样。你的预算是多少呢？我帮你详细比较和选择一下。

男士坐到驾驶位，女士已经坐在后座进行现场体验。

女士：昂科拉是有点儿小啊，后座有点儿挤，腿伸不开。出去旅游，做着会不太舒服。不过别克的内饰我很喜欢，高端大气。

李师傅：昂科拉是紧凑型的SUV，轴距是2555 mm，昂科威是中型SUV，轴距是2750 mm，还是有一定差距的。昂科威是今年我们卖的最好的车型，性价比比较高。

男士：那看看昂科威吧。

李师傅：昂科威两驱裸车大约18万~19万元，四驱裸车大约20万元起。

女士：内饰没必要选择豪华的，我不喜欢真皮座椅的味道。这款车比较大，黑色的看着能小点儿，档次也高。

男士：嗯。两驱和四驱差2万多元，不过四驱动力性更强，遇到冰雪路面也不怕，我看你表哥现在开的那个四驱车就挺好。

场景二：

一家三口走进了4S店。

李师傅：小帅哥，你真可爱！几岁了？

孩子：阿姨好！我6岁了。

李师傅：小王，带宝贝到咱们儿童娱乐区玩一会儿吧。先生，您好！您贵姓？

先生：我姓李。

李师傅：李先生，您好！请问有什么可以帮助您的？

先生：想给妻子选一台小型轿车，用于接送孩子上下学。

李师傅：这边请。请问咱们需要什么价位的小型轿车呢？

女士：便宜一点儿的就可以。我刚学会开车，就是为了接送孩子方便才来买车的。太好的，撞坏了心疼。

李师傅：目前4S店有三款车型比较适合您，分别是凯越、威朗和英朗。其中凯越价格最低，是别克家族中比较经典的车型，也是我们4S店性价比较高的车型，这些年卖得都比较好。

先生：那你详细介绍一下吧。

李师傅：凯越是三箱车，采用的是L3自然吸气式的发动机1.3 L，属于紧凑型车，最大轴距是 2611 mm，变速箱有手动的和自动的，可供选择。

女士：我也不太会开车，自动的比较好吧。价格是多少啊？

先生：咱们现在有现车吗？保养和保险等方面还有哪些优惠啊？

李师傅：我们车子的质量，您放心，三年质保，每半年保养一次，免费保养三次。目前有白色和黑色，内饰是纯皮座椅的有现车。全款裸车大约 9 万左右，如果是贷款的话，首付 50%，三年无息贷款。

先生和女士，都略微点头，面带微笑。这时孩子跑了过来。

孩子：爸爸、妈妈，我们买哪个车啊？你们选好了吗？我都饿了。

女士：宝贝，你看妈妈以后开着这款车送你上下学，好吗？你喜欢黑色还是白色啊？

孩子：我不喜欢黑色和白色，我想要红色的车。

场景三：

两位先生走进了 4S 店。

李师傅：两位先生好！是否有顾问前期为你们服务过？

马先生：没有。白主任，您看，这就是别克 GL8 商务车。

李师傅：先生，前期对我们的车进行过了解啊。这是我们 9 挡手自一体的 2.0T 的 5 门 7 座经典的 MPV 车型，轴距是 3088 mm，目前价格裸车是 23 万元起。

白主任打开车门，前后座都体验了一下。

白主任：嗯，是不错。尤其是后排，商务车确实宽敞不少，比福特的锐界坐着舒服多了。价格都差不多，回头我带我家夫人来看看，再定吧。

李师傅：是要选七座的车吗？

白主任：是的。家里刚刚要完二胎，想换一辆大一点的车。

李师傅：是吗？恭喜您，喜得二胎！最近"十一"我们有活动。活动期间购买汽车有很多优惠，还可以参加现场抽奖，有机会获得儿童安全座椅。活动截止到十月七日，希望您回家后，尽快和您妻子商量好。这是我的名片，如果有问题随时咨询我，欢迎您下次光临。

第一步，情境分析。李师傅带着小王见了以上三组客户，请根据上面的情境对话，分析消费者选择汽车的购买行为属于哪种购买行为？针对这种购买行为应该怎么做？

第二步，模拟演练。各小组选择一组场景，分角色进行模拟演练。其他小组观看表演后，分析这组客户的主要购买动机是什么？影响他们购买行为的因素会有哪些？

第三步，完善脚本。各小组针对本组客户购买行为的特点，制定适宜的销售策略，设计并完善脚本，进行现场表演。

第四步，小组互评及教师点评。

2. 成绩评定

成绩评定的要求见表 3-2。

表 3-2　考核要求及评分标准

考 核 内 容	考核要求及评分标准	分值
消费者购买行为分析	对购买行为类型的判断准确，提出的对策合理	15
	对三组客户购买行为影响因素的分析准确、完整	15
	能够有针对性地提出销售对策	15
消费者购买动机分析	对三组客户主要购买动机的分析准确	15
	能够有针对性地提出销售对策	15
模拟演练	语言表达清晰、流畅，表演生动	10
脚本设计	脚本设计完整，体现了不同的销售对策，有针对性与差异性	15

3.2.5　课后练习

1. 选择题

（1）消费者的购买单位是个人或（　　　）。

A. 集体

B. 家庭

C. 社会

D. 单位

（2）大多数消费者只能根据个人好恶和（　　　）做出购买决策。

A. 智慧

B. 经验

C. 感觉

D. 能力

（3）消费者购买过程是消费者购买动机转化为（　　　）的过程。

A. 购买心理

B. 购买意志

C. 购买行为

D. 购买意向

（4）下列（　　　）不是影响消费者购买行为的主要因素。

A. 文化因素

B. 社会因素

C. 自然因素

D. 个人因素

（5）有些产品品牌差异明显，但消费者不愿花长时间来选择和估价，而是不断变换所购产品的品牌，这种购买行为称为（　　　）。

A. 习惯性购买行为

B. 广泛挑选购买行为

C. 消除差异购买行为

D. 复杂购买行为

2. 判断题

（1）国外一些厂商常花高价请明星们穿用他们的产品，可收到显著的示范效应。这是利用了社会阶层对消费者的影响。（　　）

（2）消费者购买行为的形成是一个复杂的过程，差异性很大，企业无法控制。（　　）

（3）家庭的收入与人员状况对一个地区和国家一定时期的消费特点具有重要的影响。（　　）

（4）消除差异购买行为是指消费者对于品牌的差别极为关注，喜欢通过经常更换品牌，来体验不同品牌商品的不同特性。（　　）

3. 案例分析题

三只松鼠是如何成功的

说到坚果炒货电商，不得不说到 2012 年才成立的新品牌三只松鼠，上线 65 天就跃居天猫坚果类销售第一名，2012 年首次参加"双 11"，销售额就达 766 万元。三只松鼠为什么会成功呢？以下是小编分享给大家的关于三只松鼠是如何成功的解析。

1. 通过优秀的视觉体验隔绝用户，降低跳出率，提高流量

严格来说，三只松鼠的页面优化功底不算是最好的，但相对于大部分店铺来说，已经算是很不错了。自打开三只松鼠的店铺页面起，我们可以很轻松地感受到一种可爱的"萌"文化，这种"萌"能第一时间吸引买家的眼球，产生新鲜感和兴趣。他们在创造一个森林甚至一个星球，别说是小孩子了，即使是大人也会有种喜悦开心的感觉，淡化了浓重的商业气息，隔绝了其他坚果店铺。让人进入一个具有唯一性、不可比拟的购物环境内。

它所使用的极致元素有以下几种。

（1）小松鼠形象：松鼠是以坚果为食物的，当用户想吃坚果时看到松鼠，就很容易引起共鸣，共鸣是营销文化的精髓之一。

（2）贴心文案：如"主人""小美为主人沏杯温暖的花茶""松鼠在身边，温暖您整个冬季"此类的文案，对用户而言是享受型的，能迅速感受到一种强大的关怀和贴心。

（3）"萌"文化："萌"是当下互联网吸引粉丝的法宝之一，三只松鼠的"萌"，并不只是一个简单的松鼠形象，而是一种文化，这种文化从打开页面到咨询客服、到收到包裹时刻，都能深深感受到。

2. 用数字打动用户，降低防线，加速转化

对于吃进肚子的零食类目，顾客在意、担心的通常是"安全"和"价格"两个方面。

在三只松鼠店铺你会看到这样的一些数字，如：折扣信息、销量信息、排名信息、价格

信息等，这些数据都是为了证明两点："可以被信赖"和"并不算贵"，因此，也都恰到好处地打消了顾客的疑虑。当然了，很多人都说，三只松鼠现在已经做到类目 NO.1 了，自然有这么多的数据可以作为支撑，那么早期没数据时，三只松鼠又是如何做的呢？不断地讲述产品来源和加工生产环节，强调优势产地、大工厂、安全卫生，等等，一系列的图片足以让顾客觉得安全、卫生并且不贵。这也是三只松鼠的成功营销之道。

3. 为用户制造惊喜，提高复购率

"出乎意料"是三只松鼠最牛的地方，他们把握住了和用户互动的最关键环节，即用户收到并打开包裹的那个瞬间。客户看到了卡片、夹子、果皮袋，等等，瞬间就感觉不一样了。以前在街上懒得买坚果，最主要的原因是没地方吐壳，买多了一次吃不完又容易蔫、不脆，好点的给你个纸袋，不好的给你个薄塑料袋，捅一下就破了。但是三只松鼠把这些问题都提前考虑到了，他们的纸袋，真心结实，而且精致的小礼物是可爱的松鼠钥匙扣，既好看，也正好为店铺做了宣传。如此贴心、考虑周到，试问有多少家店铺能做到？怎么会让顾客不喜欢呢？

资料来源：https://www.diyifanwen.com/lizhi/weirenchushi/1006718.html

思考与讨论：

（1）分析三只松鼠成功的原因。

（2）分析购买三只松鼠消费者的购买动机。

任务 3.3　促进消费者的购买决策

3.3.1　实训目标

了解消费者购买决策过程。结合实训，探讨如何运用消费者购买决策过程中的规律，制定合理的营销策略，促进销售的达成。

3.3.2　实训内容

李师傅告诉小王，消费者购买决策过程是一个复杂、多变的过程，需要营销人员在与客户交往的过程中，识别各种信号，准确判断购买决策处于哪一个阶段，在不同阶段应提供不同的销售方式和服务。

正巧小王的表姐王丽，在上海工作多年，好不容易有了一些积蓄，准备购买一辆小轿车。她刚刚考下来驾照，对轿车一窍不通，正在犯愁之际，听说小王在 4S 店工作。于是，特意找到小王，想让他从专业的角度帮助自己选择一款适合的小轿车。

3.3.3 实训指导

消费者的购买决策过程，是指消费者购买行为或购买活动的具体步骤、程序、阶段。广义的购买决策，是指消费者为了满足某种需求，在一定的购买动机的支配下，在可供选择的两个或者两个以上的购买方案中，经过分析、评价、选择并且实施最佳的购买方案，以及购后评价的活动过程。狭义的购买决策，则是指消费者谨慎地评价某一商品、品牌或服务的属性并进行选择、购买能满足某一特定需要的商品的过程。

心理学家认为，消费者购买决策过程是一个动态发展的过程，一般经历五个阶段，即需求认知、收集信息、评估产品、购买决策和购后评价，如图 3-1 所示。不过现实中，消费者并不是在购买每件商品时都要经过这五个步骤，某些购买决策过程可能非常简单，消费者可能越过某个环节或倒置某个次序。

图 3-1 消费者购买决策过程

1. 需求认知

需求认知是消费者购买决策过程的第一个阶段，该阶段对消费者和营销者都非常重要。消费者对某类商品的需求源于消费者自身的生理或心理需求。当某种需求未得到满足时，满意状态与实际缺乏状态之间的差异会构成一种刺激，促使消费者发现需求所在，进而产生寻求满足需求的方法和途径的动机。引起消费者需求认知的刺激可以来自个体内部的未满足需求，比如饥饿、干渴、寒冷等；也可以来自外部环境，比如流行时尚、他人购买等。有时，需求还来自某种新产品介绍的引诱。

2. 收集信息

收集信息是指寻找和分析与满足需要有关的商品和服务的资料。消费者一旦对所需要解决的需求满足问题进行了确认，便会着手进行有关的信息收集。消费者一般会通过以下 4 种途径去获取所需的信息。

（1）个人来源

也就是消费者从家人、朋友、邻居、同事或其他熟人等处得到的信息。

（2）商业来源

也就是消费者从广告、销售人员的介绍、商品包装、说明书、商品陈列或展示会等方面得到的信息。

（3）公共来源

也就是消费者从大众媒体的报道、消费者组织的评论或政府机构等方面得到的消息。

（4）经验来源

也就是消费者通过接触、试验或使用商品得到的信息。

通过信息的收集，消费者能够熟悉市场上一些竞争品牌和特性。在该阶段，营销人员要设计信息传播策略，利用商业来源使消费者充分了解本企业的商品，也要设计利用和刺激其他信息来源，加强信息的影响力和有效性。

3. 评估产品

消费者在充分收集了各种有关信息之后，就会进入购买方案的选择和评价阶段。该阶段消费者主要对所收集的各种信息进行整理筛选，"去粗取精、去伪存真、由此及彼、由表及里"地分析比较，权衡各自的长短优劣，确定对某商品应持的态度和购买意向，以便作出最佳的购买决定。

一般情况，消费者对商品信息比较评价的标准，主要集中在商品的属性、质量、价格三个方面，但有时也会因人而异。不同的消费者，其消费需要的结构不同，对商品信息比较和所得结果必然有异。同时，消费者对商品信息比较评价所用的时间也长短不一，一般对紧俏、名牌、低档商品、日常生活用品等，消费者比较评价的时间较短；而对高档商品，如手机、计算机、汽车等高技术耐用消费品，比较评价的时间较长。

4. 购买决策

消费者在广泛收集商品信息并对其比较评价的基础上，形成了对某种商品的肯定或者否定的态度。肯定态度一旦形成，就会产生购买意图，最终进入购买决策阶段。但是，在形成购买意图和作出购买决策之间，仍有一些不确定的因素存在，会使消费者临时改变其购买决策。这些因素主要来源于两方面：一是其他人的态度；二是意外因素。

（1）其他人的态度

如果在消费者准备进行购买时，其他人提出反对意见或提出更有吸引力的建议，就有可能使消费者推迟或放弃购买。其他人态度的影响力大小主要取决于三个因素：第一，其他人否定态度的强烈程度；第二，其他人与消费者之间的关系；第三，其他人的权威性或专业水准。

（2）意外因素

意外因素是指未预期到的情况，包括消费者个人、家庭、企业、市场及其他外部环境等方面突然出现的一些新情况，例如，家庭中出现了其他方面的紧迫开支、商品生产企业出现了重大的质量问题、市场上出现了新产品、经济形势出现了较大的变化、社会突发的疫情等，都可能会使消费者改变或放弃购买决策。

5. 购后评价

消费者购买和使用了某种商品后，必然会产生某种程度的满意或不满意感。消费者是否满意会直接影响其购买后的行为。如果消费者感到满意，以后就可能重复购买，并向他人称赞和推荐这种商品，而这种称赞和建议往往比企业为促进商品销售而进行的广告宣传更有效；如果感到不满意，他们以后就不会再购买这种商品，而且会采取公开或私下的行动来发泄不满。消费者购买后的感受或满意程度大致有三种情况。

（1）很满意

即所购商品很好地满足了消费者的需求，这也加强了消费者对该品牌商品的喜好，坚定了今后继续购买的信心。

（2）基本满意

即所购商品不能给消费者以预期的满足，这会使消费者重新修正对该品牌的认识，甚至会动摇其今后继续消费该商品的信念。

（3）不满意

即所购商品没有达到消费者的预期目的，使消费者内心产生严重不协调的状况。消费者一旦对所购商品不满意，今后可能会中断对该品牌的购买和消费。所以，买后感受对购买行为有着重要的作用，甚至是消费者购买决策过程认知需要的起点。

3.3.4 实训步骤与成绩评定

1. 实训步骤

以下是王丽的背景资料。

王丽，女，29岁，未婚，大学毕业后来到上海打拼，在某公司任职，白领。经过几年的努力攒下 10 万元，想买辆小轿车用于上下班，价位和安全性是她考虑的主要因素。她刚刚拿到 C2 机动车驾照，对轿车不甚了解。

请你帮助王丽选择一辆适合她的小桥车。

第一步，结合王丽的背景资料，收集相关轿车信息，帮助王丽确定至少两款适合的小轿车。

第二步，对比分析这两款轿车的性能，帮助王丽做出最终决策。

第三步，模拟王丽在 4S 店购车的过程，充分考虑她在购车过程中可能会遇到什么问题，该如何解决。

第四步，讨论如何提高客户满意度的问题。

2. 成绩评定

成绩评定的要求见表 3-3。

表 3-3 考核要求及评分标准

考 核 内 容	考核要求及评分标准	分值
信息收集	深层次挖掘消费者需求，收集信息全面	25
评估产品	对信息进行整理筛选，能够根据背景资料，最终确定适合的产品	25
购买决策	充分考虑到在购买决策阶段可能出现的问题，能够有效处理	25
购后评价	能够提出可行方案，提升客户满意度	25

3.3.5　课后练习

1. 判断题

（1）消费者购买决策的五步模式中，第一步是"信息收集"。（　　）

（2）消费者的信息来源主要包括个人来源、商业来源、公共来源、经验来源。（　　）

（3）消费者购买了商品意味着购买行为过程的结束。（　　）

（4）消费者对其购买产品满意程度直接决定着以后的购买行为。（　　）

2. 案例分析题

中国汽车售后服务满意度调查

网上车市从 J. D. Power 官方获得了 2020 年中国汽车售后服务满意度研究报告。其中，东风悦达起亚以 779 的高分荣获主流车细分市场第一，超过了广汽本田、上汽大众、长安福特等许多合资品牌。该研究报告覆盖全国 70 个城市的 32 702 名车主，涉及 50 个品牌，从 6 大维度客观体现了消费者对售后服务的满意程度。东风悦达起亚已经连续 2 年排名第一，连续 8 年入围前五。

此项调查涵盖的市场及车主人群非常广泛，其结论也相对客观、真实，其权威性也得到了汽车行业同行的一致认可。目前，东风悦达起亚已经在全国 246 座城市建立起了 414 家服务网络，并且开通了 24 小时服务热线。单以品牌力或者产品阵容来看，东风悦达起亚并不占优，但起亚在服务水平和服务质量方面不断提升，加强了用户的品牌的认同感和归属感，因此，才能在售后服务满意度这一项中超越一众合资对手。售后服务体系建设投入大，见效慢，需要汽车厂商长期坚持，才能形成良好的口碑，进而推动品牌形象的提升和总体销量的增长。目前东风悦达起亚的销量表现已经回暖，并且会在 2021 年上市全新智跑 Ace 及全新嘉华两款新产品，目标主流 A 级 SUV 及竞品较少的中高端 MPV 市场，将为东风悦达起亚 2021 年带来更多的发展空间。

资料来源：快资讯 https://www.360kuai.com/.（部分节选）

思考与讨论：

（1）为什么车企注重售后服务，还有机构对 2020 年中国汽车售后服务满意度进行研究？

（2）售后服务对消费者购买决策会产生什么样的影响？

知识点小结

在购买决策过程中，很多产品所涉及的购买决策成员不止一个人，购买角色有多个：倡议者、影响者、决策者、购买者和使用者，这些都可以称为消费者。消费者的购买行为来源于以下几种具体的购买动机：求实动机、求新动机、求便动机、求奇动机、求美动机、模仿动机、自我表现动机。购买动机不同，行为表现不同。

　　分析和研究消费者购买行为，主要是确定：谁购买、为什么买、买什么、买多少、在哪里买、何时买和如何买等问题。影响消费者购买行为的因素有很多，主要包括文化因素、社会因素、个人因素和心理因素。消费者购买行为可以分为：复杂购买行为、消除差异购买行为、习惯性购买行为和广泛挑选购买行为。对不同购买行为的消费者，采取的销售对策不同。

　　消费者的购买决策过程是指消费者购买行为或购买活动的具体步骤、程序、阶段。心理学家认为，消费者购买决策过程是一个动态发展的过程，一般经历五个阶段，即需求认知、收集信息、评估产品、购买决策和购后评价。

项目 4

市场在哪里？——市场定位分析

项目目标：

能力目标
- 能够合理进行市场细分，选择目标市场
- 能够根据不同的目标市场需求，制定相应的营销策略
- 能够为企业及产品合理定位，确定卖点

知识目标
- 知道什么是市场细分及市场细分的标准
- 了解目标市场选择的方法及目标市场营销战略
- 掌握市场定位的步骤及方法

素质目标
- 树立现代营销理念
- 培养细致的观察能力和敏捷的思维能力
- 培养语言沟通能力和团队协作能力

项目内容：

近年来随着我国人民生活水平的提高，水果已经和蔬菜一样，成为家庭的必需品，水果专卖店也越来越多。大学毕业生小李应聘到一家连锁水果超市做营销工作，这家水果超市因竞争激烈，再加上自身定位不清晰，经营越来越困难。小李知道，开水果店不能一味地只看周围的客流量，只追求平价便利，重要的是要确定目标市场，依据目标市场的需求，合理定位，经营出自己的特色，才是取胜之道。那么，水果超市的市场机会在哪里？又如何确定独特卖点呢？小李运用所学的营销学知识进行了市场开发与分析。

项目分解：

任务 4.1　市场细分

任务 4.2　选择目标市场

任务 4.3　市场定位

任务 4.1　市 场 细 分

4.1.1　实训目标

知道市场细分的重要性，学会按照市场细分的不同标准，对水果市场进行细分。同时，也可以让学生更多地接触市场、认识市场、了解市场。

4.1.2　实训内容

按照地理因素、人口因素、心理因素、行为因素，分别对水果市场进行市场细分。

4.1.3　实训指导

面对日益激烈的市场竞争，越来越多的企业意识到你的某一个产品不可能满足所有消费者的需要，它只能针对一部分人群，因此，要找出这部分人群，树立产品鲜明的个性和形象，由此，提出 STP 战略。

STP 战略是菲利浦·科特勒在发展和完善了温德尔·史密斯的市场细分理论的基础上提出来的，它是现代市场营销战略的核心。STP 理论中的 S、T、P 这三个字母分别代表了市场细分、选择目标市场和市场定位。如图 4-1 所示，企业需要通过市场调研，将消费者划分为需求不同的若干群体（segmenting，即 S，市场细分），再根据特定的营销环境以及自身的资源与条件，选择最有吸引力的、最能有效地为之服务的群体作为自己的目标市场（targeting，即 T，目标市场），再针对目标市场的需求特点，制定企业或产品的市场定位（positioning，即 P，市场定位）。企业在 STP 分析的基础上，制定有效的市场营销组合策略，以成功打入或占领目标市场。

1. 市场细分的作用

市场细分是根据消费者对产品的需求、购买行为等方面的差异，把整体市场划分为若干个消费者群的市场分类过程。细分后的每一

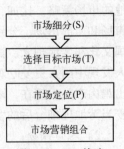

图 4-1　STP 战略

个消费者群构成了一个子市场，或者也叫细分市场。同一个细分市场需求类似，而不同的细分市场则需求差异明显。

这里要明确：市场细分是对消费者进行分类，而不是对企业或产品分类；市场细分后的每个子市场之间必须要有明显的差异性。

市场细分是现代企业从事市场营销活动的重要手段，它对企业营销及发展具有重要作用。

1）市场细分有利于企业认识市场，发现市场机会

企业通过市场调研和市场细分，可以了解不同消费者群的需求状况及被满足程度，从而发现满足程度较低的子市场，找到可能存在的好的市场机会。这对中小企业而言，是在激烈的市场竞争中得以生存和发展的重要手段。

2）市场细分有利于企业扬长避短，赢得竞争优势

通过市场细分，可以了解市场、了解竞争对手。一方面，找到最适合自己的市场，充分发挥优势；另一方面，找到竞争对手的薄弱环节，集中资源力量进行冲击，以赢得市场立足点。

3）市场细分有利于企业集中资源，有针对性地制定营销策略

通过市场细分，企业可以根据每一个细分市场的变化，有针对性地分别调整产品结构和营销组合，可以集中有限的资源，以最少的经营费用取得最大的经济效益。

2. 影响市场细分的因素

市场需求的差异性是市场细分的内在依据，而企业的资源限制与有效竞争则是市场细分的外在强制条件。那么，影响市场细分的因素有哪些？又该如何进行市场细分呢？

1）地理细分

地理细分是按照消费者所在的地理位置以及其他地理因素细分消费者市场。主要的地理变量有：城市规模、人口密度、地形地貌、交通运输、气候条件等。由于不同地理位置和地理环境的消费者需求偏好与消费习惯有很大差异，因此，地理细分是常用的市场细分方法。

例如，麦当劳对消费者进行地理细分。它有美国国内市场和国外市场，无论是国内还是国外，各地都有不同的饮食习惯和文化背景。因此，麦当劳每年都要花费大量的资金研究各地的人群组合、文化习俗等，再书写详细的细分报告，以便每个国家、每个地区都有适合当地的市场策略。比如，美国东西部的人喝的咖啡口味不一样，麦当劳就将国内市场分为东部市场和西部市场，分别提供不同口味的咖啡。再比如，麦当劳刚进入中国市场时大量传播美国文化和生活理念，试图用美国式产品牛肉汉堡来征服中国市场。但在后期的调研中，美国人发现中国人更爱吃鸡，鸡肉产品更符合中国人的口味。于是，麦当劳改变了原有策略，推出鸡肉产品。现在，麦当劳在中国不仅有汉堡、薯条、咖啡，还有油条、粥、红茶。这就是麦当劳地理细分后的营销策略。

2）人口细分

人口细分是按照人口统计变量细分消费者市场。主要的人口变量有：年龄、性别、家庭生

命周期、收入、职业、教育、宗教、民族、世代、国籍等。人口变量一直是细分消费者市场的重要变量，因为人口变量比其他变量更容易测量，而且消费者的需求又与此存在密切关联。

例如，麦当劳以年龄为标准进行市场细分，将市场分为孩子、青年和年长者市场。其中，孩子是麦当劳的主要消费群体，针对这部分群体麦当劳提供"快乐餐"，并经常赠送印有麦当劳标志的气球、折纸等小礼物。在中国，还有麦当劳叔叔俱乐部，参加者多为 3~12 岁的小朋友，为他们定期开展各种活动，让小朋友更加喜爱麦当劳。针对青年市场，也就是 18~34 岁的人，麦当劳主要提供快速有效的餐饮服务，因为这些人正是开创事业和建立家庭的年龄段，快速服务是他们所需。而针对 54 岁以上的年长者，麦当劳主要推销餐饮的经济性，同时鼓励年长者参与餐厅的工作。麦当劳的人口细分非常有效。

3) 心理细分

心理细分是按照心理变量细分消费者市场。主要的心理变量有：社会阶层、价值观、个性与生活方式等。在地理因素、人口因素方面具有相同或相似特征的消费者，仍然会存在很大的需求差异，这主要是受心理因素的影响，因此，心理细分也越来越受企业的关注。

例如，麦当劳根据人们生活方式的不同，将消费者群分为方便型和休闲型。针对方便型市场，麦当劳提出"59 秒快速服务"；而针对休闲型市场，则将重点放在对餐厅店堂的布置，努力打造具有独特文化的休闲好去处，以吸引这部分人群。近年来，健康型消费者群浮出水面，这对麦当劳将是一个巨大的考验。如果固守已有的原料和配方，继续制作高热量、高脂肪类食物，对于关注健康的消费者来说是不可容忍的。因此，麦当劳要针对健康型消费者，开发新的健康绿色食品。同时，还有一个群体不能忽视，那就是体验型消费者。麦当劳努力以服务为舞台，以商品为道具，创造出值得消费者回忆的感受。比如在餐厅的室内设计上注重感官体验、情感体验或者模拟体验等，深入挖掘体验型消费者群，这也是麦当劳未来的一个方向。

4) 行为细分

行为细分是根据消费者对产品的了解程度、态度、使用情况及反应等行为变量来细分消费者市场。主要的行为变量有：购买时机、追求的利益、使用者状况、使用数量、品牌忠诚度、态度等。

例如，城市公交集团根据高峰时期和非高峰时期乘客的需求特点划分不同的细分市场，制定不同的营销策略。再如，牙膏市场运用利益细分法将牙膏使用者分为追求物美价廉的、追求洁齿美容的、追求防治牙病的及追求口味清爽的，针对不同消费者分别提供不同属性的牙膏。再例如，美国一家啤酒公司，将啤酒饮用者分为重度饮用者和轻度饮用者，他们发现 80% 的啤酒是被 50% 的重度饮用者消费掉的，于是，便将重度饮用啤酒者作为目标市场，制定相应的营销策略。

市场细分不是对产品进行分类，而是对消费者的需求进行细分，求同存异，因此，所有影响消费者需求差异的因素都可以成为市场细分的依据与变量。但从企业市场营销的角度看，并非所有的细分市场都有意义或有效，只有符合一定条件的细分市场才有选择的价值。

一个成功的市场细分，必须具备四个条件：差异性、可衡量性、可进入性与可盈利性。差异性是指细分后的每个子市场对某种产品需求必须有明显的差异；可衡量性是指细分后的每个子市场，其规模、容量、购买力等必须是企业能够衡量和推算的；可进入性是指细分之后的子市场，企业通过确定某一营销组合，是可以进入为之服务的；可盈利性是指所选择的子市场有足够的需求量和发展潜力，能使企业赢得长期稳定的利润。

3. 市场细分的方法

1）单一因素法

单一因素法就是指选择一个细分变量进行市场细分的方法。企业根据市场调研结果，把影响消费者需求中最主要的因素作为细分变量进行市场细分。这种方法是以企业的经营实践、行业经验及对市场的充分了解为基础的。

例如，玩具市场需求量的主要影响因素是年龄，所以以年龄为细分变量进行市场细分，针对不同年龄段的儿童设计适合的玩具。再如，性别也常常作为市场细分变量而被企业所使用，妇女用品商店、女人街等的出现正反映出性别标准为大家所重视。

2）综合因素法

综合因素法是指选择两个或两个以上的细分变量进行市场细分的方法。它可以借助二维或多维坐标图，直观展示细分市场的状况。

例如，以年龄和收入作为变量细分某一市场，可以得到如图4-2所示的细分市场。每一格代表一个细分市场，这里一共可以得到12个细分市场。这种细分方法相对于单一因素法来说，更为详细，目的性更明确。

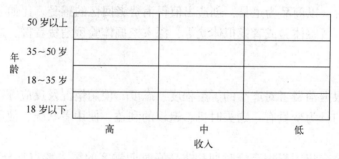

图4-2　综合因素法示例

3）系列因素法

系列因素法是指选择多个细分变量，由粗到细，逐步进行市场细分的办法。

例如，对服装市场可以按照性别、年龄、收入水平及服装的穿着场合进行细分。首先按性别，可以将服装市场分为女性服装市场和男性服装市场。再按年龄，可以将女性和男性服装市场分别分为老年服装市场、中年服装市场、青年服装市场和少年儿童服装市场。以此类推，再按收入水平、服装的穿着场合不同，进一步对服装市场进行细分。4个细分变量的不同组合，最终可以得到2×4×3×4＝96个细分市场，如图4-3所示。

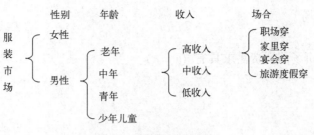

图 4-3　系统因素法示例

相对于单一因素法和综合因素法，系列因素法细分的依据更为详细，细分出来的市场数目也更多。在众多的细分市场中，我们要经过认真的筛选，以确定最终的目标市场。系列因素法筛选出来的目标市场，更具有针对性，容易把握消费者的真实需求。

4.1.4　实训步骤与成绩评定

1. 实训步骤

第一步，对水果市场进行地理细分。
第二步，对水果市场进行人口细分。
第三步，对水果市场进行心理细分。
第四步，对水果市场进行行为细分。
第五步，完成市场细分报告。

2. 成绩评定

成绩评定的要求见表 4-1。

表 4-1　考核要求及评分标准

考核内容	考核要求及评分标准	分值
地理细分	细分标准选择准确，细分市场有效	20
人口细分	细分标准选择准确，细分市场有效	20
心理细分	细分标准选择准确，细分市场有效	20
行为细分	细分标准选择准确，细分市场有效	20
市场细分报告	报告完整，文字流畅，排版工整	20

4.1.5　课后练习

1. 选择题

（1）作为现代营销战略的核心，STP 战略包括（　　）。

A. 市场调研

B. 市场细分

C. 选择目标市场

D. 市场定位

（2）同一细分市场的消费需求具有（　　　）。

A. 绝对的共性

B. 较多的共性

C. 较少的共性

D. 较多的差异性

（3）（　　　）的存在是市场细分的内在依据。

A. 产品差异

B. 价格差异

C. 需求差异

D. 性能差异

（4）人口细分的变量有（　　　）。

A. 年龄

B. 地理位置

C. 性别

D. 职业

E. 收入

F. 追求的利益

（5）市场有效细分的条件是（　　　）。

A. 差异性

B. 可进入性

C. 灵活性

D. 可衡量性

E. 可盈利性

2. 判断题

（1）STP 营销战略是企业制定营销策略的前提和基础。（　　　）

（2）市场细分的内在依据是消费者需求的差异性，外在条件是企业的资源限制与有效竞争。（　　　）

（3）市场细分是对产品进行分类。（　　　）

（4）同一个细分市场要有明显的共性，不同细分市场要有明显的差异性。（　　　）

3. 案例分析题

打开食品饮料行业的细分市场

对于初创品牌而言，找准合适的入局赛道至关重要。毕竟，选择一个大赛道难以避免与巨头直接竞争，但如果换个思路选择细分品类入局，很可能获得一批精准的消费者。如近年来大热的网红品牌元气森林、钟薛高、三顿半等，都是在饮料、冰淇淋、咖啡这些大市场中，找到了适合自己的"细分品类"，闯出了一片天地。

在饮料市场上，元气森林主要针对的是年轻人。它以"无糖"为战略核心，纵深切入两大细分市场，推出两款产品：一是无糖茶饮品牌——燃茶，主打"无糖解腻，喝燃茶"；二是气泡水品牌——元气水，主打"无糖，有气，喝元气水"。2019 年官方发布的数据显示，元气森林达到了近 10 个亿的销售额，其中，燃茶占了将近 1/3，元气水则能占到 60%~65% 的销量。

在冰淇淋市场上，钟薛高针对的是国内市场。它从上市之初，就坚持高端定价，从命名、产品形态、包装设计、定价等多个方面，将中式品质雪糕的差异化营销发挥得淋漓尽致。在产品打造和品牌联名上，钟薛高三个字谐音"中雪糕"，唤起了中国人强烈的情感共鸣。在产品外观设计上，推出"颠覆性"的纯中式瓦片设计，充分体现了中式风格。在口味上，除了提供常见的牛乳、可可口味之外，选择最具有中国基因的"茶""白酒"元素，开发茶味雪糕，如"手煮茉莉雪糕"，与知名传统白酒品牌泸州老窖联名，推出断片 52 度雪糕、白酒味雪糕，充分满足了年轻消费者追求新鲜刺激的需求。

在咖啡市场上，三顿半走的是"品质+小众"路线。它以"回归自然"为品牌理念，采用冻干粉形态还原咖啡本有的风味，将"精品"和"速溶"结合，推出精品速溶咖啡。三顿半原创了"超级萃"和 3 秒速溶技术，保证了品质和口感，契合了目标用户对口感的极致要求。同时，将价格定位在 5~10 元，让产品既高于 1~2 元的传统速溶咖啡，夯实了速溶领域"精品"的概念，又让自身产品低于便利店咖啡价格，定价更亲民，填补了速溶咖啡领域此价格区间的空白，以更高的品质迎合了用户需求。

思考与讨论：

（1）元气森林、钟薛高、三顿半，分别如何进行市场细分的？

（2）结合案例谈一谈市场细分的重要性。

任务 4.2　选择目标市场

4.2.1　实训目标

能够根据市场环境和自身资源，合理确定目标市场营销战略。在对细分市场评估的基础上，正确选择目标市场，提升学生的目标市场选择能力。

4.2.2 实训内容

确定水果超市的目标市场营销战略；评估细分市场，选择目标市场。

4.2.3 实训指导

目标市场就是企业打算进入并为之服务的细分市场。市场细分的目的是选择目标市场。企业在市场细分的基础上，根据自己的资源条件和经营能力选择一个或多个细分市场作为自己的目标市场，这样的营销活动称为确定目标市场或市场目标化。

1. 目标市场营销战略

早期的可口可乐公司凭借其独特密方，面向全世界一百多个国家和地区，仅提供单一规格、单一口味、单一包装的瓶装饮料，深受人们喜爱，被称为"世界性的清凉饮料"。当饮料市场不断扩大，人们的需求也变得
越来越多样化的时候，可口可乐公司改变了原有的经营思路，由单一产品，变为进军多个市场领域，实施多元化、差异化经营战略，从咖啡到茶，从碳酸饮料到果汁饮料、运动型饮料和水，甚至在日本还推出了酒精饮料。如今的可口可乐旗下有：面向青少年的雪碧、面向儿童的酷儿、面向职场的美汁源、面向减肥人群的健怡可乐，仅可口可乐这一品牌就有多种不同口味，柠檬味、香草味、樱桃味等，其品牌影响力在不断扩大。从上述案例中可以看出，可口可乐的目标市场营销战略从早期到现在发生了翻天覆地的变化。那么，到底有哪几种不同的目标市场营销战略，它们各自的特点又是什么呢？

常见的目标市场营销战略有三种，分别是无差异营销战略、差异性营销战略、集中性营销战略。这三种目标市场营销战略如图4-4所示。

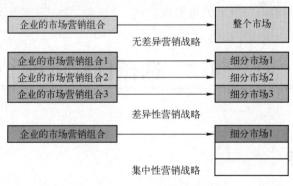

图4-4　三种目标市场营销战略

1) 无差异营销战略

无差异营销战略是指企业把整体市场看作一个大的目标市场，不进行市场细分，用一种

产品、统一的营销组合对待整体市场。这是一种忽略细分市场区别的大众营销。例如，早期的可口可乐奉行的就是无差异营销，单一规格、单一配方、单一包装面向所有市场。采用无差异营销的理由是规模效益，它是与标准化、大规模生产相适应的一种营销战略。它的最大优势是降低企业经营成本。但是以一种产品想得到所有顾客的满意，长期为全体消费者所接受是不可能的，同时也会带来激烈的市场竞争。

2)　差异性营销战略

差异性营销战略是指企业把整体市场划分为若干个细分市场，并将多个乃至全部细分市场作为自己的目标市场，针对不同目标市场设计不同产品，制定不同营销组合，力求满足不同市场的需要。当前可口可乐采用的就是差异化营销。这种目标市场营销战略的优点是针对性强，充分满足各个细分市场的需要，多样化经营也会降低市场风险，增强竞争实力。但是缺点是经营成本加大，对企业的管理能力和资源提出更高要求。可以说，差异化营销更好地体现了以消费者需求为中心的市场营销观念，因此，它是大多数实力雄厚的企业的选择。

3)　集中性营销战略

集中性营销战略是指企业把整体市场划分为若干个细分市场后，选择一个或相似的几个细分市场作为自己的目标市场，开发相应的营销组合，实行集中营销。这种目标市场营销战略的最大优点是市场经营专业化，其指导思想是不求在大的整体市场上占有较小份额，而是要在较小的目标市场上占有较大的市场份额。针对某个单一细分市场，制定统一的营销策略，既可以形成经营特色或商品声誉，获得消费者信任，又可以伺机在条件成熟时扩大生产，提高市场占有率。一些中小型企业在进入市场初期常采用集中性营销，寻找并弥补市场空隙，坚持走专业化道路，积累实力，待条件成熟后逐步拓宽市场。但这种营销战略的缺点在于，由于市场单一，会导致风险比较大，一旦出现强大的竞争对手，企业有可能陷入困境。

三种目标市场营销战略的区别与优势如图 4-5 所示。

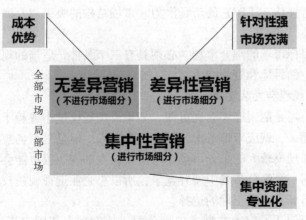

图 4-5　三种目标市场营销战略的区别与优势

4）目标市场营销战略的选择

三种目标市场营销战略各有利弊，企业应如何确定目标市场营销战略呢？应充分考虑以下五种因素，慎重决择。

第一，企业实力。如果企业在人力、物力、财力、信息及管理能力等方面实力雄厚，可以考虑采用差异性营销战略；反之，如果企业资源有限，实力薄弱，宜采用集中性营销战略。

第二，市场的差异性。如果顾客的需求相似或偏好大致相同，对营销刺激的反应差别不大，则可视为同质市场，就可以采用无差异营销战略；反之，对于异质市场，宜采用差异性营销战略和集中性营销战略。

第三，产品生命周期。新产品投入初期，营销重点是提升产品知名度，启发和巩固消费者偏好，适合采用无差异营销战略，以探测市场需求和潜在顾客情况；当进入成长、成熟期后，竞争者增多，消费者需求日益多样化，则宜采用差异性营销战略或集中性营销战略，以维持或延长产品生命周期。

第四，产品的差异性。对于同质性产品，竞争主要体现在价格上，适合采用无差异营销战略；而针对异质性产品，则要根据企业实力，选择差异性营销战略或集中性营销战略。

第五，竞争者的战略选择。如果竞争者实力强大，就避其锋芒，反其道而行之；如果实力相当，可以考虑采用对等的或更深层次的营销战略。

2. 目标市场的选择

对于企业而言，无论是采用差异性营销还是集中性营销，都涉及一个问题，即市场细分后，哪一个细分市场是最有吸引力的；企业打算进入哪一个或哪几个细分市场，作为自己的目标市场？这项工作，需要对每一个细分市场进行评估，了解它的市场潜力、市场结构的吸引力及商业优势等，以确保目标市场选择的正确性。

能够成为企业目标市场的细分市场，必须具有三个条件：适当的规模和发展潜力、良好的吸引力、符合企业的目标和资源能力。

1）具有适当的规模和发展潜力

企业进入某一市场是期望能够有利可图，如果市场规模过小或趋于萎缩状态，企业进入后难以获得发展，那么，就应审慎考虑，不宜轻易进入。但是是市场规模越大越好吗？对于小型企业而言，选择规模较大的细分市场，所需要投入的资源很可能会超出自身能力，并且也难以和大企业在同一个细分市场中展开竞争，所以小企业选择规模较小、被大企业认为不值得去经营的细分市场，才是正确的选择。

德国有一商人专门开了一家左撇子工具公司，他发现在德国有近十分之一的人是左撇子，虽然市场规模不大，但尚未开发满足，于是他专门针对左撇子市场，生产左撇子工具，生意兴隆。因此说，要选择适当的规模和发展潜力的市场，这个适当是相对于企业的实力而言的，大企业应选择销售量大的细分市场，以发挥其生产能力，而小企业也选择销售量大的细分市场就不适当了。

2）具有良好的吸引力

即要有盈利吸引力，要让企业赚到钱。一个细分市场是否具有盈利吸引力，主要受五种威胁因素的影响：第一，细分市场内竞争对手的威胁；第二，新的竞争者加入的威胁；第三，替代产品的威胁；第四，购买者讨价还价能力提高形成的威胁；第五，供应商讨价还价能力提高形成的威胁。前三个都是来自竞争者的威胁，后两个是来自购买者和供应商的威胁。购买者购买行为越来越成熟，会给企业带来一定的压力，而供应商原材料价格的提高，也自然会增加企业的经营成本。比如，据国家统计局发布，2020 年 7 月份，我国猪肉价格同比上涨 85.7%，这给食品加工行业及饮食行业带来巨大冲击，成本的大幅度提升，使得盈利空间缩减，企业正常经营受到来自供应商的威胁。所以说，企业要考虑在某一细分市场中的结构吸引力，选择有一定的竞争实力，能够保证企业充分获利的细分市场进入。

3）符合企业的目标和资源能力

即要确保在选择的目标市场中有较强的商业优势。首先，细分市场要符合企业的长远目标，如果不符合，再有吸引力也要放弃，因为它会分散企业精力。其次，还要考虑是否具备在该细分市场获胜所需要的技术和资源优势，比如，考察是否有低成本优势，是否有技术优势，在营销推广、组织管理、资金实力等方面是否具备优势等。如果企业缺少必要条件或无法创造这些条件，就应放弃这个细分市场，只有当企业能够提供具有高价值的产品和服务时，进入才有意义。

综上所述，企业要在一系列细分市场中选择最能有效服务、最有利可图的子市场作为目标市场。但是在选择目标市场时，企业仅仅考虑自身的利益是不够的，还要考虑目标顾客的利益，要能为特定的目标群体量身定制他们需要的产品，比如说，高露洁公司将儿童作为目标市场，它向儿童提供的牙膏有很多特别之处，如让儿童刷牙的时间更长、泡沫更少、口味更淡、含有彩条、挤出来的牙膏呈星形的圆柱体等，让孩子更喜欢。总之，明智的目标市场选择应是企业与目标顾客双赢。

4.2.4　实训步骤与成绩评定

1. 实训步骤

第一步，确定水果超市的目标市场营销战略。

第二步，对水果细分市场进行评估，选择目标市场。

第三步，分析目标市场的特点。

2. 成绩评定

成绩评定的要求见表 4-2。

表 4-2 考核要求及评分标准

考核内容	考核要求及评分标准	分值
目标市场营销战略	能够结合自身条件和环境因素，正确确定目标市场营销战略	30
目标市场的选择	对各细分市场的评估全面、准确、到位	20
	目标市场的选择正确	20
	对目标市场的分析准确、详尽、到位	30

4.2.5 课后练习

1. 选择题

（1）目标市场营销战略有（   ）。

A. 无差异营销

B. 差异性营销

C. 集中性营销

D. 社会化营销

E. 饥饿营销

（2）采用无差异营销战略的最大优势是（   ）。

A. 市场占有率高

B. 需求满足程度高

C. 市场适应性强

D. 成本的经济性

（3）集中性营销战略尤其适合于（   ）。

A. 跨国公司

B. 大型企业

C. 中小型企业

（4）强生只专注于婴幼儿市场，它使用的是目标市场营销战略是（   ）。

A. 无差异营销战略

B. 差异性营销战略

C. 集中性营销战略

D. 以上都不是

（5）能够成为企业目标市场的细分市场，必须具有的条件是（   ）。

A. 具有适当的规模和发展潜力

B. 具有良好的吸引力

C. 符合企业的目标和资源能力

2. 判断题

（1）所选择的目标市场规模越大越好。（　　　）

（2）集中性营销战略追求的不是在大市场上占少的份额，而是在小市场上占有大份额。（　　　）

（3）企业在目标市场中无须具备资源优势。（　　　）

（4）企业在选择目标市场时，只需考虑企业的盈利能力。（　　　）

3. 案例分析题

B 站：Z 世代乐园

哔哩哔哩（Bilibili，简称 B 站）创建于 2009 年 6 月，起初是日本动漫爱好者聚集的平台，目标用户是喜欢二次元的小众群体。为了留住这些用户，B 站逐步构造出动画、番剧、国创、音乐、舞蹈、游戏、科技、生活、娱乐、时尚、放映厅等分区，还发展了直播、游戏中心、周边等板块，推出了独特的弹幕文化和创作文化。现已成为能一站式满足年轻人多元爱好需求的潮流文化娱乐社区。

B 站的主要用户分布在 15~29 岁，其中 20~24 岁用户占了绝对的主导地位，且主要分布在广东、江苏、北京、上海、浙江等经济很发达的地区。他们是中国娱乐市场的关键驱动力，代表着在线娱乐市场的未来。B 站具有深度的用户渗透，这些用户愿意花时间并有很强的付费意愿。

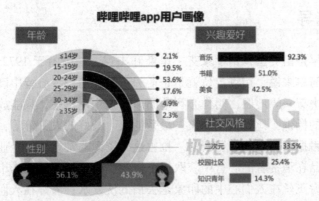

B 站的用户黏性非常大。它独创的弹幕功能，能超越时空限制，构建出一种奇妙的共时性关系，形成一种虚拟的部落式观影氛围，让 B 站成为极具互动分享和二次创造氛围的文化社区。B 站也成为年轻人学习的场地，英语、日语等语言学习在 B 站学习领域占比较大，高考、研究生考试和各类职业技能相关内容也比比皆是。B 站也是众多网络热门词汇的发源地之一，深受 90 后、00 后喜爱。

2018 年，B 站在纳斯达克成功上市。它从小众群体入手，做出一个大市场，逐步成为年轻人聚集的"Z 世代乐园"。

思考与讨论：

（1）B 站的目标市场有何变化？它们有什么特点？

（2）查找资料分析 B 站是如何提高目标用户黏性的？

任 务 4.3　市 场 定 位

4.3.1　实训目标

正确理解市场定位的内涵，学习市场定位的方法，为水果超市合理定位，提升学生的市场定位能力。

4.3.2　实训内容

为水果超市确定市场定位，提出创新卖点。

4.3.3　实训指导

定位一词，最早是由美国营销学家艾·里斯和杰克·特劳特于 1972 年提出的。市场定位也叫营销定位，简单来说，市场定位就是企业为产品在消费者心智中确定合理的位置。

消费者的头脑中有一幅地图，叫作心智地图。在这个地图中，只能放下少量的事物，这些事物都会有特定的标识，比如最胖的人、最爱的人、最好的人，等等，一般都是对应着独特的一个，他们会占据消费者的心智资源。抢占这个资源非常重要，企业需要通过一系列营销策划为自己的产品在消费者的心智中获取这个资源，这个过程就叫作市场定位。以宝洁旗下的洗发水为例，海飞丝在人们心中的印象是去屑的洗发水；潘婷在人们心目中以营养头发为首要特征；说到飘柔，人们会想到柔顺。这些就是市场定位的结果。通过定位，产品在消费者心智地图中占据了不同的位置，当消费者有某种要求时，会直接找到相应位置的产品，比如，当人们有头屑烦恼时，第一个会找到海飞丝，当经常染烫头发导致干枯、无光泽时，首先会想到潘婷。

市场定位的实质是设计和塑造产品的鲜明特色与个性，从而将产品与竞争产品相区隔。因此，市场定位的目的就是形成差异化。企业一旦选择了目标市场，就要在目标市场上进行产品的市场定位。

1. 市场定位的步骤

市场定位通过三步来进行：第一步，识别可能的竞争优势；第二步，选择核心竞争优势；第三步，准确传播定位，让定位深入人心。

1）识别可能的竞争优势

如何识别和选择差异化的竞争优势是定位的关键。企业要时刻关注三个问题：第一，竞争对手产品定位在哪里？第二，目标市场有哪些需求，这些需求的满足程度如何？第三，针对竞争者的定位和目标市场的利益要求企业应该做什么以及能够做什么？通过回答这三个问题，企业就可以从中确定自己的竞争优势在哪里。其中，对目标市场需求满足程度的研究最为重要。根据"占白法则"，寻找在消费者心目中没有被竞争对手占据的空白，形成先入为主的差异化优势，做大做强，可以帮助企业在较小的市场空间内占据较大的市场份额。

2）选择核心竞争优势

核心竞争优势可以从企业的经营管理、技术研发、采购、生产、销售等多个方面寻找，找到最适合本企业的优势项目，再结合目标市场的需求特点，选择核心点。这个核心点既能为目标市场提供核心利益，又要能体现企业核心优势。

拼多多能在巨头垄断的市场环境下脱颖而出，就在于它准确找到了差异化的核心竞争优势。传统的电商讲究的是多、快、好、省，目的是让用户能够快速地找到自己心仪的商品并完成购买，注重的是效率和品质。拼多多的目标市场是三、四线城市，三、四线城市的人有空闲，但没钱，他们对于商品质量并不是特别看重，只要能用就好，而拼多多恰好满足了这类人的需求，他们有空闲，就让他们逛街式地寻找自己喜爱的商品；他们没钱，就让他们拉好友一起拼单，以极低的价格购入商品。拼多多从巨头摸不到的三、四线城市入手，主打低价、社交电商，在本质上与巨头拉开距离，实行了弯道超车。

3）准确传播定位，让定位深入人心

企业要通过一系列的宣传推广，树立与定位相符合的产品形象，并广为传播，让它深入人心。首先，企业要让目标顾客知道、了解、认同、喜欢和偏爱本企业的产品定位，在消费者心中建立起与该定位相符的产品形象；其次，不断强化产品在目标顾客心目中的形象，稳定目标顾客的态度，加深情感沟通，巩固产品形象；最后，当出现因消费者理解偏差或宣传失误造成的目标顾客认识模糊或混乱时，要及时纠错、调整，重新定位。

2. 市场定位的依据

企业可以从多个维度进行市场定位，以形成自己的竞争优势并广为传播。

1）根据产品的属性和利益定位

定位不是空穴来风，产品本身所具有的属性以及由此带给消费者的利益是定位的基础。构成产品特色的许多因素，比如产品的成分、材料、产地、生产工艺、品质、价格等都可以作为定位的依据。以农夫山泉的市场定位为例，1998年，农夫山泉在中央电视台推出"农夫山泉有点甜"的广告，强调了甘甜纯净的水质特色，将农夫山泉与其他品牌纯净水区分开来，引起了消费者的关注。2008年，农夫山泉的广告语悄然换成了"我们不生产水，我们只是大自然的搬运工"，以此告诉大家：我们的水不是生产加工来的，不是后续添加矿物质生产出来的，是水源地建厂、水源地罐装，把自然的精华天然水呈现在消费者的面前。它强调了水的产地与工艺，以及由此带给人们的利益点：健康。

产品给顾客带来的利益可分为功能利益和情感利益。当产品刚进入市场时，定位多从功能利益出发；而当产品进入成长、成熟期后，定位则更多的是强调情感利益或精神利益。例如，抖音最开始的定位是"专注新生代的音乐短视频社区"，突出的是"抖"这个记忆点，它的广告语是"爱抖，爱抖音"；到了2018年，品牌则升级成了"记录美好生活"，回归到了生活和价值观。再如，Keep从最初的"移动健身教练"到今天的"自律给我自由"，也是由功能利益向情感、精神利益的转变。

2）根据产品特定的使用场合和用途定位

例如，红牛饮料的广告"困了累了喝红牛"告诉人们它适合哪种场景下饮用，当你在困了累了的时候，首先会想到红牛。再如，哈根达斯的广告"爱她，就请她吃哈根达斯"，成为表达爱情的信物。脑白金的广告"今年过节不收礼，收礼只收脑白金"，脑白金将产品的使用场景聚焦到春节送礼这个小场景内，收获了巨大的商业成就。

3）根据使用者定位

企业总是试图将自己的产品指引给适当的使用者或某个目标市场，以便根据目标市场的特点创建起合适的形象。比如，"百事可乐，新一代的选择"，百事可乐从年轻人身上发现市场，把自己定位为新生代的可乐，邀请新生代的超级明星作为品牌代言人，赢得青年人的青睐。再有，"海澜之家，男人的衣柜"，强调了男人专属的品牌特性。强生，树立了温和、不刺激的品牌形象，成为婴儿护理专家。

4）根据竞争者定位

企业根据自身的竞争实力，要么直接针对竞争者，迎头定位；要么避开竞争者，避强定位。迎头定位是一种与最强的竞争对手"对着干"的定位方式，采用这种策略会有一定的风险，但不少企业认为这是一种更能激励自己奋发向上的可行的定位尝试。比如，百事可乐与可口可乐的旷日持久的对抗，引起了越来越多的消费者对可乐的关注，两家公司都受益匪浅。

避强定位是企业把产品定位于目标市场上的空白处，避开市场的激烈竞争，使企业有一个从容发展的机会。比如，七喜，非可乐的定位，避开强大的可口可乐与百事可乐的竞争，在非可乐品类中占有一席之地。再如，在速溶咖啡市场，有雀巢、G7等国际大牌占据C位，三顿半咖啡定位为"精品速溶咖啡"，通过冷萃技术实现冷泡饮用，加以文艺范的包装、互联网种草和电商渠道销售，小蚂蚁也撼动了大象。

总之，企业进行市场定位，可以根据生产的产品的不同、面对的消费者不同，所处的竞争环境不同，从多个维度考虑定位的依据。形成差异化，取得竞争优势是市场定位的核心与本质。

3. USP 理论

20世纪50年代，罗瑟·瑞夫斯首次提出USP（unique selling proposition），也就是独特

销售主张。这是广告发展史上最早提出的具有深远影响的广告创意理论。USP 的内涵主要有三个部分：第一，对消费者提出一个购买本产品的理由；第二，该理由是其他竞争对手不能提出或不曾提出的；第三，该理由必须具有震撼力，具有足够的力量来吸引和感动消费者。

舒肤佳在广告中宣传："看得见的污渍洗掉了，看不见的细菌你洗掉了吗？有效除菌，保护全家"，它的独特销售主张是"除菌"。"怕上火喝王老吉"，王老吉的独特销售主张是"去火"。滋源洗发水在广告中宣传："洗了这么多年头，你洗过头皮吗？"它的 USP 在于"养头皮"。USP 强调，每一则广告要向消费者说一个主张，要让消费者明白，购买广告中的产品可以获得什么样的利益。光是提供利益点还不够，这个利益点还必须要有别于其他同类产品，体现人无我有的唯一性，这是 USP 的精髓所在。同时，广告中的卖点一定要有吸引力，聚焦在一个点上，集中打动和吸引消费者购买相应的产品。

USP 的三个要件对应的是产品、竞争、消费者三个层面。在产品层面，要有独特的利益卖点；在竞争层面，要有独一无二的占位；在消费者层面，要能足够吸引购买。

1) 从产品层面入手，寻找卖点

现代意义上的产品包含了能够提供给市场以满足需要和欲望的任何东西，它包括核心层、形式层和延伸层（也可以分为五个层次，详见任务 5.1 认识产品的整体概念）。核心层是指产品带给消费者的最基本的效用和利益。在产品同质化严重的市场环境下，要想在核心层做出差异化，其难度可想而知，除非能提出颠覆行业认知的的创新卖点，好比第一代苹果手机，可以说彻底改变了人们对传统手机的认知，一直到现在，还占领着全球手机市场的第一份额。所以，针对核心层的独特卖点的提炼很难，需要强大的技术支撑，可是一旦能提出来，它带来的市场效益也是绝对最强的。

形式层则也就是商品的外部特征，比如，品质、形态、品牌、包装等。相对于核心层，在形式层面提炼产品卖点会容易很多。例如，在白酒行业，当大家都在提香型的时候，小郎酒则从产品包装着手，提出"小瓶"的概念，"小瓶白酒"成为它的独特卖点。

延伸层则是指消费者在购买和使用产品时所获得的种种附加服务和附加利益。例如，亚马逊推出的电纸书阅读器（Kindle）与泡面没有任何关系，可是它却在广告中为产品解锁了一项新功能，即"用来盖泡面"，增加了产品的附加利益，今后消费者在亚马逊购买电纸书阅读器又多了一个理由。

2) 从竞争层面入手，寻找卖点

当从产品自身已经无法找到很好的切入点去挖掘独特卖点的时候，可以换个角度，从竞争占位入手，寻找卖点。面对可口可乐和百事可乐的强烈攻势，七喜曾经找不到合适的卖点。通过大量的消费者观察，它发现一些人很少或者不喝可口可乐或百事可乐的原因，是担心吸收过多的咖啡因会对康健有害。于是七喜找到了独特卖点，也就是"七喜，非可乐，不含咖啡因"。

3）从消费者层面入手，寻找卖点

消费者只看他们所期望看到的事物，如果把酒的标牌全部去掉，很少有人能真正分辨出酒的优劣。但贴上标牌情况就不大一样了，消费者的感觉似乎立刻灵敏了很多，这时很容易品出他所期望的口味。确定并宣传产品卖点的目的就是要抢占消费者的心智，通过创造特色，使产品达到消费者所期望的奇迹和幻觉。如何进入消费者心智？要遵循两个法则，即第一法则和占白法则。

争当第一，是进入消费者心智的捷径。有数据显示，第一名的品牌销售量是第二名2倍，是第三名的4倍。可见，第一名在消费者心智中的作用。因此，产品卖点一定是最先提出的，第一个占领消费者心智的主张。跟进者的产品一般被认为是模仿，即使这种产品也许更好。所以，跟进者如果想在市场上站住脚，一般应重新寻找卖点。根据"占白法则"，跟进者要寻找在消费者心目中没有被竞争对手占据的空白，形成先入为主的差异化优势，并做大做强，也能在较小的市场空间内占有较大的市场份额。

伴随社会经济的高速增长，市场正以难以置信的速度变化着，带来了社会消费的转型，消费者从追求物质利益，逐步走向追求心理和精神上的满足。于是，营销传播也进入到形象至上、品牌至上的时代。但是，也应该看到，物质利益需求永远是人类最基本的需求，即使在追求更高层次的心理需求和精神需求中，也伴随着对产品的功能与物质利益的要求，它仍然是发生购买行为的重要选择。因此，产品的功能诉求，产品物质利益的承诺，依然是广告诉求永远绕不开的话题。只要广告存在，就需要"永远的USP"。不是说它唯一，不是说只有它高妙，而是说它是广告传播中一种持续的选择。

4.3.4　实训步骤与成绩评定

1. 实训步骤

第一步，分析水果超市的竞争优势，找到核心竞争优势。

第二步，分析水果超市目标市场的需求特点。

第三步，针对目标市场，为水果超市合理定位。

第四步，提出水果超市的独特销售主张。

2. 成绩评定

成绩评定的要求见表4-3。

表4-3　考核要求及评分标准

考 核 内 容	考核要求及评分标准	分值
竞争优势的分析	能够准确找到核心竞争优势	20
市场定位	能够结合竞争对手与目标市场的特点，合理定位	40
销售主张	提出的销售主张准确、到位，有创新点	40

4.3.5　课后练习

1. 选择题

(1) 市场定位的核心是（　　　）。

A. 不断降低产品成本

B. 设计和塑造产品特色或个性，从而形成差异化

C. 明确竞争对手和竞争目标

D. 明确消费者的需求

(2) 农夫山泉从"农夫山泉有点甜"到"我们只是大自然的搬运工"，是根据（　　　）定位。

A. 产品的属性和利益

B. 产品特定的使用场合和用途

C. 使用者

D. 竞争者

(3) 海澜之家的"男人的衣柜"，是根据（　　　）定位。

A. 产品的属性和利益

B. 产品特定的使用场合和用途

C. 使用者

D. 竞争者

(4) USP 强调（　　　）。

A. 讲利益

B. 利益的独一无二性

C. 高品质性

D. 利益要针对消费者的心智

(5) USP 可以从（　　　）层面寻找。

A. 产品

B. 竞争者

C. 消费者

D. 营销环境

2. 判断题

(1) 市场定位就是企业为产品在消费者心智中确定合理的位置。（　　　）

(2) 当产品缺乏独特属性时，企业可以从竞争者角度和消费者角度寻找独特卖点。（　　　）

(3) 市场定位与产品差异化无关。（　　　）

（4）定位是营销组合策略的一部分，对营销组合策略没有指导意义。（　　　）

（5）定位要符合消费者的心智要求。（　　　）

3. 案例分析题

江小白的精准定位与广告策略

江小白创建于 2012 年。在 2015 年之前，这个品牌并未获得广泛认可。但是，在 2015 年左右，借助于互联网经济的发展契机，在短短半年时间江小白系列白酒完成了逆袭，成为年轻人聚会的必备品。它的成功在于它的精准定位。

江小白对产品的界定并没有局限在白酒，而是将它称为"情绪饮料"。在它的官网上，赫然写着这样一段简介：江小白提倡直面青春的情绪，不回避、不惧怕，与其让情绪煎熬压抑，不如任其释放。这个宣言直接决定了江小白的目标市场就是年轻群体，当年轻人想要宣泄，想要释放压抑的心情时，第一个想到的就是江小白。江小白精准确定目标群体，同时，它也对这个目标群体的生存状态、经济收入、心理问题等有一定的研究，并针对这些提出了自己的品牌定位：都市文艺青年的情绪饮料。

当定位确定后，"江小白"的一系列广告策略都围绕这一定位展开。首先，它利用情绪化碎片语言进行产品包装："我是江小白，生活很简单""成熟不过是善于隐藏罢了""一杯就够了，可以解千愁"，这些我们熟悉的语言在酒瓶最醒目的位置中出现，给消费群体很大的情绪认同感；同时，它选择青春题材电影进行产品植入，像《火锅英雄》《好先生》《小别离》《从你的全世界路过》等深受都市年轻人喜欢的电影中都可以看到江小白的影子；推出两季"我是江小白"动画；以动漫画风为基础，打造一系列经典文案，如，"怀旧不是过去有多好，而是那时正年轻""久别重逢总是举杯前一言不发，几杯后争说多年变化""曾经有多想告别天真、现在就有多想重拾简单"，每一句都是对生活小情绪的洞察，与年轻人产生共鸣。除此之外，江小白冠名和赞助文化节、越野摩托车锦标赛、国际涂鸦赛事等，向粉丝传递着"敬年轻、有态度"的品牌内核。江小白蹭热点的功力也是十分的"666"。2018 年，借助网剧《柒个我》的热播，推出"七重人格，为爱治愈"为主题的文案海报，分别以"骗子""大盗""老古董""超人""演员""逃犯""自己"的七重维度，来诠释我们每个人生活中时刻演绎着的"柒个我"。一张张水粉化的人物形象，配上直击心底的文案，准确戳中每个人的泪点。

思考与讨论：

（1）请搜集相关资料，分析江小白的品牌定位。

（2）结合案例谈一谈品牌定位后，如何推广宣传品牌定位。

4. 思考题

给自己定位

一个乞丐在地铁出口卖铅笔。这时过来一位富商，他向乞丐的破瓷碗里投入了几枚硬币便匆匆离去。过了一会儿，富商回来取铅笔，对乞丐说："对不起，我忘了拿铅笔，我们都是商人。"几年后，这位富商参加一次高级酒会，一位衣冠楚楚的先生向他敬酒致谢并告知说，他就是当初卖铅笔的乞丐。生活的改变，得益于富商的那句说：我们都是商人。

设想，如果乞丐一直没能遇到这样一位商人，自己一直未能觉醒，一直就甘心做乞丐，也许他的人生就少了一份成功。因此，自己要能给自己定位：你认为自己只能做乞丐，当然你就只能做乞丐；你认为自己也可以成为富商，你就得往这个方向努力，从而就具备了这种可能。

这个故事，对你有何启示呢？你能给自己准确定位吗？

知识点小结

STP 战略是现代市场营销战略的核心。STP 理论中的 S、T、P 这三个字母分别代表了市场细分、选择目标市场和市场定位。

市场细分是根据消费者对产品的需求、购买行为等方面的差异，把整体市场划分为若干个消费者群的市场分类过程。市场细分的影响因素有地理因素、人口因素、心理因素和行为因素。市场细分的目的是选择目标市场。

常见的目标市场营销战略有三种，分别是无差异营销战略、差异性营销战略和集中性营销战略。三种目标市场营销战略各有利弊，企业要充分考虑企业实力、产品差异性、市场差异性、竞争者，确定目标市场营销战略。能够成为企业目标市场的细分市场，必须具备三个条件：适当的规模和发展潜力、良好的吸引力、符合企业的目标和资源能力。企业要在一系列细分市场中选择最能有效服务、最有利可图的细分市场作为目标市场。

市场定位就是企业为产品在消费者心智中确定合理的位置。市场定位通过三步来进行：第一步，识别可能的竞争优势；第二步，选择核心竞争优势；第三步，准确传播定位，让定位深入人心。

USP 的内涵主要有三个部分：第一，对消费者提出一个购买本产品的理由；第二，该理由是其他竞争对手不能提出或不曾提出的；第三，该理由必须具有震撼力，具有足够的力量来吸引和感动消费者。USP 的三个要件对应的是产品、竞争、消费者三个层面。在产品层面，要有独特的利益卖点；在竞争层面，要有独一无二的占位；在消费者层面，要能足够吸引购买。

项目 5

满意才是硬道理——产品决策

项目目标：

能力目标
- 能够从产品整体概念角度剖析产品，树立现代服务理念
- 能够分析企业的产品组合，提出合理化建议
- 能够判断营销产品所处的生命周期阶段，并针对不同阶段提出不同的营销策略
- 能够根据企业经营的需要，提出新产品开发建议
- 能够树立品牌意识，运用品牌理论对企业所经营的产品进行品牌建设
- 能够灵活运用包装策略，对企业所经营的产品提出包装建议

知识目标
- 掌握产品的整体概念和产品分类
- 掌握产品组合策略
- 了解产品生命周期各阶段的特征和营销策略
- 了解企业新产品开发的程序
- 了解品牌与包装的作用
- 掌握品牌策略与包装策略

素质目标
- 培养诚实守信的良好品质
- 培养热情服务、实事求是、勇于开拓、善于创新的职业素养
- 树立质量意识，培养工匠精神
- 增进民族品牌自信，提高爱国主义精神和民族自豪感

项目内容：

产品是企业进行市场经营活动的主体。企业的一切市场营销策略都是围绕着如何以其产

品来满足社会需求这个中心进行的。因此，产品策略对企业来说极其重要，能否正确运用这一策略也直接关系到企业经营的成败。同时，产品策略是市场营销 4P 组合的核心，是价格策略、分销策略和促销策略的基础。

大学毕业生小李应聘到一家连锁水果超市做营销工作。因行业产品同质化严重，竞争激烈，虽有营业额，但效益并不理想。如何能够在激烈的市场竞争中站稳脚跟，并扩大市场份额？一年四季水果的种类、品种繁多，但每一种产品给企业带来的利润却存在很大差别，能否分门别类，采取不同的营销手段？人性有一个特点就是喜欢购买新的东西，那么，如何开发新产品，新产品的创意从哪来？怎样摆脱单纯的价格竞争？

市场营销理念下的产品策略是一套适合新时代营销者的方法论。小李决心对水果超市的产品进行潜心研究并加以改造，运用不同的产品策略打开市场。

项目分解：

任务 5.1 　认识产品的整体概念
任务 5.2 　最佳产品组合决策
任务 5.3 　分析产品市场生命周期
任务 5.4 　新产品研发
任务 5.5 　品牌决策
任务 5.6 　包装决策

任务 5.1 　认识产品的整体概念

5.1.1 　实训目标

学会识别产品，能够从产品整体概念的角度剖析产品，树立现代服务理念。

5.1.2 　实训内容

指定水果超市的某一产品，分析产品整体概念的五个层次，提出产品改进的合理化建议，以提升水果超市的竞争力。

5.1.3　实训指导

1. 产品是什么？

产品的概念可分为狭义概念和广义概念。

狭义的产品通常是指人们在生产过程中创造的、具有某种特定的物质形态和具体用途的劳动产物。其本质是站在生产者的角度对产品做了解释，因此狭义概念较为传统，不是很完整。

广义的产品是指能够提供给市场，用于满足人们某种欲望和需要的任何事物，包括实体产品、服务、场所、组织、思想、主意等。按照现代市场营销观念，应该站在消费者角度，从广义上去理解产品的概念，因此广义概念也称为产品整体概念。

2. 产品整体概念的层次

以菲利普·科特勒为首的北美学者倾向于将产品整体概念分为五个层次：核心产品、有形产品、期望产品、附加产品和潜在产品，如图 5-1 所示。

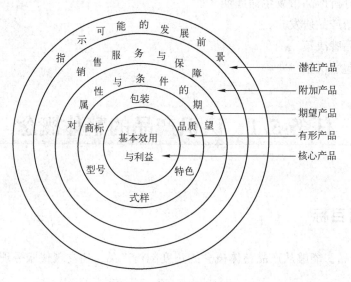

图 5-1　产品的层次结构

1）*核心产品*

核心产品也称为实质产品，是指消费者购买某种产品时所追求的基本效用或利益，是消费者真正想要买的东西，因此核心产品在产品整体概念中是最基本的，也是最重要的。消费者购买某种产品，并不是为了占有或得到产品本身，而是为了能够满足某种实际需要。

例如，在没有手机的年代，人们之间的联系常常是写信邮寄或者打座机电话，写信邮寄时效慢，不能及时收到消息，而接打座机电话有时不方便又很贵，所以当时人们希望有一个既能发短信，又能打电话的便于沟通的可移动产品，于是就出现了手机，而快速联络、便于沟通就成为其核心产品。核心产品是一个抽象的概念，核心产品必须通过产品的具体形式才能让消费者接受。再比如，人们购买电冰箱，并不是为了购买到装有压缩机、冷藏室、开关按钮的大铁箱，而是为了通过冰箱的制冷功能，使食物保鲜，提高人们的生活质量水平。

营销人员的任务就是要从满足消费者需求或欲望出发，了解消费者购买产品的真正目的，在开发产品、宣传产品时要明确产品会给消费者带来什么样的利益或者效用，使其更具有吸引力。

2）有形产品

有形产品也称形式产品，是核心产品借以实现的形式，即向市场提供的实体和服务的形象。任何产品都具有特定的外观形式，如果有形产品是实体品，则通常表现在产品的质量水平、外观特色、包装、品牌、式样等。

前面提到人们希望能发短信、打电话、可移动，由此第一部手机诞生。随着时代的发展，人们对生活质量的要求不断提高，手机也有了不同的品牌、式样、外观特色。例如，华为手机作为中国人的骄傲品牌，也推出了不同的系列，Mate 系列、P 系列、nova 系列，颜色也各式各样，以求更完美地满足消费者的需求。

有形产品是消费者选择产品最直观的依据，如果没有良好的形式产品作为保证，消费者要从核心产品获得利益满足就成为了一句空话。

3）期望产品

期望产品是指消费者在购买该产品时期望得到的与产品密切相关的一整套属性和条件。一般情况下，消费者在购买某种产品时，往往会根据以往的消费经验和企业的营销宣传，对所欲购买的产品形成一种期望。

例如，人们在购买手机时，期望得到的除了手机以外，还要有充电线、充电头、耳机、卡针等，而 iPhone12 手机，消费者在购买后发现其包装盒内并没有充电头和耳机，这引起广大消费者的不满。

消费者所得到的是购买产品所应该得到的，也是企业在提供产品时应该提供给消费者的。对于消费者来讲，在得到这些产品基本属性时，并没有形成太多的偏好，但是如果消费者没有得到这些就会非常不满意，因为消费者没有得到他应该得到的东西，即消费者所期望的一整套产品属性和条件。

4）附加产品

附加产品是指消费者在购买有形产品时所能得到的附加服务和附加利益的总和。其中包括提供信贷、免费运送、售后服务、设备安装、上门维修等。企业要满足消费者的某种需求，就应提供与满足该项需求有关的一切服务，只有向消费者提供具有更多实际利益、能更完美地满足其需要的附加产品，企业才能在日益激烈的市场竞争中取胜。

例如，小王最近刚刚装修完房子，需要买各式各样的家用电器，如空调、电视、冰箱、洗衣机等，就来到了大型商场选购。因为这些家电的体积过于庞大，小王无法一个人把他们带回家中，随后就找到了相应的服务人员，申请送货上门的服务。过了几天，小王发现冰箱的制冷效果不是很好，又找到了企业的相应维修人员，让其进行维修。免费运送和上门维修都属于附加产品。

美国市场营销专家李维特曾指出：现代企业竞争并不在于各公司能生产什么，而在于他们能为其产品增加些什么内容。

5）潜在产品

潜在产品是指现有产品包括所有附加产品在内的、可能发展成为未来最终产品潜在状态的产品，能满足消费者潜在需求的，尚未被消费者意识到，或者已经被意识到但尚未被消费者重视或消费者不敢奢望的一些产品。最好的例子就是彩色电视机可发展为电脑终端机。

潜在产品是产品整体概念当中的最高层次，很少企业能做到。如企业能做到这个层次，将形成绝对竞争优势，从而彻底击败所有竞争对手。这要求企业有超强的预测能力与长远的战略眼光。同时这也是建立在强大的财力与科研能力基础上的，例如微软公司。但也有许多公司未做好这个层次而陷入困境，失去大片市场，例如胶卷业的柯达，因为对未来摄影预测的失误从而拱手把大片摄影市场留给了数码业公司，损失惨重。谁能把握住潜在产品的发展方向，谁将取得市场先机。因此，企业应加大研发力度，不断推陈出新，走在行业的前端，以长远的眼光与超强的预测能力实现企业的可持续发展。

3. 产品整体概念对市场营销管理的意义

产品整体概念是对市场经济条件下产品概念的完整、系统、科学的表述，它对市场营销管理的意义表现在如下几点。

1）产品整体概念是以消费者基本利益为核心指导整个市场营销管理活动，是企业贯彻市场营销观念的基础

企业市场营销管理的根本目的就是要保证消费者的基本利益。概括起来，产品整体概念正式明确地向产品的生产经营者指出，要竭尽全力地通过有形产品、附加产品、期望产品、潜在产品去满足核心产品所包含的一切功能和非功能的要求，充分满足消费者的需求。可以说，不懂得产品整体概念的企业不可能真正贯彻市场营销观念。

2）企业只有通过产品五层次的最佳组合，才能确立产品的市场地位

营销人员要把对消费者提供的各种服务和产品看作一个整体。由于科学技术在当今的社会中能以更快的速度扩散，也由于消费者对切身利益关切度的提高，使得产品以独特形式出现越来越困难。尤其是国内消费者在购买家电产品时，对于不少缺乏电器专业知识的消费者来说，判别家电产品的质量可靠性，往往是以包装好坏作为决策的依据。对于营销人员来说，产品越能以一种消费者易觉察的形式来体现消费者购物选择时所关心的因素，越能获得好的产品形象，进而确立有利的市场地位。

3) 产品差异构成企业特色的主体，企业要在竞争中取胜，就必须致力于在五个层次上创造自身产品的特色

不同产品项目之间的差异是非常明显的。这种差异或表现在功能上，如海底捞与普通火锅店之别；或表现在设计风格、品牌、包装的独到之处，甚至表现在与之相联系的文化因素上，如各种服装的差异。总之，在产品整体概念的五个层次上，企业都可以形成自己的特色，与竞争产品区别开来。随着现代市场经济的发展和市场竞争的加剧，企业所提供的附加利益在市场竞争中也显得越来越重要，国内外许多企业的成功，在很大程度上应归功于他们更好地认识到服务等附加产品在产品整体概念中的重要地位。

4. 产品分类

在现代市场营销观念下，每一个产品类型都有与之相适应的市场营销组合策略。所以，要制定科学的市场营销策略就必须对产品进行科学的分类。根据不同特征可以将产品划分为不同类别，产品的多样化也导致产品分类的多样化，但通常可以根据以下两种方法来对产品进行分类。

1) 按产品的耐用性和有形性划分

（1）非耐用品

非耐用品是指在正常情况下使用一次或几次即被消费掉的有形物品。例如，食品、牙膏、化妆品等。由于非耐用品消费周期短，消费者需要经常性地重复购买，所以售价不会太高，利润也不会太大，企业应利用广告宣传等营销方式使消费者形成购买习惯。

（2）耐用品

耐用品是指在正常情况下能够多次使用的物品。例如，汽车、冰箱、洗衣机、住房等。由于耐用品消费周期长，不需要经常性地购买，故售价较为昂贵。消费者在购买耐用品时，往往会从多方面考虑其产品的特性，如质量、价格、服务等。企业应保证产品质量、售后等一系列服务，确保消费者没有后顾之忧，这样才能促使更多消费者购买。

（3）服务

服务是指通过销售的方式提供的活动或利益。例如，理发、教育等。服务是无形的，通常要重复消费，所以企业要对相应人员进行培训，注重人员的服务质量和信誉。

2) 按消费特点划分

（1）日用品

日用品又称便利品，是指消费者日常生活所需的、即买即用的各类消费品。日用品通常需要重复购买。消费者在购买这类产品时，通常不愿意花更多的时间来比较价格和质量，多数是就近购买。因此，企业在进行日用品的营销活动时，应更多注意分销范围的广度和经销网点的合理分布，以便满足消费者及时方便购买的需要。例如麦当劳快餐连锁店，甚至计算过能捕捉到最大销售概率的快餐店相邻的最佳距离，并以此为依据来设立销售网点，以满足顾客的日常购买所需。

另外，营销人员还需要对日用品经常地作提醒性广告，以培育消费者的品牌偏好或增加

消费者对企业产品品牌的熟悉程度。消费者为求购买方便，往往会选择其熟悉的品牌购买，因为购买熟悉的品牌显然要比选择一个生疏品牌省力得多。

（2）选购品

选购品是指消费者为了购买合意的物品，往往需要花费较多的时间对产品的样式、价格、质量等特性进行了解和研究后才购买的产品。可以说，大部分消费品都属于这一范畴，如冰箱、家具、服装等。选购品又可以分为同质品和异质品。

同质品是指消费者认为在产品属性上，如质量、外观等方面没有差别的产品。这类产品对于消费者来说，之所以有选购的必要，是因为消费者认为通过自己的"购买努力"，可以找到市场上价格最低的产品成交。所以消费者对这类产品的选购，实际上是消费者在市场中进行"价格寻租"活动。对经营同质品的企业来说，可利用价格作为有效的促销工具，最大程度地满足消费者实现"最合算"的购买要求。

异质品是指消费者认为在产品属性上具有较大差别的产品，如服装。异质品对于消费者来说，产品的差异比价格的差异更为重要。同样质料制作的服装，消费者可能购买了价格昂贵的而没有挑选价格便宜的，往往是由于喜欢该服装的样式。经营异质品的企业，就需要更为重视产品的花色品种、特色和质量，以满足消费者选购产品时所重点关心的或注意的因素。营销人员对选购品提供的售前、售中、售后服务，也应比日用品更多一些。

（3）特殊品

特殊品是指消费者对其拥有特殊偏好并愿意花费较多的时间和精力去购买的产品。通常情况下，各类古董、字画及纪念品等都属于特殊品的范畴。消费者在购买特殊品时，通常都对产品有所认识，都对特殊品的品牌和性质有所了解。因此，企业应注重品牌的创建，培养消费者对品牌的忠诚度，以扩大自身产品的市场份额。

另外，企业通过市场努力或市场创造活动，可以将一些原属于方便品、选购品的产品培育成特殊品，使自己的产品附加上营销价值。特殊品对于消费者来说，并不涉及产品的比较问题。消费者在购买活动中所做的购买努力，往往在于是想要购买到正宗真实的产品，因此购买者需要花时间对产品进行"身份确认"。经营特殊品的营销企业应该更多地采取独家经销、特许委托或专门委托的经销方法，以使消费者能够有效地对产品"验明正身"。

（4）非渴求品

非渴求品是指消费者不知道或者虽然知道但却没有很大的购买兴趣的产品。这类产品中最为典型的是殡葬用品。通常来说，初期上市的新产品对于其潜在购买者来说，就是非渴求品。因为这类产品，消费者对其不熟悉或完全不了解，所以，就不会有购买欲望。如果企业经销的是这类产品，仅凭一般的广告说服是难以获得消费者的。营销非渴求品的企业，要做创造市场需求的工作，或采取有效的措施刺激市场需求。也就是说，需要企业作出大量的需求创造或是推销努力，使消费者尽快地了解你的产品，熟悉你的产品，进而产生消费欲望。

5.1.4　实训步骤与成绩评定

1. 实训步骤

第一步，分组讨论。指定水果超市的某一产品，四人一组，以小组为单位讨论产品整体概念的五个层次。

第二步，从产品的整体概念角度，提出产品改进的合理化建议，以提升水果超市的竞争力。

第三步，小组汇报。

第三步，小组间互评，教师点评。明确产品差异和竞争可以从多个维度进行，价格不是竞争的唯一手段。

2. 成绩评定

成绩评定的要求见表 5-1。

表 5-1　考核要求及评分标准

考核内容	考核要求及评分标准	分值
产品整体概念	对产品五个层次的理解准确、到位	20
	能够从产品整体概念角度提出产品改进的合理化建议	20
	建议具有可操作性	20
	建议具有创新性	20
团队汇报	团队分工明确，汇报精彩	20

5.1.5　课后练习

1. 选择题

（1）从产品的整体概念来看，核心产品是指产品的（　　　）。

A. 基本效用和利益

B. 质量

C. 品牌

D. 服务

（2）顾客在购买商品时同时获得产品说明书和送货、安装等服务，属于（　　　）。

A. 核心产品

B. 有形产品

C. 期望产品

D. 附加产品

E. 潜在产品

（3）产品的款式、颜色、包装、品牌，属于（　　　）。

A. 核心产品

B. 有形产品

C. 期望产品

D. 附加产品

E. 潜在产品

2. 判断题

（1）企业高层领导人员如果没有产品整体概念的认识，就不可能有现代市场营销观念。（　　　）

（2）剥开产品华丽的外衣，始终最关键的是产品核心利益的极致。（　　　）

（3）产品整体概念的核心与外延都是以满足消费者需求为出发点的。（　　　）

（4）有形产品是核心产品借以实现的形式。（　　　）

3. 案例分析题

一杯咖啡的价格相差如此之大

有人曾对咖啡做过销售试验，发现如下有趣的现象：当咖啡被当作普通的产品卖时，一杯可卖 5 元；当咖啡被包装为精美商品时，一杯就可以卖到 10～20 元；当其加入了服务，在咖啡店中出售时，一杯最少要几十元；但如果能让咖啡成为一种香醇与美好的体验，则一杯就可卖到百元甚至是好几百元。

思考与讨论：

同样是咖啡，当销售方式发生变化时，其价格为什么有如此大的变化？请从产品层次来分析上述资料。

4. 思考题

日本资生堂是一家生产化妆品的著名企业，然而，其负责人却说：本公司推销的不是化妆品，而是美丽。这位负责人的观念是否正确？请从产品层次来分析。

任务 5.2　最佳产品组合决策

5.2.1　实训目标

了解产品组合，掌握产品组合调整策略，提高产品组合决策能力。

5.2.2　实训内容

指定某一大型水果超市，搜集相关资料，分析该水果超市产品组合的宽度、长度、深度和关联度。利用波士顿矩阵法，尝试为该水果超市的产品进行最佳产品组合分析，并根据产品所处的状况，指出如何调整投资组合策略。

5.2.3　实训指导

任何一个企业提供给市场的都不是单一的产品，而是许多产品的组合，企业需要对其全部产品的组合方式做出决策。为此，需要先明确几个概念。

1. 产品组合的基本概念

产品组合，是指企业所经营的全部产品项目和产品线的有机结合。不论是制造产品的生产企业，还是销售产品的批发零售企业，都生产或经营着许多产品，它们通常包括若干个产品线，每一个产品线又包括许多产品项目。由此可见，产品组合是企业生产或经营产品的范围。

产品线，又称产品大类，是指产品在技术上和结构上密切相关，具有相同、相似或相关使用功能，规格不同而满足同一目标消费群需求的一组系列产品。例如，某一家电企业同时生产电视机、洗衣机、冰箱、空调四大类家电产品，即有四条产品线。一条产品线就是一个产品类别，产品线由若干产品项目组成。

产品项目，是指企业生产和销售的产品线内不同品种、规格、质量和价格的某一特定产品。例如，冰箱产品按照规格、款式、功能、价格等因素制造的每一款具体产品，即一个产品项目。

2. 产品组合的选择

不同的产品系列和产品项目可以构成不同的产品组合。企业为了自身的发展和更好地满足消费者需要，可以根据自身条件、服务对象和竞争状况，选择恰当的产品组合。产品组合的选择，可从产品组合的宽度、长度、深度、关联度四个方面进行研究。

1）选择产品组合的宽度

产品组合的宽度又称产品组合的广度，是指企业拥有不同产品线的数目多少。拥有的产品线越多，其产品组合就越宽；产品线越少，其组合就越窄。

选择产品组合的宽窄是各有利弊的。如果选择比较宽的产品组合，其优点是可以使企业充分发挥资源潜力，降低各类产品总成本，扩大市场面，增加销售额和利润额，同时也就分散和降低了企业的风险，增强了企业的应变能力；其缺点是铺大了摊子，若企业的管理水平跟不上，则容易造成经营上的混乱和顾客的不满，反而降低了信誉和经济效益。

如果选择比较窄的产品组合，其优点是可以使企业集中力量提高产品质量，扩大产品批量，降低产品成本，加快资金周转，增强企业盈利，也有利于提高专业化水平和服务质量；其缺点是不利于分散风险和提高应变能力。

2）选择产品组合的长度

产品组合的长度是指企业的产品组合中所包含不同规格的所有产品项目的总和。用产品项目总和除以产品线的数目，就得到该产品组合的平均长度。

3）选择产品组合的深度

产品组合的深度是指一条产品线上每一产品包含的不同花色、规格、尺码、型号、功能、配方等的产品项目数目的多少。产品线中产品项目越多，产品组合越深；反之，产品组合则越浅。

如果选择比较深的产品组合，产品品种多，就可以满足更多的消费者的各种各样的需求和提高企业的应变能力，但往往导致成本的提高。

如果选择比较浅的产品组合，产品品种少，可以适应少数顾客大批量订货的需要，有利于降低成本和发挥企业专长，但是，企业的应变能力则要相对降低。

4）选择产品组合的关联度

产品组合的关联度是指企业各类生产线在生产条件（原材料、设备、技术）、最终用途、销售渠道或其他方面相互联系的紧密程度。例如，生产冰箱和空调的产品组合，比生产冰箱、电视机的产品组合的关联度要强。

一般来说，中小企业加强产品组合的关联性是比较有利的，它有利于增强企业的市场地位，提高企业的专业化水平和声誉，也有利于提高企业的经营管理水平。但是，某些综合性经营的大企业，企业内各个产品线之间的关联性有的很小，但产品线内的深度比较深，只要企业素质好，经营管理水平高，经济效益仍然很好。例如，日本的综合商社经营的产品，从面条到高级军械，无所不包。这种超大型企业不仅产品组合深度深，而且产品组合广度宽，是专业化经营和综合化经营的高度结合的典型。

总的来说，企业增加产品组合的宽度、长度、深度和关联度，要受到企业资源条件、市场需求和竞争条件三方面的限制。

目前，市场竞争日益激烈，一方面市场要求发展小批量、多品种的生产，以适应顾客需求的变化；另一方面又希望发展专业化生产与协作，以适应社会化的大生产和降低成本的要求。因此，企业的经理人员要善于调和二者之间多方面的矛盾，结合市场预测和企业经营目标，适当调整产品组合的三个因素，既要使产品形成一定系列，不搞万能化；又要根据顾客需要，确定多品种经营方式。在提高企业和社会经济效益的前提下，寻找比较合理的或最佳的产品组合。

3. 最佳产品组合

产品组合状况直接关系到企业销售额和利润水平，企业必须要经常对现行产品组合进行分析、评估、调整，力求始终保持最佳的产品组合。

最佳产品组合是指能给企业带来长期、最大盈利的产品组合方式。

最有名的分析方法是四象限评价法，也叫作波士顿矩阵法。这是20世纪70年代初由美国波士顿咨询集团创立的。该策略的基本思想是，将本企业的系列产品按相对市场占有率和市场销售增长率进行矩阵分类，依据它们在矩阵中的位置，把它们分别称作明星产品、金牛产品、问题产品和狗类产品。

图5-2中，横坐标为相对数，表示的是"相对市场占有率"，相对市场占有率是指本企业产品市场占有率与该市场最大竞争者的市场占有率之比。假定1.0为分界线，大于1.0为高市场占有率，小于1.0为低市场占有率。

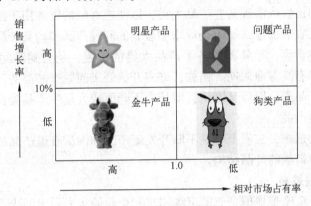

图 5-2 波士顿矩阵图

图5-2中，纵坐标为"销售增长率"，销售增长率是指产品销售后的增加额占原销售额的比率。假设以10%为分界线，大于10%为高增长率，小于10%为低增长率。

该矩阵图把企业的产品大类分为四个类别，即明星产品、金牛产品、问题产品、狗类产品。

明星产品是典型的耗费现金的产品。此类产品销售增长率比较高，深受广大消费者欢迎，销路好，获利大，有发展前途。但因为其增长快，需要较多的资金去促销。随着增长率逐渐减慢，而变成金牛产品。

金牛产品也称奶牛类、厚利类产品。喻为吃进去的是草，挤出来的是奶。这类产品销售增长率不高，但市场占有率比较高，有稳定的市场，是企业利润的主要来源，能为企业提供大量收入。这类产品处于成熟期，所需要的投资少。

问题产品的市场占有率较低，销售额不大，但销售增长率较高。它们多半是进入市场不久的新产品，虽然有较高的销售增长率，但并不意味着开发成功，必须要注意改进和促销，故需要大量资金。顺利或成功的话，可发展成明星产品，如增长率下降，则会成为狗类产品。

狗类产品的市场占有率和销售增长率均处于较低水平，它们可能是开发失败的新产品，也可能是过时产品，这类产品如无向金牛产品发展的可能，应予以淘汰。通常属于生命周期已临衰亡期的产品。

企业在考虑调整原有投资组合时，通常有四种可供选择的策略。

第一，发展。即增加产品大类的市场占有率和销售增长率。但这需要的投资较多，只适用于问题产品。因为这些产品如果在市场占有率方面有较大的提高，就可能一跃成为明星产品。

第二，维持。即保持产品大类的市场占有率。适用于有大量现金收入的金牛产品。

第三，收缩。即追求产品大类的短期现金收入，做法类似竭泽而渔。适用于环境不佳的金牛产品，也可用于问题产品或狗类产品。

第四，放弃。即出售或清理某些产品大类，以便把有限的资源用于经营效果好的产品大类。这适用于那些无发展前途或妨碍企业增加盈利的问题产品和狗类产品。

作为管理者还应看到，矩阵图中各个产品大类的位置，是会随时间的推移而发生变化的。因为任何产品都有其寿命周期。比如，许多开始处于问题产品类的产品大类，一旦经营成功则可挤入明星产品类；以后又因销售增长率下降而成为金牛产品类；最后由于进入寿命的衰落期而沦为狗类产品。

最佳产品组合的选择，实质上就是不断开发新产品和淘汰衰退产品的过程，在企业的发展和变化中经常保持最优的产品结构。

4. 产品组合调整策略

企业的产品组合策略是根据企业的市场需求和企业的实力做出的决策。企业决定调整产品组合时，根据情况的不同，可选择以下策略。

1）扩展产品组合策略

扩展产品组合即拓展产品组合的广度和深度，在目前的经营范围内，增加新的产品线和产品项目，搞多品种经营，扩大企业的经营范围。一种是关联扩展，即增加与现有产品线相关的产品，如肥皂厂在肥皂产品线之外增加洗衣粉、清洁剂等产品线；另一种是无关联扩展，即增加与现有产品线无关的产品，如香皂厂增加珠宝首饰产品。

2）缩减产品组合策略

缩减产品组合即减少产品组合的广度和深度，在目前的经营范围内，剔除那些进入衰退期的亏损产品、无发展前途的产品，以及市场不景气的或能源、原材料供应紧张的一些次要的产品项目，以缩小经营范围，集中资源发展获利多的产品线和产品项目。

3）产品线延伸策略

产品线的延伸主要针对产品的档次而言，具体的延伸策略有向下延伸、向上延伸、双向延伸。

（1）向上延伸

企业原来生产经营中、低档产品，逐渐增加高档产品项目。例如，泸州老窖集团开发的"国窖 1573"品牌，郎酒集团开发的"红花郎"品牌，都是属于向上延伸。

（2）向下延伸

企业原来生产经营高档产品，逐渐增加中、低档产品项目。例如，茅台集团在茅台高端酒的基础上，开发了"茅台王子酒""茅台迎宾酒等"21 款中档酒品牌。

（3）双向延伸

企业原来生产中档产品，在具有了一定的市场优势后，同时增加高档产品和低档产品项目。例如，格兰仕既向下延伸，开发了迷你小电锅；又向上延伸，开发了高端智能电饭煲等产品。

应该指出：无论采用向下延伸、向上延伸还是双向延伸策略，都存在一定的风险。这是因为，在高档产品线中推出低档产品，容易损坏高档产品市场甚至企业的形象；而在中低档产品线中推出高档产品，则难以树立高档产品的独特形象；而双向延伸则二者缺点可能兼而有之。

5.2.4　实训步骤与成绩评定

1. 实训步骤

第一步，调查。详细列出某大型水果超市全部产品的目录，通过咨询、搜集信息，获得一手及二手资料。

第二步，梳理。根据所获资料，阐明水果超市产品组合的宽度、长度、深度及关联度。

第三步，总结汇报。形成产品组合调查报告，并由教师进行点评。

第四步，波士顿矩阵法演练。假设该大型水果超市包括五个战略业务单位（有关数据见表 5-2），试以波士顿咨询集团的方法对各战略业务单位进行投资分析，这些业务单位应分别采取什么投资策略？（要求计算、作图、分析。）

表 5-2　某大型水果超市战略业务单位的有关数据

战略业务单位	销售额/百万元	行业最大或第二大销售额/百万元	销售增长率/%
A	0.2	1.0	18
B	0.3	0.7	2
C	1.2	0.8	20
D	3.2	0.64	12
E	1.6	0.53	4

2. 成绩评定

成绩评定的要求见表 5-3。

表5-3 考核要求及评分标准

考核内容	考核要求及评分标准	分值
产品组合相关概念	搜集的调查资料真实有效	20
	产品组合的宽度、长度、深度、关联度分析准确	20
	汇报逻辑清晰，表达清楚	20
最佳产品组合分析	正确掌握波士顿矩阵法的运用	40

5.2.5 课后练习

1. 选择题

（1）产品组合是指一个企业提供给市场的全部（　　）和（　　）的组合，即企业的业务经营范围。

A. 产品线

B. 产品规格

C. 产品项目

D. 以上都不是

（2）产品组合的宽度是指产品组合中所拥有（　　）的数目。

A. 产品项目

B. 产品线

C. 产品种类

D. 产品品牌

（3）产品组合的深度是指（　　）。

A. 产品线的多少

B. 产品项目的多少

C. 产品线的关联程度

D. 产品大类的多少

（4）既讲产品组合深度，又讲产品组合宽度的商店是（　　）。

A. 烟杂店

B. 专业店

C. 综合百货

D. 小商场

（5）具有较高增长率和较高市场占有率的一类产品是（　　）。

A. 问题产品

B. 明星产品

C. 金牛产品

D. 狗类产品

2. 判断题

（1）产品组合是指企业制造或经营的全部商品的有机构成方式。（　　）

（2）"明星类"的战略业务单位是高市场增长率和低相对市场占有率的单位。（　　）

（3）最佳产品组合的选择，实质上就是不断开发新产品和淘汰衰退产品，在企业的发展和变化中经常保持最优的产品结构。（　　）

（4）品牌向下延伸有利于提升品牌形象。（　　）

3. 案例分析题

芭 比 娃 娃

美国马特尔公司的芭比娃娃自1959年投放市场以来，畅销不衰。该公司延长芭比娃娃产品成熟阶段的成功经验：一是瞄准社会热点职业，不断更新芭比娃娃的服装，如从问世之初的时装模特，到后来的律师、企业家、医生、飞行员等；二是不断开发衍生产品，这使得很多美国家庭三代都钟爱芭比娃娃。

一天，一位父亲花了10.95美元购买了一个芭比娃娃作为生日礼物赠送给女儿，他很快就忘记了此事。过了几天，女儿对父亲说："芭比需要新衣服。"原来，女儿在包装盒里发现的商品供应单提醒小主人说，芭比应有自己的一些衣服。父亲想，让女儿在给洋娃娃穿衣服的过程中得到某种锻炼，再花点钱也是值得的。于是他花了45美元，买回了"芭比系列装"。

过了一个星期，女儿又说得到商店的提示，应当让芭比当"空中小姐"，还说一个女孩在她的同伴中的地位取决于芭比的身份，还噙着眼泪说她的芭比在同伴中是最没"范儿"的。于是，父亲又掏钱买了空姐衣服，接着又是护士、舞蹈演员的行头。这一下，父亲的钱包又少了35美元。

然而，事情还没有完。有一天，女儿得到"信息"说她的芭比喜欢上了英俊的"小伙子"凯恩。不想让芭比"失恋"的女儿央求父亲买回凯恩娃娃。望着女儿腮边的泪珠，父亲还能说什么呢？于是，他又花费11美元让芭比与凯恩成双结对。

洋娃娃凯恩进门，同样附有一张供应单，提醒小主人别忘了给可爱的凯恩添置衣服、浴池、电动剃须刀等物品。没有办法，父亲又一次解开了钱包。

事情总该结束了吧？没有。女儿宣布芭比与凯恩准备"结婚"，为了不给女儿留下"棒打鸳鸯"的印象，父亲忍痛破费让女儿为婚礼"大操大办"。父亲想，这下女儿总该心满意足了。谁知有一天，女儿又收到了商品供应单，说她的芭比和凯恩有了爱情的结晶——米琪娃娃。这让父亲哭笑不得。

思考与讨论：

（1）马特尔公司制定了什么样的产品策略？谈谈你的感想。

（2）芭比娃娃系列产品是如何推出的？芭比娃娃系列产品是如何开发的？

任务 5.3　分析产品市场生命周期

5.3.1　实训目标

准确认识产品市场生命周期，掌握产品市场生命周期各阶段的特征和营销策略，提升营销决策能力。

5.3.2　实训内容

分析水果超市各品种产品生命周期，根据产品所处市场生命周期阶段，制定相应的营销策略，提升产品在市场上的竞争力，提高企业的经济效益。

5.3.3　实训指导

1. 产品生命周期的概念

这是现代市场营销学的一个非常重要的概念。所谓产品市场生命周期是指一个新产品试制成功以后，从投入市场到被市场淘汰为止的整个发展过程，一句话，就是指产品从上市到落市的时间间隔。

产品市场生命周期是以企业销售额和所获得的利润额的变化来衡量的。在一般情况下，可以划分为四个阶段，如果以时间为横坐标，以销售额和利润额为纵坐标，则可描绘成如图 5-3 所示的曲线图。这是人们通过观察各种产品在市场上的变化规律而总结出来的一条理论曲线。

投入期即新产品导入市场阶段；成长期即产品被市场接受、销售迅速增长阶段；成熟期即市场饱和、销售增长渐趋平缓、乃至出现下降趋势的阶段；衰退期即销售下降阶段。

正确理解产品市场生命周期，必须掌握以下几个问题。

1) 产品市场生命周期和产品使用寿命是两个完全不同的概念

产品市场生命周期是指产品的经济寿命，而产品使用寿命是指产品的自然寿命。

产品的市场生命是指一种产品从投入市场到被淘汰的时间间隔，它是抽象的、无形的。产品的市场生命长度是由消费者需要和爱好的变化、技术进步、产品竞争这三种力量决定的。

产品的使用寿命是指产品的具体物质形态变化，指产品实体的消耗磨损，它是具体的、

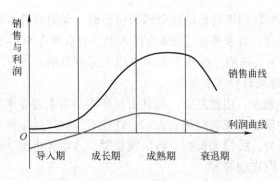

图 5-3　产品市场生命周期曲线图

有形的。产品的使用寿命长度是由消费过程中的使用时间、使用强度、维修保养等因素决定的。

2）产品市场生命周期是针对某类产品的某个品种而言的

产品生命周期和产品所属的范围有直接关系。根据所属范围，产品可分为产品种类、产品品种和产品品牌三种。例如，电视机、洗衣机属于产品种类；等离子彩电、滚筒洗衣机、波轮洗衣机属于产品品种；长虹牌电视机、海尔洗衣机则属于产品品牌。

产品种类具有最长的生命周期，有许多产品种类已经成为公众的必需品，如钢铁、汽车等。人们目前还无法预见它们的市场生命周期何时结束，可能在市场上还要无限期延长下去。但作为某一品种，在竞争中则会不断地被新品种所代替，从而结束其市场生命周期。所以说，产品品种的销售历史表现为最典型的生命周期过程。为此，它是产品生命周期阶段划分进行分析研究的重点。至于产品品牌因企业采取策略的变化，会影响销售额和市场占有率的显著变化，往往在成熟期以后还可能出现另一个快速成长型，常呈现出不规则的状态，突升骤降、变幻莫测。

3）产品生命周期阶段的划分

从理论上讲，要想完整地描述产品市场生命周期曲线，必须在该产品已被市场淘汰后，把该产品从投入市场到被市场淘汰全过程的销售资料整理出来。然而，这时对企业的市场营销决策已无任何实际意义。

如何对产品市场生命周期各阶段进行划分，如何判断本企业某种产品究竟处于生命周期的哪一阶段？这是一个带有很大随机性的问题，也是企业营销活动中面临的一个难题。在实际应用中，通常采用下述几种方法。

一是类比判断法。就是和较早投入市场的同类产品作对比，以判断产品处于生命周期的哪个阶段，并根据已掌握的信息，预测各阶段的延续时间与增长速度。

二是销售增长率比值法。通过观察销售量的变化来判断商品正处于生命周期的哪个阶段。销售增长率的值，从销售始点起增长不足 10% 时，为导入期；销售增长率的值，大于10% 时，进入成长期；销售增长率的值，从 10% 以上的增长速度减缓下来，处于 0.1%~

10%之间时，属于成熟期；销售增长率的值转为负值时，则商品进入衰退期。

三是产品的普及率法。普及率小于5%为投入期；普及率在5%～50%之间为成长期；普及率在50%～90%之间为成熟期；普及率在90%以上为衰退期。

4）产品生命周期阶段的特殊表现形式

市场上的产品种类繁多，用途复杂，而且市场环境和需求偏好多变，产品生命周期四个阶段的划分，只是一种理想化或典型化的表示。往往有一些产品生命周期过程表现为某种特殊曲线，比如快速成长型、缓慢成长型、再次成长型、入市夭折型、峰崖型、平顶型、斜坡型、波浪型、更替型、改进型等。

种种特殊曲线形态，并不是对产品生命周期理论的否定，相反，恰好可以说明产品生命周期理论对企业的市场营销管理具有重要的意义。

5）产品生命周期的曲线是一条理想曲线

在现实生活中，各种产品总销售额的发展，都表现为锯齿形，因此，不要一见到某一年总销售额下降，就认为产品已进入衰退期；也不要一见到某年总销售额上升，就认为产品处于成长期，而是要看总的发展趋势。

2. 产品生命周期各阶段的特征及营销策略

1）投入期（引入期、介绍期）

这阶段的主要特点是：第一，生产批量小，制造成本高；第二，产品要宣传，广告费用大；第三，产品售价常常偏高；第四，销售量有限，通常不能获利或获微利。

这一阶段市场营销策略的重点是，应使产品尽快尽早地为消费者所接受，缩短产品的导入时间，要把握一个"快"字。主要策略是：一方面在企业内部加强工艺管理，保证产品质量，形成批量生产能力；另一方面，根据市场接受水准，制定灵活适宜的市场策略。投入期的市场营销第略可从价格和促销两方面因素考虑，按价格-促销矩阵有以下四种策略可供选择。

（1）快速取脂策略

又称高价格高促销策略。企业以高价和用大量促销费用来推销某种新产品，以加速市场渗透。这种"双高"策略，在短期可以收回开发新产品的投资，引起消费者注意，唤起购买欲望。

（2）缓慢取脂策略

又称高价格低促销策略。即企业以高价和少量促销费用来推销某种新产品，以便取得更多的利润。

（3）快速渗透策略

又称低价格高促销策略。即企业以低价和用大量促销费用来推销某种新产品，以最快的速度进行市场渗透和提高市场占有率。这是一种大刀阔斧和放长线钓大鱼的做法。该策略如获成功，企业会迅速发展，但风险较大，一旦失败，亏损难以弥补。

（4）缓慢渗透策略

又称低价格低促销策略。即企业以低价和用少量促销费用推销某种新产品，以促使消费者迅速接受该产品，节省费用，增加盈利。它是以低价实惠去赢得顾客，占领市场，是一种立足长远发展的策略。

2）成长期（畅销期）

这阶段的主要特点是：第一，销售额迅速上升；第二，销售成本大幅度下降；第三，利润迅速增长；第四，同行竞争者开始仿制这类产品，市场上开始出现竞争。

成长期是产品迅速普及的阶段，应重点把握一个"好"字，保持较高的市场占有率和较快的增长率。应采取的市场策略有：

① 努力改进产品的质量、性能、色彩、式样，以满足和适应消费者的要求，增强市场竞争能力；

② 积极地寻找新市场或新的细分市场，并及时地渗入；

③ 积极地开发新的销售渠道，使产品的销售面更为广泛；

④ 加强品牌宣传，广告宣传要从介绍产品转向树立产品形象，争取创立品牌；

⑤ 选择适当时机降低售价，以吸引对价格敏感的潜在买主，便于限制竞争者加入；

⑥ 研制第二代产品，为产品的更新换代作准备。成长期时，一代在生产，二代在研制，三代在构思；进入衰退期时，二代进入成熟期时，三代进入成长期。保持产品的销售额、利润额不受影响。

3）成熟期（饱和期）

这阶段的主要特点是：第一，销售量已接近最高点；第二，利润已达到最高点，并开始下降；第三，市场竞争较为激烈，企业与企业之间广告战、削价战层出不穷。

这一阶段市场营销策略的重点是，千方百计延长产品的生命周期，维持和扩大市场份额，要把握一个"争"字。应采取如下市场策略。

（1）市场改革策略

即开发新的市场或新的市场面，为产品寻求新的消费者。主要有以下三种形式。

一是发展产品的新用途，寻求新的消费者。

二是开辟新市场，新市场是相对原有市场而言的。如果产品原有市场在本省、本国，则外省、外国就是新市场。国外工业发达国家的通常做法是把已处成熟期甚至衰退期的产品向发展中国家转移。

三是刺激现有的消费者增加使用率。康师傅矿物质水定位是靠销量和低价占领市场，通过提升人均饮用量，由原来的一天本来喝两瓶，变成一天喝三瓶，提高销量。又如对牙膏的使用，宣传每天早晚刷牙，饭后漱口，才能有效地保持口腔卫生。

（2）产品改革策略

是指企业对成熟期的产品作某种改进而吸引新的消费者，以提高销售量的各种方式。主要有四种形式：质量改良，侧重于增加产品的功能；特性改良，提升产品的耐用性、可靠性、适用性、安全性、方便性；形态改良，也称外形改进或式样改良；服务改良。

（3）市场营销组合改革策略

即调整某种营销组合的因素，如改进包装、降低价格、加强服务、改进广告宣传、开辟多种销售渠道等，以渗入市场，以刺激增加销售量。

4）衰退期（滞销期）

这阶段的主要特点是：第一，产品的需要量、销售量迅速下降；第二，利润减少或亏损；第三，竞争对手纷纷退出，价格下降到最低水平。

这一阶段市场营销策略的重点是掌握时机，调整市场，要把握一个"转"字。应采取如下市场策略。

（1）连续策略

继续沿用以往的营销策略，保持原有的目标市场和销售渠道，任其自然发展，企业不主动出击，自耗实力。

（2）集中策略

"孤注一掷"式，企业简化产品线，缩小经营范围，把人力、物力、财力集中到最有利的产品上去，从最好的目标市场和销售渠道上获得利润。同时，收缩广告规模及其他促销活动，保留良好而有效的少数经销商。

（3）榨取策略

采用"急功近利，能赚一点是一点"的方式，大量降低销售费用，精减推销人员，大批量廉价处理产品，在产品被淘汰中获得一定的利润。通常作为停产前的过渡策略。

（4）转移策略

企业停止处于衰退期商品的生产，出卖或转让产品商标及存货，使企业资源有秩序地转向新的经营项目。

5.3.4　实训步骤与成绩评定

1. 实训步骤

第一步，判断水果超市各品种产品所处的市场生命周期阶段。

第二步，分析水果超市各品种产品市场生命周期阶段的特征。

第三步，分析水果超市各品种产品市场生命周期阶段的营销策略。

第四步，小组讨论后派出代表在全班同学面前进行汇报演示。

2. 成绩评定

成绩评定的要求见表5-4。

表5-4　考核要求及评分标准

考核内容	考核要求及评分标准	分　值
产品市场生命周期的划分	能够准确判断产品所处阶段	10

续表

考核内容	考核要求及评分标准	分 值
产品市场生命周期各阶段的特点	描述清晰、准确	20
产品市场生命周期各阶段的营销策略	营销策略有的放矢，有创新性，有可行性	30
团队汇报	团队分工明确，合作完成任务	20
	汇报完整，表达流畅	20

5.3.5 课后练习

1. 选择题

(1) 产品生命周期由 (　　) 的生命周期决定。

A. 企业与市场

B. 需求与技术

C. 质量与价格

D. 促销与服务

(2) 如何处理好价格与促销的关系，按价格—促销矩阵有四种策略可供选择，其中属于高价的是 (　　) 和 (　　)。

A. 快速取脂

B. 缓慢取脂

C. 快速渗透

D. 缓慢渗透

(3) 企业以高价配合高强度的促销向市场推出新产品，这一策略可称为 (　　)。

A. 快速渗透策略

B. 缓慢渗透策略

C. 快速取脂策略

D. 缓慢取脂策略

(4) 产品生命周期各阶段中，竞争最激烈的是 (　　)。

A. 投入期

B. 成长期

C. 成熟期

D. 衰退期

（5）延长产品生命周期的主要途径有（　　　）。

A. 产品改革

B. 市场改革

C. 营销组合改革

D. 组织机构改革

2. 判断题

（1）产品生命周期就是产品的使用寿命周期。（　　　）

（2）产品的市场寿命与自然寿命周期往往是一致的。（　　　）

（3）产品市场寿命周期，是针对某类产品的某个品种而言的，是指这一特定品种产品的经济寿命，而不是指整个这一类产品。（　　　）

3. 案例分析题

尼龙与自行车的新用途

尼龙是美国杜邦化学公司在 1945 年向市场推出的一种新产品。刚开始，公司主要是将尼龙用于军事上，用来做降落伞和绳索，后来公司的研究人员发现尼龙具有柔软、光洁、弹性强的性能，便开发用来做尼龙袜子，接着将尼龙开发为服装面料，后来又发现尼龙丝耐拉、耐磨，便用来做轮胎、地毯、窗帘等。杜邦公司成功地将尼龙市场逐步扩大，被消费者广泛接受。

自行车的主要功能是代步，但在经济发达的国家，小轿车、摩托车等现代交通工具才是人们的代步工具，很多自行车厂家陷入了产品滞销的困境。但一些自行车厂家抓住了自行车娱乐和健身的功能，开发了双人自行车、多人自行车等产品，大力开展宣传促销，在欧美等国家的市场上收到了很好的效果，并获得了相当的市场占有率。

思考与讨论：

上述企业是如何延长产品的生命周期的？

4. 思考题

确定纯平电视机的生命周期

随着科技的不断进步，电视机经历了从电子显像管的黑白电视机、电子显像管的彩色电视机、超平电视机、纯平电视机、背投彩电、等离子彩电、液晶彩电、高清数字电视机、LED 电视机等产品形式。目前，纯平电视机之前的产品形式在我国的许多城市已经很少甚至没有了，是不是说纯平电视机的产品生命周期就完全进入衰退期，该退出市场了？

任务 5.4　新产品研发

5.4.1　实训目标

正确理解新产品，了解新产品的开发程序及市场推广规律。培养根据市场消费需求的变化，不断开发新产品、推广新产品的专业能力。

5.4.2　实训内容

没有疲软的市场，只有疲软的产品。新产品是一个企业的生命线，新产品的开发是关系企业兴衰存亡的战略重点，企业只有不断研制和开发新产品，加速产品的更新换代，才能保持蓬勃向上的活力。

水果超市要紧随时代潮流，开展创意思考，制定一套新产品开发综合方案。

5.4.3　实训指导

产品生命周期理论为我们提供了一个重要的启示：在当代科学技术水平迅速发展、消费需求变化加快、市场竞争激烈的情况下，企业要持续不断地发展壮大，就必须不断地推出新产品，更新换代，以适应市场需求发展变化及产品生命周期日益缩短的趋势。无情的市场现实，迫使每一个企业不得不把开发新产品作为关系企业生死存亡的战略重点。

1. 新产品的概念和分类

市场营销学认为，凡是产品整体概念中任何一个部分的创新、改革，都属于新产品的范围，包括对现有产品的改良、对竞争者产品的仿制，产品系列的取得，以及对原有产品的重新组合。这是因为，所有这些创新都会给消费者带来新的利益和新的满足。可见，新产品并不一定是前所未有的崭新发明的产品，它与由于科学技术发展而创造的新产品的含义是不同的。新产品的"新"，是相对意义的"新"。

根据市场经营中新产品的新颖程度，一般把新产品分为以下四类。

1）全新产品

指应用新原理、新结构、新技术和新材料制成的前所未有的产品，也称为无可置疑的新产品，它是应用现代先进的科学技术取得的最新成果。它的使用价值往往会改变人们的生产方式和消费方式，甚至会对社会发展产生很大影响。例如，电话、飞机、冰箱、洗衣机、复印机、电子计算机、平衡车、无人机、新能源汽车等，像这类新产品是极为难得的。绝大多数企业都不易提供这样的新产品。调查表明，全新产品在新产品中只占 10% 左右。

2）换代新产品

也称革新新产品，是指采用新材料、新元件或新技术，革新现有产品，使其性能有重大突破的产品。如电子计算机问世以来，经历了电子管、晶体管、集成电路、大规模集成电路与超大规模集成电路，以及正在研制的具有人工智能的计算机等五代产品，后四代均属更新换代新产品。这类新产品研制时间和过程比全新产品短。

3）改进新产品

即对企业现有产品在质量、结构、品种、材料等方面进行必要的更新换代，赋予旧产品以新的功能或新的价值的产品。如将普通酒改为人参酒，将普通牙膏改为氟化物牙膏，在水壶上装有水哨等。这种新产品无须新的科学技术为基础，而是在现有科学技术条件下对原有产品的改进。这类产品容易研制，多数企业都能生产。

4）仿制新产品

是指企业仿制市场上已有产品，称作本企业的新产品。企业应对这个产品进行局部的改进或创新，标出自己的商标和牌名。注意仿制新产品应在法律允许的范围内进行，不能侵犯原有生产企业的合法权益。如市场上经常大量出现的新牌子香皂、化妆品、营养滋补品、洗涤剂、饮料、酒类等，又如很多地方生产电风扇、洗衣机，都是模仿已有的产品而生产的。这类产品也无须新科学、新技术，其研制时间短，市场竞争激烈。

前两类新产品是质量新、功能新的产品。研制它所花费的财力、物力大，一旦成功，将成为企业长期盈利的支柱，独占市场，其他企业短期内难以仿制。后两类新产品是外观、性能改变的产品，花费的物力、财力不大，多数企业可以仿制。

2. 开发新产品应遵循的原则

为了使新产品尽可能成功、迅速地发展，避免陷于失败的困难，企业开发新产品时应该遵循以下原则。

1）创新原则

新产品必须具有新的性能、新的用途和新的特点。简言之，要有特色。

2）适销对路原则

准确测定市场需要，研究发展适销对路的新产品，保证有一定的市场容量。简言之，要有市场。

3）量力而行原则

俗话说，有多大的能力才能办多大的事情。企业开发新产品必须具备一定的人力、物力、财力资源，特别是科技成果转变力资源。简言之，要有能力。

4）效益原则

企业开发新产品，应尽量考虑充分利用原有生产能力或闲置的生产能力，综合利用原材料，特别是边角废料，力求降低成本。简言之，要有效益。

3. 新产品开发的方向

开发新产品的最大难题之一是创意的缺乏，企业不知该从哪个方向、哪些方面来突出"新"。根据产品的不同性能，新产品的开发方向可以从以下几个方面考虑。

1) 多能化

一种产品具有多种功能，一物多能，一物多用，能够同时满足消费者的多种需要，如多功能治疗仪、多功能手表、组合音响等。

2) 微型化

产品的性能不变，但体积要小、重量要轻，便于移动，方便使用，如超级本、掌中宝等。

3) 简易化

从产品的结构、使用方法上改进，力求产品结构简单、使用方法易懂、易掌握，如电饭煲、智能型洗衣机等。

4) 多样化

从产品的形式、规格、包装、颜色等方面改进，使产品具有不同规格、不同形式等。这类新产品是最多的，如火锅有炭火锅、电火锅、铜火锅、不锈钢火锅等。

5) 节能化

从节约能源、控制污染、不产生公害等方面来考虑，使产品省煤、省水、省电、省油或能利用最新的能源，如太阳能、风能、核能、潮汐能。这样的新产品无疑大有前途，如太阳能汽车等。

除此之外，健美化、个性化、高档化、绿色化、智能化等也是重要的发展方向，企业也可以考虑。

4. 新产品开发的程序

为了加快新产品开发，减少风险，提高效益，建立健全一套科学的新产品开发程序是极其必要的。从新产品的设想、构思到投放市场所经过的全部过程，大致可以划分为七个阶段。

1) 构思阶段

又称为设想阶段。所谓构思，就是对满足一种新需求的设想。例如，发现电视机这个新产品，首先来自这样一种设想："如果能在家里看电影就好了！"发现飞机这个新产品，首先来自这样一种设想："能像鸟一样在空中飞翔该多好！"

设想的来源来自各个方面，有消费者、科技情报、竞争者、企业内部。据统计，来自外部的，包括消费者、竞争者、科技情报的约占60%；出自企业内部的技术部门、生产部门和销售部门的占40%。来源于外部的设想，往往导致产品的成功，而冥思苦想，纯粹发明发现，闭门造车，常常遭到失败。

这一阶段要注意以下四个原则：第一，不应对任何设想进行批评或抨击；第二，鼓励自由联想，设想越离谱越佳；第三，设想越多越好；第四，除激发原始设想外，更要注意组合这些设想，以衍生出更多的设想。总之，这个阶段的目的是鼓励新产品的设想，而不是评论设想。

2）筛选阶段

这一阶段的目的在于减少产品设想的数量，选出哪些符合本企业发展目标和长远利益，并与企业资源相协调的产品构思，扬弃那些可行性小或获利较少的产品构思。

对新产品构思进行筛选时，应当努力避免两种偏差：其一是"误舍"，对某种好的构思的潜在价值估计不足，以致漏选，失去机会；其二是"误用"，误选了没有很大发展前途的新产品，仓促投产，以致造成失败。为了尽可能地避免"误舍"和"误用"，必须从不同角度对设想进行全面分析，并尽可能将各种因素定量化。常常采用评分法。

3）产品概念形成与测试

筛选后的设想，仍须进一步开发，从而发展成完整的产品概念。产品设想，是企业正在研究与开发，拟推出于市场的可能产品。产品概念，乃是企业欲使消费者和用户接受而形成的意念。

一个产品设想可能衍生出许多产品的概念。从产品设想到形成产品概念，经营者经常可以对自己提出三个问题：此产品谁使用？为何使用？何时使用？考虑这些问题以后，就可形成许多不同的产品概念，并从这些产品概念中选取一种。选择的标准可考虑高销售量、高收益率、扩充产品系到、利用闲置能力等因素。

以营养奶制品的新产品概念为例。

某企业打算生产一种有特殊口味、使用简单方便、即冲即饮的营养奶制品。为了将其转化为产品概念，提出了以下一些问题：目标顾客是儿童、成人、病人还是老人？使用者从产品中得到的主要益处是营养、方便、美味、提神还是健身？适合在早餐、午餐、晚餐还是夜餐饮用？

根据上述问题，可以形成多种新产品概念。

新产品概念一："课间餐饮料"，为中小学生在课间快速获取丰富的营养而制作。

新产品概念二："健康补品"，供老年人夜间就寝前饮用。

新产品概念三："可口快餐饮料"，供成年人午餐时饮用。

企业制定出产品概念以后，要通过适当途径，在消费者中进行测试，要求消费者提供意见。

产品概念形成和测试阶段是重要的。因为许多企业往往以为获得产品设想即可进行开发，而没有将其形成和发展为完整的产品概念，也没有把测试作为一个必不可少的步骤。这样，往往在产品设计或向市场推出时，会遭遇到许多原可以在此阶段表现出来的问题，以致带来时机和费用方面不应有的损失。

4）经济分析

又称为经营分析、商业分析、效益分析，就是对已定型的几个产品概念，进行财务技术可行性分析的过程。即对新产品的潜在利益进行详细研究。

5) 新产品试制与鉴定

只有通过产品研制，投入资金、设备和劳动，才能使产品概念变成产品实体；只有通过产品研制，才能正式判断产品概念在技术上、商业上是否可行。如果一经否定，以前的过程就全部终止，全部投资也就浪费，因此新产品试制与鉴定是一个十分重要的阶段。新产品经鉴定并确认合格之后，还应解决产品的包装和商标设计问题，还要请消费者试用，在试用过程中，进一步发现问题，以便再进行完善。

6) 市场试销

新产品样品经过消费者试用满意以后，企业通常要根据改进后的设计，制造少量正式产品，投入到经过挑选的有代表性的小市场范围内进行销售试验，以检验在正式销售条件下顾客的反应。市场试销过程中，重要的是取得全面的市场反馈信息，为新产品能否大批量生产提供决策的依据。

这并不是说企业所有的新产品都必须经过试销。有的企业对新产品满怀信心，具有成功的把握，就无须进行市场试销，可直接正式投产，直接列入企业产业目录中，纳入企业销售渠道向市场推出。不进行试销，还会加快新产品开发速度，超越竞争对手，首先投入市场。但如果认为新产品成败的可能性各占一半时，付出一定数量的试销费用是划算的。

7) 正式投入市场

市场试销成功的新产品，就可以大批量生产，按产品的市场生命周期四个阶段顺序发展。为了慎重地投放新产品，企业还要进行投放市场的时间、地点、目标市场和推销策略等四个方面的决策。

新产品开发过程不是千篇一律的，更不是一帆风顺的。由于经济的、技术的或社会的原因，有的中途被迫停止试制；有的在试销阶段即夭折；但也有的则是在初次上市之后，就一鸣惊人，迅速打开了市场。但是，一般地说，每一个新产品走上市场都不是轻而易举的。

5.4.4 实训步骤与成绩评定

1. 实训步骤

第一步，产品设想变成产品概念演练。某果蔬饮品公司欲推出具有强身健体功能的饮品，这是产品的创意。通过所学的理论，帮助这家公司把产品设想发展成产品概念。

第二步，列举水果超市产品创新的例子，并简单说明成功的原因或新产品的新奇特之处，或者就某一类产品的创新提出创意点子。

第三步，小组成员讨论，对水果超市拟上市的新产品如何做市场推广形成小组意见，在班级交流。

第四步，每组推选 1 位代表发言，陈述本组的观点和新创意、新思路。

第五步，结合教师点评、小组互评，修改完善小组意见，形成一份关于水果超市新产品开发的综合报告。

2. 成绩评定

成绩评定的要求见表 5-5。

表 5-5　考核要求及评分标准

考 核 内 容	考核要求及评分标准	分　值
产品概念的形成	学以致用，深度思考，衍生概念多	20
新产品创新	新产品开发意识强，有创新点	30
新产品的推广和扩散	组员集思广益，态度积极，方案有独特见解	30
小组汇报	汇报完整，表达流畅	20

5.4.5　课后练习

1. 选择题

（1）企业提高竞争力的源泉是（　　）。

A. 质量

B. 价格

C. 促销

D. 新产品开发

（2）新产品开发始于（　　）。

A. 构思产生

B. 旧产品退市

C. 商业分析

D. 战略开发

（3）产生新产品设想的直接原因是（　　）。

A. 顾客需求

B. 竞争对手

C. 政府机关

D. 科技

（4）企业在原有产品的基础上，部分采用新技术、新材料制成的性能有显著提高的新产品是（　　）。

A. 全新产品

B. 换代产品

C. 领先产品

D. 仿制新产品

（5）在普通牙膏中加入不同物质制成的各种功能的牙膏，这种新产品属于（　　　）。

A. 全新产品

B. 革新产品

C. 新牌子产品

D. 改进产品

2. 判断题

（1）所谓新产品是指通过新发明创造的产品。（　　　）

（2）公司雇员的建议是新产品设想的好的内部来源。（　　　）

（3）新产品的开发必需以一定的技术进步为基础。（　　　）

3. 案例分析题

Dyson 每一个产品都直击用户痛点

提到 Dyson，不少爱美的女性都有所耳闻，一款 3000 多元的吹风机曾经在朋友圈里疯转，一时间成为很多女性朋友关注的焦点产品。后来，Dyson 又推出了一款卷发棒，售价 3650 元，天猫预售时，每天限量 200 套，上架后几乎 1 秒就售罄。为何售价这么昂贵的产品如此抢手？Dyson 创始人詹姆斯·戴森的答案是"让每一个产品都直击用户痛点"。

创办 Dyson 后，戴森推出的第一款产品便是吸尘器。当时他发现市面上在售的吸尘器产品在使用过程中均存在噪声大、吸尘能力弱、气孔易堵塞等问题，给使用者带来很多困扰。于是，戴森立志要设计出更好的吸尘器产品来解决以上问题。通过多年反复的设计与尝试，戴森终于设计出理想的"新型气旋式"吸尘器，解决了使用者的难题。

Dyson 吸尘器被很多消费者戏称为吸尘器中的"苹果"，价格动辄上千，不过仍有很多家庭消费者选择使用 Dyson 吸尘器，其中，Dyson 的无绳吸尘器受到诸多消费者欢迎。由于无绳设计，这款吸尘器使用起来更加轻松便捷，并且不仅限于清洁地板，还能迅速将长柄转换至手持模式，便于清洁高处、低处及其他难以触及的中间位置，解决了很多消费者的实际困扰。

Dyson 出品的吹风机更加让很多女性朋友爱不释手，除了独特精致的外观外，它的功能价值让很多消费者认为完全能够匹配上它的售价。市面上常见的吹风机具有干发时间长、吹发时容易导致手酸、温度过高易将头发烫伤等问题。戴森团队通过近 4 年的时间，制作出重量足够小的马达，并安装在吹风机手柄处，有效解决了吹风机重力分配问题，从而避免使用者在吹发过程中手发酸，并且这款马达的转速可以明显缩短干发时间。不仅如此，Dyson 吹风机内部装有智能温控系统，能够每 20 秒检测一次出风口的温度，有效防止头发受到过热损伤，起到保护作用。

2018 年底，Dyson 又推出了一款与众不同的卷发棒，受到众多消费者追捧。这款产品的特别之处在于它是不靠热力，而是依靠气流实现美发造型。此款产品具有两项其他产品所不具有的强大功能，即可实现自动卷发和在湿发状态下卷发，方便快捷，并且产品套装中配套有 7 款配件，包含多种类型的吸头，几乎能够满足消费者的任何需求。

无论是吹风机，还是卷发棒，Dyson 的这些产品都颠覆了女性对产品原有的刻板印象，精致新颖的外观设计，加上直击用户痛点的使用功能正在俘获更多消费者的芳心。

独具特色且售价高昂的产品更为 Dyson 创造了很大财富，正因如此，创始人戴森一度被称为家电界的"乔布斯"。

资料来源：作者：郭馨怡《中国花卉报》

思考与讨论：

（1）Dyson 吸尘器产品的构思来源是什么？

（2）Dyson 出品的新产品，给我们带来什么启示？

4．思考题

（1）举两个新产品开发成功与失败的实例，并进行简要分析。

（2）新能源汽车、全自动洗衣机、5G 手机、智能空调、人工智能计算机、在素色脸盆上增加颜色图案、在烧水壶上加装鸣叫器、经营自然科学图书的书店准备经营社会科学图书、各种化妆品。以上列出的产品哪些是新产品？是什么类型的新产品？为什么？运用新产品的理论和依据进行回答。

任务 5.5　品牌决策

5.5.1　实训目标

了解品牌名称设计的基本要求，学会设计品牌名称。了解品牌策略，增强品牌意识，能够为企业的品牌建设提出合理化建议。

5.5.2　实训内容

评析水果超市品牌名称和品牌标志的设计，制定创品牌战略战术，提交水果超市塑造品牌形象的报告。

5.5.3　实训指导

在市场经济条件下，企业拥有市场比拥有工厂更重要。拥有市场的唯一办法就是拥有占市场主导地位的品牌，品牌意味着产品的质量、产品的声誉、产品的特色，品牌既可以增加产品价值，也是促进产品销售的决定因素。

1. 品牌的含义

品牌俗称牌子，是指制造商或经销商加在商品上的标志。它是用来区别一个企业出售的产品与其竞争企业出售的同类产品的标志。品牌一般分为两部分：

第一部分是品牌名称，是指品牌中可以用语言称呼的部分。例如，可口可乐（Coca-Cola）、雪佛兰（Chevrolet）等，都是美国著名的品牌名称。华为、海尔、长虹、TCL 等则是我国的著名品牌名称。

第二部分是品牌标志，是指品牌中可以被认知，但不能用语言称呼的部分。品牌标志常常是某种符号、象征、图案或其他特殊的设计。例如，美国米高梅电影公司以一只怒吼的狮子作为品牌标志，星巴克以双尾美人鱼为品牌标志。

2. 商标和商标专用权

商标，是指品牌经向政府有关部门注册登记，获得专用权，受到法律保护，防止他人仿效使用。可见，商标实际上是一个法律名词，是经过注册登记受到法律保护的品牌，或品牌的一部分。商标可以与品牌相同，但品牌不一定就是商标。

商标专用权是不允许他人仿效使用本企业商标的特殊权利，这种权利具有以下四个特点。

① 专用权具有排他性。因为商标专用权是依法取得的，所以注册商标只能由商标注册人专用，禁止仿制、伪造，否则，即为侵犯商标专用权。

② 专用权具有时间性。我国规定商标注册有效期限为 10 年，到期后可继续申请使用，否则就失去这种商标专用权。

③ 商标专用权也是企业的一种财产权。国际上对于商标权、专利权等都统称为工业产权。但它不同于一般财产权，其价值难以计算。

④ 专用权具有地域性。受严格的地域限制，在某国取得商标专用权，就受到该国的法律保护。

在我国《商标法》中，只有注册商标与非注册商标之分，而无商标与品牌之分。由于它们密切相连且基本作用相同，因此人们习惯上把品牌与商标当作同义词来表述。

3. 品牌名称设计的基本要求

1）品牌名称设计要能反映产品的特色

例如，"芭蕾"珍珠膏、"牡丹"香水，使人一看就会产生珍珠的美、牡丹的香的心理反映。再如，"万里牌"皮鞋，能使人产生皮鞋精制、能走万里的联想；精工表的"精工"表示做工精致，计时准确；回力球鞋的"回力"表示弹性好，运动中省力。

2）品牌名称设计要与定位相符并突出定位

例如，在牛乳制品行业同质化比较严重的时候，市面上已经有纯牛奶、鲜牛奶、酸奶、优酸乳、高钙奶、低脂奶，等等。蒙牛集团就推出了一款比较有意思的产品，叫"真果粒"。从名字上就表达了明确的定位：其他都是没有水果含量的牛奶，而蒙牛推出的产品是含有真正果粒的牛奶。所以这款产品也成了热销品。

再如，"娃哈哈""太太口服液"直接表明了产品的消费对象，这都是很成功的品牌名称。

3）品牌名称设计要易于传播，好听好记好说

取一个好听好记好说的品牌名尤为重要。"娃哈哈"，这三个字中的元音 a，是孩子最早最容易发的音，很好模仿，而且发音响亮，音韵和谐，读起来朗朗上口。叠字也具有这个特点，比如陌陌、探探、滴滴、货拉拉、钉钉、QQ、旺旺、人人网……除此之外还可以参考动物名、植物名加数字（如三只松鼠、六个核桃），地名（如喜马拉雅），等等。

注意名字不要太长，超过四个字，顾客的认知就会有障碍。

4）品牌名称设计要不易混淆，有个性、有辨识度

例如，快递公司有中通、圆通、申通、国通，用了好几年可能都记不清哪个公司好、哪个公司差。汽车品类的途观、途锐、途胜、途安、途昂……相信你一定以为这些全都是大众的品牌，但其实并不是。取一个有辨识度又有趣的名字一定是品牌的加分项。比如知乎、QQ、8848、饭否、阿芙精油、饿了么、王大锤……

5）品牌名称设计要寓意深刻，有丰富文化知识

"红豆牌"商标，是取自唐代大诗人王维的名作"红豆生南国，春来发几枝，愿君多采撷，此物最相思"。"红豆"取得好，颇有文化寓意，它能勾起人们的相思之情。

商标的文化寓意作用不可小觑，其政治寓意的作用也是不可估量。20 世纪 30 年代，日本等帝国主义大量向我国倾销商品，洋布、洋火、洋油等洋货充斥市场。在抵御外侮的同时，不少民族资本家提倡购买国货，以保民族利益。天津东亚毛纺厂在产品的商标上就下了一番功夫，把该厂生产的毛线取名为"抵羊牌"，抵羊是中国民间的一个老幼皆知的寓言故事，用于毛线的商标，既反映了羊毛制品的特点，又含谐音"抵洋"，即抵制洋货之意，构思巧妙，正好迎合了当时举国上下抵洋抗日的群众爱国心理。一经问世，备受人民欢迎。

一个品牌名称的抉择或变更，绝对是一个公司战略级的重大部署。一个品牌名称的好坏，很可能决定了这个品牌在后续扩张和传播过程中是否会面临种种不必要的问题，甚至会决定一个品牌的生死。在产品同质化严重的今天，品牌名称及其蕴含的文化是识别企业及产品的关键。

4. 品牌策略决策

品牌决策是企业的整个产品战略不可缺少的一个方面。品牌决策包括：品牌化决策、品牌归属决策、品牌统分决策、品牌扩展决策、多品牌决策。

1) 品牌化决策

品牌化决策，即企业做出的有品牌或无品牌的决策。存在两种情况：一是使用品牌，二是不使用品牌。

使用品牌，企业必然要付出相应的费用，包括包装费、宣传费、法律保护费等，增加企业运营总成本，同时也要承担一定的品牌宣传不成功而带来损失的市场风险。但品牌的有益作用是企业选择使用品牌策略的重要缘由。

尽管品牌能给品牌所有者和使用者带来好处，但并非所有产品都必须有品牌，要视品牌运营的投入产出测算而定。有的企业为了节约包装、广告等费用，降低价格，吸引低收入人群购买，常采用无品牌策略。

2) 品牌归属决策

企业确定产品使用品牌后，要解决如何抉择品牌归属的问题。对此，企业有三种可供选择的策略：其一是生产企业使用属于自己的品牌，即生产者品牌，又称制造商品牌；其二是生产企业将其产品销售给中间商，由中间商使用自己的品牌将产品转卖出去，即中间商品牌；其三是租用第三者的品牌，即贴牌。

企业选择何种品牌归属策略，关键要看生产者和中间商谁在这个产品分销链上居主导地位，拥有更多的市场信誉和拓展市场的潜能。

在以往的品牌运营实践中，由于市场处于供不应求的状态，所以产品多采用制造商品牌。随着竞争的日益激烈，越来越多的产品采用中间商品牌，特别是一些信誉较好的中间商，都争相设计并使用自己的品牌。例如，沃尔玛一直在中国市场开发和推广沃尔玛"自有品牌"，它覆盖了食品、家居、服装等多个品类。

再如，耐克作为一个全球品牌已享有非常高的知名度。很多人不知道它没有自己的生产基地。不设厂，而一年却可以达到如此高的销售额，这似乎难以置信，但耐克做到了。很多人也没有注意到耐克是一个中间商品牌，这正是它成功的核心之道。在产品生命周期越来越短的背景下，传统的必须拥有生产基地的做法风险很大。耐克以一种新的竞争方式向世人展示了中间商品牌的核心竞争力。

耐克正式命名是在1978年，到1999年全球销售额已达95亿美元，跨入《财富》500强行列，超过了原来同行业的领袖品牌阿迪达斯、锐步，并被誉为世界成功的消费品公司之一。

耐克营销的创新之处，在于它采用中间商品牌路线，为了显示自己在市场方面的核心优势，它没有建立自己的生产基地，并不自己生产鞋，而是在全世界寻找条件最好的生产商为耐克生产。并且它与生产商的签约期限不长，这有利于耐克掌握主动权。它选择生产商的标准是：成本低、交货及时、品质有保证。这样，耐克就规避了制造业公司的风险，专心于产品的研究与开发，大大缩短了产品的生命周期，可快速推出新款式。

耐克的成功在于它集中于做自己最擅长的事，把不擅长的事交给别人去做，这已经成为一种新的竞争战略。

3) 品牌统分决策

企业使用自己的品牌，还面临着使用一个品牌还是各种产品分别使用不同品牌的问题。通常有四种方式可供选择。

(1) 统一品牌

又称通用家族品牌，即企业所有产品（包括不同种类的产品）都统一使用一个品牌。例如，佳能公司生产的照相机、传真机和复印机等都使用 Canon 品牌。企业采用统一品牌，可以降低新产品宣传的成本和费用，同时也可以提高和塑造统一的企业形象。不足之处是如果某一个领域有问题，就会影响整个品牌的形象，没有回旋的余地。

(2) 个别品牌

是指企业对各种不同的产品分别使用不同的品牌。例如，可口可乐就采用了个别品牌策略，碳酸型可乐饮料名称是"可口可乐"，柠檬汽水名称是"雪碧"，橙汁汽水名称是"芬达"，混合果汁饮料名称是"酷儿"等。这种策略的优势在于区别不同产品的特性，满足不同消费者的需求。同时一个领域有问题不会影响其他产品的市场，但是投入的成本和费用巨大。

(3) 分类品牌

是指企业对所有产品在分类的基础上，各类产品分别使用不同的品牌。例如，美国安利公司，其生产的营养保健品采用"纽崔莱"这一品牌，而其美容护肤品则采用"雅姿"这一品牌。再如，菲利普·莫里斯公司的卷烟品牌是万宝路，啤酒品牌是米勒，咖啡品牌是麦斯威尔。

(4) 企业名称加个别品牌

是指企业对其各种不同的产品分别使用不同的品牌，但需在各种产品的品牌前面冠以企业名称。例如，日本丰田汽车的丰田凯美瑞、丰田皇冠等。

4) 品牌扩展决策

又称品牌延伸决策，是指企业利用其成功品牌的声誉来推出改良产品或新产品。例如，小米公司利用"米粉"的优势，在主推小米手机的基础上，通过小米商城推出了充电宝、平衡车、手环、空气净化器、空调等产品。娃哈哈集团从儿童营养口服液扩展到果奶、纯净水、营养八宝粥、AD 钙奶、可乐、奶茶、饮料等食品，后期又拓展到童装等产品。

品牌延伸可以使新产品借助成功品牌的市场信誉，在节省促销费用的情况下顺利进占市场，扩大品牌的市场占有率，更好地满足消费者多样化的需求。但品牌延伸存在一定的风险：倘若新产品推广失败将损害企业其他产品的形象；同时，滥用品牌名称会使其失去在消费者心目中的独特地位。

5）多品牌决策

是指企业同时为一种产品设计两种或两种以上互相竞争的品牌的现象。注意，多品牌策略不是简单的一种产品贴上不同的牌子，最重要的是讲求不同品牌之间的功效区分。

例如，华为公司实施华为、荣耀双手机品牌策略。华为主打线下中高端市场，目标高端机型，对标苹果、三星等手机，满足商务人士的需求。荣耀主打线上中低端市场，追求时尚、炫酷、极致体验和性价比，目标 3 000 元以下价位的机型，对标小米、酷派等手机，满足年轻群体的需求。

多品牌策略的主要优点是：有效留住品牌转换者，满足消费者好奇、求新的心理；吸引不同细分市场不同需求的消费者，提高市场占有率；更多地占领分销商货架空间，增强产品整体的竞争力；将竞争机制引进企业内部，提高效率。缺点是：经营管理成本上升，资源分散，管理难度加大，且存在自身竞争的风险。

多品牌策略是目前很多大型企业较常采用的品牌策略，宝洁公司、伊利集团都是其中最典型的企业之一。

6）品牌重新定位决策

是指企业为了适应市场的变化和市场竞争的需要，对现有品牌和商标采用更换、革新的策略。例如：联想将"legend"品牌变换为"lenovo"，品牌寓意为"创新的联想"，给消费者留下一个不断创新、走在时代前列的企业形象。

适当的商标策略有利于促进销售和增加企业声誉，但是不论企业采用怎样的商标策略，首要的问题是提高产品质量。产品质量是商标的内在生命力，提高产品质量是企业各种商标策略的基础。没有好的产品质量，商标策略的成功是不可能的。产品质量下降必然导致成功商标的失败。因此，制定商标策略的指导思想是保证、维护和提高产品质量。

5.5.4 实训步骤与成绩评定

1. 实训步骤

第一步，点评既有的或重新设计崭新的水果超市品牌名称、品牌标志，诠释内涵寓意。

第二步，水果超市采取的是哪种品牌策略？对其利弊进行分析。

第三步，小组讨论，水果超市如何塑造品牌形象，如何在激烈的市场竞争中创名牌。形成小组意见，以备班级交流。

第四步，每个小组推选代表在班级发言，陈述本组的观点和思路。

第五步，结合教师点评、小组互评，修改完善小组意见，形成一份关于水果超市塑造品牌形象的报告。

2. 成绩评定

成绩评定的要求见表5-6。

表 5-6 考核要求及评分标准

考核内容	考核要求及评分标准	分 值
品牌名称和品牌标志的设计	设计、点评解析内涵完整，想象力丰富	20
品牌策略使用决策	因地制宜，审视品牌决策优劣	30
塑造品牌形象	组员集思广益，态度积极，方案有独特见解	30
小组汇报	汇报完整，表达流畅	20

5.5.5 课后练习

1. 选择题

(1) "美丽" 衬衣厂决定其各类衬衣都使用同一个品牌名称，这种策略叫 (　　)。

A. 个别品牌

B. 统一品牌

C. 分类品牌

D. 多品牌

(2) 广州宝洁公司的 "海飞丝" "潘婷" "飘柔" 等品牌的产品均冠以 P&G 公司的标志，这是 (　　) 品牌策略。

A. 品牌归属策略

B. 统一品牌与个别品牌并行策略

C. 统一品牌策略

D. 联合品牌策略

2. 判断题

(1) 商标即品牌，品牌即商标。(　　)

(2) 商标不是企业的资源。(　　)

(3) 因为品牌能给品牌所有者和使用者带来好处，所以所有商品都必须有品牌。(　　)

(4) 在以往的品牌运营实践中，由于市场处于供不应求的状态，所以产品多采用制造商品牌。随着竞争的日益激烈，越来越多的产品采用中间商品牌。(　　)

3. 案例分析题

依云矿泉水的品牌故事

在中国，依云 (Evian) 是高端水的代名词，同时也代表着 "奢侈"。依云矿泉水总是出没在高端场合，如凯悦、香格里拉等五星级酒店、高级西餐厅、高档会所、度假村等。在电视剧《欢乐颂》里，刘涛扮演的安迪随手喝的就是依云矿泉水。其实，好多人也好奇，为什么依云矿泉水能卖这么贵？跟农夫山泉、娃哈哈相比，依云矿泉水到底好在哪里？一瓶水怎么有了奢侈品的味道？

依云市场部将依云矿泉水描绘成阿尔卑斯山的雪水，每一滴依云水经历 15 年的时间，以每小时几厘米的速度渗透进位于深山的自然含水层，经过天然过滤和冰川砂层的矿化而成，天然的冰川赋予了它独特的滋味和丰富的矿物质。同时，将它的整个发现过程编成了一个极具传奇色彩的故事：一个法国人不幸患上肾结石，他来到阿尔卑斯山下的依云镇饮用了当地的泉水并坚持了一段时间，不久竟发现自己的肾结石奇迹般地痊愈了。这个奇闻不胫而走。专家们随后做了专门的分析，发现泉水里面富有各种对人体有益的矿物质，证明了依云水的疗效。从此，依云水声名远扬。

思考与讨论：

阅读依云水的案例之后，对于品牌有何认识？如何设计品牌故事？

4. 思考题

（1）你家中的电视机、电冰箱、洗衣机、空调、计算机等各自属于哪些品牌？选择这些品牌的主要原因是什么？你对这些品牌有何评价？

（2）成功的品牌战略不止一种，但颇有异曲同工之妙：佳能公司生产的照相机、传真机、复印机等所有产品均统一使用"Canon"品牌。与之不同，全球闻名的宝洁公司则为其洗发水产品注册了不同的商标，如海飞丝、潘婷、飘柔、沙宣等。请问：佳能公司和宝洁公司各采取了何种品牌策略？它们的优缺点何在？

任务 5.6　包 装 决 策

5.6.1　实训目标

了解包装设计的基本要求，能够对现有的产品包装提出合理化建议。掌握包装策略，提升包装决策能力。

5.6.2　实训内容

观察水果超市包装现状，提出存在的问题，对水果超市的包装策略提出合理化建议。并在母亲节来临之际，推出几款节日包装设计方案，促进水果超市的销售，增加营业额。

5.6.3 实训指导

包装是指产品的容器和外部包扎。它是产品整体概念中的一个组成部分，对绝大多数产品来说，包装是产品运输、储存、销售不可缺少的条件。例如，液态产品、散粒状产品、腐蚀性产品、有毒性产品等，必须包装好才能运送、保管和销售。除了少数属于原材料类型的商品，如黄沙、碎石、砖瓦、煤炭等外，一般商品都需要不同方式的包装。当前包装技术已发展成为专门学科，包装也成为一个独立的工种或行业。

现代零售商业的变革，已经没有或很少由售货员推销产品，消费者首先接触到的便是产品的包装，所以包装必须取代售货员从事推销工作。它必须能吸引消费者的注意，说明产品的特性，给予消费者良好的印象和信任感。包装起到"沉默的推销员"的作用。据美国市场调查公司报道，在超级市场购物的妇女，其所购物品中有45%是受精美包装的吸引。

1. 包装的作用

1）保护产品

这是包装的主要目的。包装可以保护产品的内在质量和外表形象。产品包装要起到防潮、防挥发、防污染、防光、防震、防热、防冷等作用。对某些产品，包装所起的作用尤为明显，如果无包装，它们的使用价值就无法存在，如感光材料、药品、饮料、食品等。

2）便于运输、携带和储存

产品的物质形态有气态、液态、固态、胶态等，它们的物理、化学性质也各不相同，尤其一些易燃、易爆、易潮或外形上有棱角、刀口等危及人身安全的产品，只有加以合适的包装，才能便于运输、携带和存放，保证储运中的安全，从而加速产品的运转，节约流通时间。

3）便于识别、选购和使用

便于识别主要表现在两方面：第一，通过包装的不同造型、色彩和设计，使一种产品与另一种产品相区别；第二，通过包装装潢上的文字或图案，清楚而形象地说明产品的内容、质量、使用方法、可能的用途及价格等。这都大大有助于不同产品的识别，使消费者容易找到本企业的产品。

适当的包装便于消费者选购和使用产品，能起指导消费的作用。根据消费者使用产品时的用量，适当加以包装，如瓶装酒有500毫升、250毫升、150毫升等不同的包装；味精用500克（适用于食堂）、50克（适用于家庭）等不同的包装，并在包装上说明用法用量。这里包装的不同起着方便使用的作用。另外，适当的包装结构也起着便于使用的作用，如拉环式、掀扭式易开罐头，拉链式包装盒，喷射式包装容器等。

4）美化产品，促进销售

良好的包装可以给消费者留下难以忘怀的第一印象，在一定程度上可以激起消费者的兴趣和欲望，从而促进销售。有些包装的色彩能使人兴奋、激动、思想活跃，容易引起冲动型购买；有些包装的广告文字令人印象深刻，长久不忘，可以提醒人们再次购买；有些包装的造型和装潢逗人喜爱，可以大大推动销售；有些包装能赋予产品一种特殊的标志，即标志地位、身份、年龄、性格等，这种标志也是促销的有利工具。

5）增加利润

市场上不一定产品质量好就畅销，质量好的商品，如果没有好的包装相配合，在市场上的竞争力就会削弱，就会降低"身价"。随着收入水平和生活水平的提高，越来越多的消费者愿意支付较高的价钱购买包装精美的产品。

2. 包装的种类

产品包装，按其包装用途不同，可分为运输包装和销售包装两大类。

1）运输包装

通常又称为外包装或大包装。它是指在运输、装卸、搬运过程中，为了保护产品不被损伤而进行的包装，运输包装又可分为单件运输包装和集合运输包装。其设计主要着眼于保护产品和便于运输。

为了便于识别货物，以利运输、仓储和检验，防止意外事故的发生，通常在货物包装上采用运输标志以及指示性、警告性标志。

2）销售包装

通常又称为内包装或小包装。这是随同产品销售给消费者的，内包装的设计应着重考虑美化产品、促进销售和便于使用。

3. 包装的设计要求

产品包装的设计主要是针对内包装而言的。产品包装的结构和图案设计的要求如下。

1）包装造型要美观大方

图案生动形象，色彩鲜艳夺目，不落俗套，不搞模仿，不搞雷同设计，而且尽量采用新材料、新工艺、新图案、新形状，使消费者耳目一新，充满新鲜感，起到刺激购买的作用。

2）包装应与产品自身的价值或质量水平相配合，表里如一，内外衬托

产品包装既不能单纯追求包装的华贵，搞成"金玉其外、败絮其中"，也不能用"烂稻草包珍珠"，自贬身价。低档产品包装设计要简单、适用。

3）包装的造型与结构设计要科学合理，既要经济、美观又要牢固

在设计时应考虑到便于产品的陈列展销、识别、携带和使用，其具体设计要求如下。

（1）便于陈列展销

这种包装的设计，通常有堆叠式包装、挂式包装和展开式包装。

堆叠式包装是指在包装物的顶部与底部都设计有吻合部分，以便商品在上、下堆叠时能够咬合，在陈列时可以节省货位，如罐类、盒类等。

挂式包装设计具有独特结构，如吊钩、吊带、挂孔、网兜等便于置挂。常见的有贴体包装、起泡包装、盒形、袋形、套形包装，卡纸形包装等。这种形式的包装，可以扩大展销的

空间。

展开式包装是一种具有特殊造型和结构形式的包装。它即可以关闭，便于装运，又可以展开，非常方便灵活。

（2）便于识别

对于常以外形和色彩表现其特点或风格的商品，如服装、装饰品、食物等的包装，应考虑能向购买者直接显示商品本身，以便于消费者选购。常用的方法是全透明包装、开天窗包装，或在包装上附印彩色图片。

（3）便于携带和使用

便于消费者使用的包装设计有易开式包装、喷雾包装、礼品包装、软包装、一次性包装、压缩包装、真空包装和空气包装等。在便于使用的前提下还要考虑储存、携带的方便，携带式包装的造型备有提手，为消费者提供方便。

4）包装上的文字设计，要求能增加消费者信任感并能指导消费

产品的性能、使用方法和使用效果常常不是直观所能显示的，需要用文字来表达。包装上的文字设计，应根据消费者的心理对不同产品有不同的突出重点。如食品类包装上应说明用料、食用方法；药物类包装应说明成分、功效、服用量、禁忌及是否具有副作用等；服装类包装应说明用料、尺码、规格、洗涤与保存方法等。总之，包装上的文字、语句设计应能直接回答消费者关心的问题或事项。

同时，还要注意消除消费者可能存在的疑虑，在包装上有针对性的说明以增加消费者的了解和信任。例如：药品包装上注明"没有副作用"；糖制食品上注明没有使用糖精；油脂类食品上注明"无胆固醇"或"不含黄曲霉"；等等。当然包装上的文字说明必须与产品性质完全一致，并应有可靠的科学检验数据，或使用效果的说明，否则，只在文字说明上大肆渲染，等于是欺骗性广告宣传，既损害消费者利益，也损害企业声誉和形象。

5）包装装潢上所采用的色彩、图案须符合消费者的心理要求，不与民族习惯、宗教信仰相抵触

色彩、图案的含意，对具有不同心理爱好的消费者来说可能会产生截然不同甚至完全相反的反映。例如，各国消费者对颜色的喜爱各不相同。不同年龄的人也有不同的偏好，如老年人喜欢冷色，青年人喜欢暖色。不同的产品也有适当表达其特点的应有色彩，如洗涤剂包装常用蓝色，化妆品包装常用粉红和金黄色或银白色，冷饮包装常采用冰雪图案和浅蓝、银白的色彩，等等。

在设计包装的色彩与图案时要避免与民族习惯、宗教信仰相抵触。例如：在信奉伊斯兰教的国家和地区忌用猪作装饰图案；法国人视孔雀为祸鸟；瑞士人以猫头鹰作为死亡的象征；乌龟的形象在很多地方都代表丑恶，而在日本代表长寿。有的色彩或图案符号在特定的地区有特定含义，如在捷克斯洛伐克红三角是毒品的标记，在土耳其绿三角是免费样品。

4. 包装策略

1）类似包装策略

所谓类似包装策略，是指一个企业所生产的各种不同产品，在包装上采用相同的图案、色彩或其他共同的特征，使消费者极容易发现是同一家企业的产品。

类似包装具有和采用统一商标策略相同的优点，即节省包装设计费用，增加企业声势，有利于介绍新产品。但这一策略一般适用于同一品质等级的产品，否则就会增加低档产品的包装费用，或对优质产品产生不良效果。

2）配套包装策略

即将几种有关联的商品配装在同一包装物中，以便于消费者购买。如在一个透明的塑料盒内装有各种大小针、各种不同颜色的线、纽扣，或者把乒乓球、球拍、球网配套包装，这样使消费者用起来非常方便。再如家用药箱、工具箱等。

这种包装策略的优点是：一物带多物，利于增加销售；将新老产品放在一起包装，有利于新产品上市，使消费者在不知不觉之中接受新产品，增加总销售额。

3）再使用包装策略

又称为双重用途包装策略，即企业在包装设计时，不但考虑包装产品本身，同时还考虑产品用完后，消费者还可以把其包装容器移作他用。如精美的糖果、饼干盒可以做文具盒、针线盒。这种包装策略的目的，是想通过给予消费者一定额外的利益来吸引其购买或重复购买。

这种策略的优点，除有利于诱发消费者的购买动机外，还有利于代替广告宣传。消费者用完商品后，把一个有厂牌商标的包装物当作艺术品欣赏，布置点缀家庭环境摆设，这样就使包装物无形中起到了广告宣传作用。

4）附赠品包装策略

即在产品包装物上或包装内，附赠奖券或实物，吸引消费者购买，以扩大销售。这是目前市场上比较流行的一种包装策略。这种策略，尤其对中等收入水平以下的妇女和儿童最有影响。例如，牙膏包装盒内附赠牙刷就是一个典型的例子。

5）改变包装策略

包括包装材料的改变、包装形式的变化、包装技术的改进等。当企业的某种产品在同类产品中，内在质量相同，进一步改进内在质量的可能性又较小，而销路打不开时，就应该采用改进包装设计这一策略。此外，当一种产品的包装已采用较长时间时，也应考虑推陈出新，变换包装。产品市场寿命周期的不同阶段，特别是在成熟期和衰退期，可考虑采用不同包装式样，以利于达到扩大销售的目的。

6）等级包装策略

这一策略的做法是，按照性能、质量、价格等标准，将企业的产品分为若干等级，高档的优质产品采用精细、华贵的包装，一般的产品则采用普通包装。包装材料一般要与产品价值及质量水平相适应，"表里如一"，便于不同需求层次的消费者购买。

5.6.4   实训步骤与成绩评定

1. 实训步骤

第一步，观察水果超市行业包装现状、存在的问题。

第二步，日常水果超市可以采取哪些包装策略？分析如何设计创意才能达到刺激购买，增加利润的终极目的，同时赢得消费者的青睐。

第三步，母亲节来临，水果超市欲设计几款节日包装，小组讨论形成包装设计方案。

第四步，每个小组推选代表在班级发言，陈述本组的观点和思路。

2. 成绩评定

成绩评定的要求见表5-7。

表5-7　考核要求及评分标准

考核内容	考核要求及评分标准	分　值
描述性调查	针对水果超市包装的现状剖析透彻	20
包装策略	灵活运用包装策略，有创意	30
节日包装设计	组员集思广益，态度积极，方案有独特见解	30
小组汇报	汇报完整，表达流畅	20

5.6.5   课后练习

1. 选择题

（1）（　　）是产品包装的最基本、最原始的作用。

A. 促进销售

B. 增加价值

C. 保护商品

D. 提供便利

（2）包装按其用途不同，可以分为（　　）。

A. 运输包装

B. 销售包装

C. 绿色包装

D. 复用包装

（3）用料与设计精美的酒瓶，在酒消费之后可用作花瓶或凉水瓶，这种包装策略是（　　）。

A. 配套包装

B. 附赠品包装

C. 分档包装

D. 再使用包装

(4)（　　）包装策略对中等收入水平以下的妇女和儿童最有影响，最有吸引力。

A. 再使用包装策略

B. 配套包装策略

C. 类似包装策略

D. 附赠品包装策略

(5) 既为消费者的使用提供方便，又有利于产品连带销售的包装是（　　）策略。

A. 附赠品包装

B. 礼品包装

C. 配套包装

D. 再使用包装

2. 判断题

(1) 由于包装的价值是产品价值的一部分，因此产品的包装必须与产品本身的价值相符合。（　　）

(2) 销售包装设计主要着眼于保护产品和便于运输。（　　）

(3) 改变包装策略可以是包装材料的改变，包装形式的变化，也可以是包装技术的改进。（　　）

3. 思考题

(1) 简述包装策略的内容，举出使用包装策略成功与失败的两个实例并进行分析。

(2) 在家里找出一件包装比较有特色的产品，写一份关于该产品包装的评价。

知识点小结

产品策略是市场营销 4P 组合的核心，是价格策略、分销策略和促销策略的基础。产品是每个企业销售收入的来源，对企业盈利的增长关系重大。有效合理的产品策略可以使产品适销对路，保证企业发展。产品策略的失败会造成严重的后果。

市场营销学是从满足消费者需要出发来研究产品的，广义的产品概念是指向市场提供的，能满足人们某种需要和利益的一切物质产品和非物质形态的服务。产品整体概念，可划分为五个层次：核心产品、形式产品、期望产品、延伸产品和潜在产品。

产品组合是指企业所经营的全部产品项目和产品线的有机结合。产品组合是企业生产或经营产品的范围。产品组合的选择，可从产品组合的宽度、长度、深度、关联度四个方面进行研究。企业必须要经常对现行产品组合进行分析、评估、调整，最有名的分析方法是四象限评价法，也叫作波士顿矩阵法。产品组合调整策略有扩展产品组合策略、缩减产品组合策略、产品线延伸策略。

产品市场生命周期是指一个新产品试制成功以后，从投入市场到被市场淘汰为止的整个发展过程，可分为投入期、成长期、成熟期、衰退期四个阶段。产品市场寿命周期和产品使用寿命是两个完全不同的概念。产品市场寿命周期，是针对某类产品的某个品种而言的。产品寿命周期阶段的划分，通常采用类比判断法、销售增长率比值法和产品的普及率法。四个阶段市场营销策略的重点依次是"快""好""争""转"。

新产品是一个企业的生命线，新产品的开发是关系企业兴衰存亡的战略重点。市场营销学认为，凡是产品整体概念中任何一个部分的创新、改革，都属于新产品的范围。根据新颖程度，新产品分为全新产品、换代新产品、改进新产品、仿制新产品等四类。开发新产品时应遵循创新原则、适销对路原则、量力而行原则、效益原则。新产品开发程序顺序为：构思、筛选、产品概念形成与测试、经济分析、新产品试制与鉴定、市场试销、正式投入市场。

品牌是指制造商或经销商加在产品上的标志。它是用来区别一个企业出售的产品与其竞争企业出售的同类产品的标志。品牌一般分为品牌名称和品牌标志。商标是一个法律名词，是经过注册登记受到法律保护的品牌，或品牌的一部分。品牌名称设计的基本要求。品牌决策包括：品牌化决策、品牌归属决策、品牌统分决策、品牌扩展决策、多品牌决策、品牌重新定位决策。

包装是指产品的容器和外部包扎。它是产品整体概念中的一个组成部分，对绝大多数产品来说，包装是产品运输、储存、销售不可缺少的条件。现代商业中包装起到"沉默的推销员"的作用。按包装用途不同，可分为运输包装和销售包装。运输包装设计主要着眼于保护商品和便于运输。销售包装设计应着重考虑美化产品、促进销售和便于使用。包装策略有类似包装策略、配套包装策略、再使用包装策略、附赠品包装策略、改变包装策略、等级包装策略。

项目 6

货真价实——定价决策

项目目标：

能力目标

- 能够准确分析影响产品定价的因素
- 能够为产品合理定价
- 能够运用各种定价策略和技巧，灵活调价

知识目标

- 了解影响产品定价的因素
- 掌握产品定价的方法
- 掌握产品定价策略和技巧

素质目标

- 培养缜密的思维能力，提升创新意识
- 培养诚实守信的良好品质
- 培养团队协作能力与语言沟通能力

项目内容：

大学毕业生小李应聘到一家连锁水果超市做营销工作，小李在这家公司已经工作一段时间，对超市的产品结构和经营状况有了一定的了解，工作能力也得到大幅提升。最近，公司新进了一批水果。今天，主管把小李叫到办公室，分配给他一项任务，让小李带领团队做市场调研，了解当地水果行业的产品价格，分析影响定价的因素，在此基础上，为新进的一批水果合理定价，并持续追踪这批产品的销售情况，依据定价策略适时调整产品价格，以提升水果超市的营业额。

项目分解：

任务 6.1　分析影响定价的因素

任务 6.1　分析影响定价的因素

6.1.1　实训目标

通过调研了解影响产品定价的因素，能够对产品定价做合理分析，提升价格分析能力。

6.1.2　实训内容

价格是市场营销组合中十分敏感而又难以控制的因素，它直接关系着市场对产品的接受程度，影响着市场需求和企业利润。当企业要将其新产品投入市场，或者将某些产品通过新的途径投入新的市场，或者竞争投标，都必须给其产品制定合理的价格，而企业价格的制定又会受很多因素的影响。小李现在要弄清楚：这些因素是来源于企业内部还是企业外部？是可控的还是不可控的？企业制定价格时要综合考虑哪些因素？小李马上投入到这项工作中，与团队成员一起调研、讨论，系统分析影响产品定价的因素，以便为后续产品定价提供依据。

6.1.3　实训指导

影响定价的因素是多方面的，但最主要的是成本、需求、竞争。成本决定了产品价格的下限，需求决定了产品价格的上限，在最高价格与最低价格幅度内，产品价格则取决于市场竞争状况及竞争者同种产品的价格水平。除此之外，企业的定价目标、产品生命周期、政府的政策法规、消费者的心理与行为习惯等都会对产品定价产生影响。

1. 产品成本

产品成本是企业制定价格的下限。一般来说，产品价格必须能补偿产品生产及市场营销活动中的所有支出，并补偿企业为经营该产品所承担的风险支出。尽管在营销活动中，有些企业在特殊时期采取了低于成本的定价，但这种定价是不能长期维持的，而且很可能被视为倾销行为而被禁止。

1）固定成本和变动成本

固定成本是企业组织在一定规模内生产经营所支付的固定因素的费用，即在短期内不会随产量的变动而发生变动的成本，如固定资产折旧、管理人员工资等。企业固定成本与具体产品的销售量不直接发生联系，它是通过分摊的形式计入单位产品价格中的。

变动成本是随着产品种类及数量的变化而相应变动的成本费用。主要包括原材料、燃料、运输、储存等方面的支出，以及生产工人工资、直接市场营销费用等。单位产品的平均变动成本会直接计入产品价格中，因此，它对产品价格有直接影响。

2）总成本、平均固定成本、平均变动成本、平均总成本和边际成本

总成本即固定成本与变动成本之和。当产品产量为零时，总成本等于固定成本。

平均固定成本是指单位产品所包含的固定成本费用的平均分摊额，即总固定成本费用与总产量之比。

平均变动成本是指单位产品中所包含的变动成本费用平均分摊额，即总变动成本费用与总产量之比。它在生产初期水平较高，其后随产量的增加呈递减趋势，但达到某一限度后，会由于报酬递减率的作用转而上升。

平均总成本即总成本费用与总产量之比，即单位产品的平均成本费用。

边际成本是每增加单位产品产量而引起总成本变动的数值。在一定产量上，最后增加的那个产品所花费的成本所引起总成本的增量，这个增量即边际成本。企业可根据边际成本等于边际收益的原则，以寻求利润最大的均衡产量。按边际成本制定产品价格，能使社会资源得到合理利用。

2. 市场需求

成本决定了价格的下限，市场需求则决定了产品价格的上限。也就是说，产品价格不能高到无人购买；当然也不能低到供不应求，市场脱销。因此，企业给产品定价不但要考虑营销目标、生产成本、营销费用等因素，而且还必须考虑市场供求状况和需求弹性。

1）需求与供给的关系

一般情况下，市场价格以市场供给和需求的关系为转移，供求规律是一切商品经济的客观规律，即商品供过于求时价格下降，供不应求时价格上涨。

2）市场需求与价格变动

微观经济学认为，价格是影响需求的主要因素，但在这种决定关系中还存在一些非价格因素。非价格因素对需求的影响时刻都在发挥作用，因此，要确定出价格对需求的真正作用程度，还应该先排除非价格因素的干扰。

影响需求的非价格因素主要有以下几种：一是消费者偏好，消费者一旦对某种产品产生了偏好，即使其价格升高，也会购买，需求量并不一定因提价而降低；二是替代品价格的变化，当某一产品的替代品的价格降低时，人们往往会倾向于购买替代品，从而使该产品需求量减少；三是收入，当消费者的收入增加时，需求量也会相应增加。

3）需求的价格弹性

所谓需求的价格弹性是指需求量变动对价格变动的反映程度。它可以用需求量变动的百分比除以价格变动的百分比求得。弹性大小可用弹性系数表示，公式如下：

$$弹性系数 = 需求量变动的百分比 / 价格变动的百分比$$

正常情况下，需求量的变动与价格水平的变动是相反的。但是，不同的商品，或者即使是同一种商品，在不同的市场环境下，其需求的价格弹性是不相同的。如果价格在小范围内变动时，需求几乎保持不动，则称需求在该价格点上无弹性；如果价格有较大变动时，需求量只有微小变化，则称需求的价格弹性小；如果价格有微小变动时，需求量变化很大，则称需求的价格弹性大。

影响需求价格弹性的因素主要有以下几个方面。

（1）产品与生活关系的密切程度

凡是与生活密切的必需品，如柴、米、油、盐，价格对其需求量的影响小，即需求的价格弹性小；反之，弹性大。

（2）产品本身的独特性和知名度

越是独具特色和知名度高的名牌产品，消费者对价格越不敏感，需求的价格弹性就小；反之，弹性大。

（3）替代品和竞争产品种类的多少

凡替代品和竞争产品少的产品，需求的价格弹性就小；反之，弹性大。

（4）产品质量和币值的影响

凡消费者认为价格变动是产品质量变动或币值升降的必然结果时，需求的价格弹性小；反之，弹性大。

由于不同产品的需求价格弹性不同，企业在定价时对弹性大的产品可用降价来刺激需求，扩大销售；对弹性小的产品，当市场需求强劲时，则可适当提价，以增加收益。

4）市场需求对产品定价的影响

市场需求对产品定价的影响主要表现在以下三个方面。

（1）需求能力对产品定价的影响

需求能力，即实际支付能力，也就是消费者愿意并且能够支付的价格水平，企业的产品定价应在市场需求能力范围内。

（2）需求强度对产品定价的影响

需求强度，即消费者想获取某种产品的欲望程度，消费者对某一产品的需求强度越大，则对价格的敏感度越低，企业一般会定高价。

（3）需求层次对产品定价的影响

高需求层次的消费者对价格的敏感度低，企业一般会定高价；反之，企业会定低价。

3. 市场竞争状况

市场竞争状况直接影响着企业的定价，在企业产品差异较小，市场上存在多个竞争对手的情况下，企业在价格方面的活动余地也相应缩小。价格如果高于竞争对手，则销量下降、营业额降低；价格如果低于竞争对手，则常常引发同行的价格大战，结果是"两败俱伤"。所以，竞争状况对企业的定价影响较大。市场竞争可以分为完全竞争、完全垄断、不完全竞争三种情况。

1）完全竞争

也称自由竞争，它是一种理想化的极端情况。在完全竞争条件下，市场上存在大量的买者和卖者，产品都是同质的，不存在质量与功能上的差异，企业自由地选择产品生产，买卖双方能充分地获得市场情报。在这种情况下，无论是买方还是卖方都不能对产品价格进行影响，只能在市场既定价格下从事生产和交易。

2）完全垄断

这是完全竞争的反面，是指一种商品的供应完全由某个或某几个厂商所垄断和控制，形成独占市场。在完全垄断竞争情况下，交易的数量与价格由垄断者单方面决定。完全垄断在现实中并不多见。

3）不完全竞争

它介于完全竞争与完全垄断之间，是现实中存在的典型的市场竞争状况。在不完全竞争条件下，最少有两个以上买者或卖者，少数买者或卖者对价格和交易数量起着较大的影响作用，买卖各方获得的市场信息是不充分的，他们的活动受到一定的限制，而且提供的同类商品有差异，因此，买卖双方之间存在着一定程度的竞争。在不完全竞争情况下，企业的定价策略有比较大的回旋余地，它既要考虑竞争对手的定价策略，也要考虑本企业定价策略对竞争态势的影响。

完全竞争与完全垄断是竞争的两个极端，中间状况是不完全竞争。在不完全竞争条件下，企业首先要了解竞争的强度。竞争的强度取决于产品制作技术的难易、是否有专利保护、供求形势以及具体的竞争格局。其次，企业还要了解竞争对手的定价策略，以及竞争对手的实力。最后，还要了解分析本企业在竞争中的地位。

另外，企业还必须采取适当方式，了解竞争者所提供的产品质量和价格。企业获得这方面的信息后，就可以与竞争产品比质比价，更准确地制定本企业产品价格。如果二者质量大体一致，则二者价格也应大体一样，否则本企业产品可能卖不出去；如果本企业产品质量较高，则产品价格也可以定得较高；如果本企业产品质量较低，那么，产品价格就应定得低一些。企业还应看到，竞争者可能通过调整其价格，提升竞争力，也可能不调整价格，而调整市场营销组合的其他变量，与企业争夺用户。所以，企业要及时掌握竞争对手的相关信息，做出及时反应。

4. 企业定价目标

企业定价目标是指企业通过制定一定水平的价格所要达到的预期目的。定价目标是企业定价的指导思想，是企业选择定价方法和定价策略的依据。不同的企业，可能有不同的定价目标，即使是同一个企业在不同的时期，由于主客观因素的变化，定价目标也会不尽相同。

1) 以维持企业生存为定价目标

维持企业生存是一个短期目标。这时企业对产品定价时，只要产品的价格能够弥补变动成本和一部分固定成本，企业就可以继续生存下去。一般在以下情况下实施这种定价策略：企业生产能力过剩，企业面对激烈的市场竞争，用户需求偏好突然发生变化。这种定价目标只是一种权宜之计，一旦企业状况好转就必须及时调整。

2) 以获取利润为定价目标

(1) 追求利润最大化为定价目标

是指企业在一定时期内综合考虑各种因素后，以总收入减去总成本的最大差额为基点，确定单位产品的价格，以获得最大利润总额。最大利润有长期和短期之分，还有单一产品最大利润和企业全部产品综合最大利润之别。

当企业的产品在市场上处于绝对有利地位或有专卖权时，企业往往采取当期利润最大化的定价目标。企业估计不同价格下的需求和成本，然后选择能够实现当期利润最大化、现金流最大化或者投资回报率最高的价格。最大利润目标并不意味着抬高价格。价格太高，会导致销售量下降，利润总额可能因此而减少。有时，高额利润是通过采用低价策略，待占领市场后再逐步提价来获得的；有时，企业可以通过对部分产品定低价、甚至亏本销售，以招徕顾客，带动其他产品的销售，进而谋取最大的整体效益。

(2) 以获取投资报酬率为定价目标

投资报酬率是衡量企业经营实力和经营成果的重要标志，它等于净利润与总投资之比。它一般以一年为计算期，其值越高，企业的经营状况就越好。

$$投资报酬率 = (净利润 / 总投资) \times 100\%$$

企业以投资报酬率为定价目标时，通常是在产品成本的基础上加上预期利润来制定产品的价格。采用这种定价目标，必须注意两个问题。一是要确定合理的利润率，通常预期的利润率要高于银行的贷款利率，但同时也要考虑企业的长期目标。投资报酬率过低，会影响企业的收益；过高，则消费者不接受，同时会使企业在市场竞争中处于不利地位。二是采用这种目标必须具备一定的条件，即自己的产品是畅销产品，或在同行业中处于领导地位，有能力竞争。

(3) 以获取适度利润为定价目标

是指企业在补偿正常情况下的社会平均成本的基础上，适当地加上一定量的利润作为产品价格，以获取正常情况下适度利润的一种定价目标。企业在自身力量不足，不能实现最大利润目标或预期投资报酬率目标时，往往采取这一定价目标。

3) 以市场占有率为定价目标

市场占有率又称市场份额，是指企业的销售额占整个行业销售额的百分比，或者是指企业的产品在某市场上的销量占同类产品在该市场销售总量的比重。市场占有率是一个企业经营状况和企业产品在市场上竞争能力的直接反映，关系到企业的兴衰存亡。

较高的市场占有率，可以保证企业产品的销路，巩固企业的市场地位，从而使企业的利润稳步增长。在许多情形下市场占有率比投资收益率更能说明企业的营销状况。有时，由于市场的不断扩大，一个企业可能获得可观的利润，但相对于整个市场来看，所占比例可能很小。无论大、中、小企业，都希望用较长时间的低价策略来扩充目标市场，尽量提高企业的市场占有率。以提高市场占有率为目标定价，企业通常有以下几种做法。

（1）定价由低到高

定价由低到高，就是在保证产品质量和降低成本的前提下，企业入市产品的定价低于市场上主要竞争者的价格，以低价争取消费者，打开产品销路，挤占市场，从而提高企业产品的市场占有率。待占领市场后，企业再通过增加产品的某些功能，或提高产品的质量等措施来逐步提高产品的价格，旨在维持一定市场占有率的同时获取更多的利润。

（2）定价由高到低

定价由高到低，就是企业对一些竞争尚未激烈的产品，入市时定价可高于竞争者的价格，利用消费者的求新心理，在短期内获取较高利润。待竞争激烈时，企业可适当调低价格，赢得主动，扩大销量，提高市场占有率。

4）以稳定价格为定价目标

稳定的价格通常是大多数企业获得一定目标收益的必要条件，市场价格越稳定，经营风险也就越小。稳定价格目标的实质是通过本企业产品的定价来左右整个市场价格，避免不必要的价格波动。按这种目标定价，可以使市场价格在一个较长的时期内相对稳定，减少企业之间因价格竞争而发生的损失。通常情况下，是由那些拥有较高的市场占有率、经营实力较强或具有竞争力和影响力的领导者企业的定价来作为定价目标。特别是当某种产品的市场需求发生变化时，为了防止引起同行业之间不必要的价格竞争，行业中的大企业采取稳定价格的"保护政策"，不仅有利于实现企业的经营目标，而且有利于稳定市场。

5）以防止竞争为定价目标

在产品的营销竞争中，价格竞争是最有效、最敏感的手段。随着市场竞争的加剧，应付或避免竞争作为一种定价目标已被越来越多的企业所采用。有两种情况：一是实力雄厚的大企业，为防止竞争者进入自己的目标市场，采取低价策略；二是为了缓和竞争，稳定市场，采取随行就市的价格，保住既有顾客或者避免政府干预。实力较弱的中小企业为了防止价格竞争的发生，在定价时，顺应市场领导企业的价格水平，以此避免因价格竞争带来的风险。

6）以产品质量最优为定价目标

采用这种定价目标的企业一般是在消费者中已享有一定声誉的企业，为了维护和提高企业产品的质量和信誉，企业的产品必须有一个较高的价格，这样一方面可以通过高价格带来较高的利润，使企业有足够的资金来保持产品质量的领先地位；另一方面，高价格本身就是产品质量、信誉的一种表现。

定价目标是企业制定价格的基本因素及出发点，是价格决策中最高层次的决策。企业在确定定价目标时，应着眼于经营环境、营销目标、企业规模等多方面的因素统筹考虑。

第一，在确定定价目标时，应注重全局，保持各个目标间的一致性。企业各定价目标的侧重点不同，在短时期内矛盾不可避免。各定价目标的侧重点虽不同，但最终目标是相同的，各种定价目标如何取舍、协调，只需把握企业获利这一根本原则，应权衡利弊，各适其位。

第二，对于定价目标的选择应视具体情况加以完善，不同时期制定的目标，应当建立在需要与可能的基础上，不同的定价目标的侧重点不同，需要企业具备与之相匹配的条件。也就是说，企业在选择目标时，既要考虑自身需要，又要建立在具有充分经济依据及市场条件的基础上，使需要与可能相结合。

第三，对企业的定价目标的选择，并非一劳永逸、永远不变，而应视具体条件加以更改。如，当企业产品刚进入市场，消费者对产品不了解，产品销售量有限，此时可用低价去开拓市场；而当产品逐渐被消费者熟悉，销售量扩大，进入成长期时，企业便可将追求最大利润作为定价目标。

5. 产品生命周期

产品在不同的生命周期阶段，消费者对产品的需求以及企业所处的竞争环境会有所变化，企业的定价策略也应产生相应的变化。

1）投入期产品定价

投入期，大部分企业为了尽快收回成本，通常将价格定得较高。但是，也有一部分企业为了尽快占领市场，在某一限定的时间内会把新产品的价格维持在较低水平，从而降低消费者的风险，吸引消费者购买，等到消费者使用一段时间后，了解到产品的内在品质和其带来的利益后，他们会愿意以高一点的价格继续购买。在使用的过程中，消费者可能会形成使用该产品的习惯，此时即便价格提高了，消费者仍会继续购买该产品。

2）成长期产品定价

成长期的特征是市场接受程度大增，新企业可以进入，原有企业可以大规模生产，与此同时，不会缩小竞争对手的市场。新进入者可以在不使已有企业的市场收缩的前提下成长，所以，成长期一般不会发生攻击性价格战。在成长期，消费者的注意力不再单纯停留在产品的效用上，而是开始精打细算地比较不同品牌的成本和特性。在一些处于成长期的市场上，产品差异化战略和成本领先战略是共存的。成功的定价要综合考虑如何满足若干细分市场对价格和产品特色的要求。

还有一部分企业，成长期定价要比投入期低。因为多数情况下，成长期的竞争给了消费者更多可供选择的方案，同时消费者对产品的了解开始加深，能够比较不同的产品，这些因素会提高消费者的价格敏感性。另外，即使企业有专利保护，此时降价也可以使产品更快地被消费者接受，使企业从更加快速发展的市场中获利。这种降价一般不会牺牲利润，因为生产能力的扩大和经验的积累可以大大降低成本。

3）成熟期产品定价

产品生命周期中最长的阶段是成熟期。这一阶段受环境影响，决策的伸缩余地较小。成熟期竞争加剧，消费者越来越精明，市场条件已经不太可能支持涨价了，定价决策实际上就是在降价和保价之间做出选择。企业不得不试图采取短期行为，令产品直接的贡献最大化，因此，定价的目标是选择能够令贡献最大化的方案。如果竞争对手降价，企业就算不乐意，也只能跟着降价。

4）衰退期产品定价

需求急剧下降表明市场进入了衰退期。这种下降趋势可能具有地区性，也可能是整个行业性的；可能是暂时的，也可能是永久的。当生产成本大部分是变动成本时，行业生产可以迅速调整来适应下降的市场需求，价格受影响很小或根本不受影响；当生产成本大多是固定成本，但很容易调整到其他用途时，这些固定成本在其他市场的价值给价格设定了下限；当生产成本大都是沉没的固定成本，生产设备只能服务于特定的市场时，市场衰退的影响就大了，这样的企业如果不能保持一定的设备利用率，会面临大量的现金流失。因此，每个企业都在降价，希望牺牲竞争者来争夺市场。衰退期的定价目标不是赢得什么，而应该是在损失最小的情况下退出市场，或者是保护甚至加强自己的竞争地位以便在衰退期生存。

6. 其他因素

企业定价策略除受产品成本、市场需求、竞争状况及产品生命周期的影响外，还受其他多种因素的影响，这些因素包括政府物价政策的干预、消费者心理和习惯、企业和产品的形象等。

1）政府的政策法规

价格在社会主义市场经济条件下是关系到国家、企业和个人三者之间的物质利益的大事，它牵涉到各行各业和千家万户，与人民生活和国家的安定团结息息相关，因此，国家在自觉运用价值规律的基础上，通过制定物价工作方针和各项政策、法规，对价格进行管理、调控或干预，或利用生产、税收、金融、海关等手段间接地控制价格。因而，国家有关方针政策对市场价格的形成有着重要的影响。除此之外，企业定价还受到货币价值、货币流通量、国家市场竞争和国家价格变动等因素的影响。

2）消费者心理和习惯

价格的制定和变动在消费者心理上引起的反应也是定价策略必须考虑的因素。在现实生活中，许多消费者存在"一分钱一分货"的观念，对不太熟悉的商品，消费者常常从价格的高低上判断商品的好坏，从经验上把价格同商品的使用价值挂钩。消费者心理和习惯上的反应是很复杂的，某些情况下也会出现完全相反的反应。因此，在研究消费者心理对定价的影响时，要持谨慎态度，要仔细了解消费者心理及其变化规律。

3）企业或产品的形象

有时需要根据企业理念和企业形象设计的要求，对产品价格作出限制。例如，企业为了树立热心公益事业的形象，会将某些有关公益事业的产品价格定得较低；为了形成高贵的企业形象，将某些产品价格定得较高。

6.1.4　实训步骤与成绩评定

1. 实训步骤

第一步，组建团队，任务分工。

第二步，以小组为单位，调查当前水果行业的产品价格，搜集相关信息。

第三步，整理相关资料，讨论影响水果定价的主要因素。

第四步，团队汇报，汇报时间5分钟。

第五步，小组互评，教师点评。

2. 成绩评定

成绩评定的要求见表6-1。

表6-1　考核要求及评分标准

考核内容	考核要求及评分标准	分值
市场调研	选择至少5家水果超市开展调研，搜集到的信息资料充分	20
	团队分工明确，有序开展调研	20
对产品定价影响因素的分析	结合市场调研，对产品定价的影响因素分析全面、到位	20
	对当前的水果定价有自己独到见解	20
团队汇报	内容完整、观点正确	10
	语言精练、条理清晰	10

6.1.5　课后练习

1. 选择题

（1）产品价格的下限取决于（　　）。

A. 生产成本

B. 市场需求

C. 供求关系

D. 竞争状态

（2）产品价格的上限取决于（　　）。

A. 生产成本

B. 市场需求

C. 质量标准

D. 供求关系

（3）在最高和最低的价幅内，产品价格取决于竞争者同类产品的（　　）。

A. 新旧程度

B. 竞争条件

C. 价格水平

D. 价值尺度

（4）在（　　）条件下，卖主和买主只能是价格的接受者，而不是价格的决定者。

A. 完全竞争

B. 完全垄断

C. 不完全竞争

（5）影响定价的因素有（　　）。

A. 定价目标

B. 市场需求

C. 产品成本

D. 国家政策

E. 市场竞争

2. 判断题

（1）企业在进行定价以前，必须先拟定定价目标，以便根据定价目标选择定价方法和定价策略。（　　）

（2）随着产量的增加，单位产品的固定成本和变动成本均会增加。（　　）

（3）成本决定了产品价格的下限，市场需求则决定了产品价格的上限。（　　）

（4）消费者一旦对某种产品产生了偏好，即使其价格升高也会购买，需求量并不一定因提价而降低。（　　）

（5）市场竞争状况直接影响着企业的定价，在企业产品差异较小，市场上存在多个竞争对手的情况下，企业在价格方面的活动余地也相应缩小。（　　）

3. 案例分析题

景区免门票开放

【重磅】：2020 年下半年，全国各地旅游景区打折、免门票最新信息，必须收藏！！！

2020-08-08 08：36

8 月 7 日，湖北省政府新闻办举行新闻发布会，宣布正式启动“与爱同行，惠游湖北”活动，全省 A 级旅游景区对全国游客免门票开放！此项活动从 2020 年 8 月 8 日开始，一直持续到 2020 年年底，包括“十一”黄金周在内。

思考与讨论：

阅读以上新闻，你认为景区为什么免门票开放？哪些因素影响了景区门票的定价？

4. 思考题

（1）请结合下图，分析这个价格里面到底藏着什么秘密？

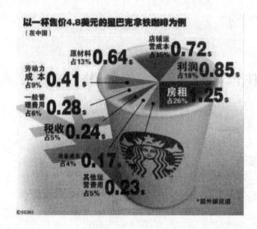

（2）"过了中秋节的月饼不如烧饼贵啊！"想一想导致这一现象的原因是什么？

5. 趣味题

唐僧西天取经回来，想要开一家餐饮店。现在店铺即将装修完毕，马上就要营业了。唐僧想要做个菜谱。请你帮唐僧参谋一下，菜谱定价时需要考虑哪些因素？

任务 6.2 依据定价方法，制定产品价格

6.2.1 实训目标

通过给产品定价，帮助学生掌握定价方法，提高价格决策能力。

6.2.2 实训内容

为水果超市新进的一批水果制定基本价格，提交产品定价报告。

6.2.3 实训指导

企业定价一般要遵循一定的程序和步骤，综合形成相互衔接的、整体的决策过程，定价程序可以分为以下步骤，如图6-1所示。

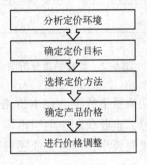

图6-1 企业定价程序

企业的产品定价应是在用户愿意支付价格与产品成本之间寻找一个均衡。因此，定价是一门艺术、一种高风险的"赌博"、是买者与卖者之间"博弈"的过程。通常，企业在制定价格时应综合考虑成本、供求、竞争这三个基本要素，但在实际定价时，往往又侧重于某一要素，于是便有了成本导向定价、需求导向定价和竞争导向定价三种基本的定价方法。

1. 成本导向定价

成本导向定价是以产品成本为中心制定价格，是企业最基本、最常见的定价方法。具体有成本加成定价法、盈亏平衡定价法、边际成本定价法等。

1）成本加成定价法

成本加成定价法是指在单位成本的基础上加上目标利润来制定产品价格的方法。成本加成定价法计算公式为：

$$单位产品价格 = 单位产品成本 \times (1 + 目标利润率)$$

成本加成定价的关键在于确定目标利润率，即加成率。为此要综合考虑市场供求状况及行业平均利润水平。这种方法简便易行，通常适合于供求稳定且基本平衡的市场。

2）盈亏平衡定价法

盈亏平衡定价法又称为损益平衡定价法，是先确定盈亏平衡点，即企业收支相抵，利润为零时的状态，如图6-2所示。然后，根据盈亏平衡点来确定价格，即根据预期的产量（或销量），确定产品的价格须要达到什么水平才能做到收支相抵、盈亏平衡。盈亏平衡定价法的计算公式为：

$$盈亏平衡点销量 = 固定成本 / (单位产品价格 - 单位变动成本)$$
$$单位产品价格 = 固定成本 / 盈亏平衡点销量 + 单位变动成本$$

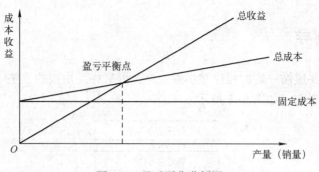

图6-2　盈亏平衡分析图

盈亏平衡定价可以计算出预期销量下的企业保本价格及一定市场销售价下的保本销量。当市场价格高于企业的保本价格时，企业获利；但当市场不景气时，以保本价格销售也是可以接受的，保本经营总比停业的损失要小，而且企业还可以有回旋的余地。

3) 边际成本定价法

边际成本定价法又称边际贡献定价法，边际成本是指每增加或减少单位产品所引起的总成本变化量。由于边际成本与变动成本比较接近，而变动成本的计算更容易一些，所以在定价实务中多用变动成本替代边际成本，而将边际成本定价法也称为变动成本定价法。边际成本定价法计算公式为：

$$单位产品价格 = 变动成本 + 边际贡献$$

当企业竞争激烈时，为了迅速开拓市场，往往会采用边际成本定价法。这种方法撇开固定成本，只计算变动成本，固定成本则由预期的边际贡献来补偿。边际贡献是指企业每多出售一单位产品，而使总收益增加的数量。当边际贡献大于边际成本，表明利润增长，应扩大生产，一旦边际贡献小于边际成本，则表明利润下降，企业应减少产量。使用边际成本定价时要注意，产品价格必须高于变动成本，变动成本是企业定价和参与价格竞争的最低底线。

成本导向定价的优点在于简便，有利于回收成本。但是，成本导向定价是基于提前预估成本制定的，如果实际生产发生改变则会直接导致成本发生变化。如果企业成本高于竞争者，使用此方法也会造成企业竞争力的不足。另外，它忽略了需求价格弹性，也会使定价策略丧失灵活性。

2. 需求导向定价

需求导向定价是指以消费者对产品价格的接受能力和需求程度为依据制定价格。它不直接以企业的生产成本为定价依据，而是根据市场需求的大小和消费者反应的不同来确定价格，具体有反向定价法、理解价值定价法、需求差异定价法。

1) 反向定价法

反向定价法又称可销价格倒推法，是指企业根据产品的市场需求状况，通过价格预测和试销、评估，先确定消费者可以接受和理解的零售价格，然后倒推批发价格和出厂价格的定价方法。计算公式为：

$$出厂价格 = 市场可销零售价格 \times (1-批零差价率) \times (1-进销差价率)$$

采用反向定价法的关键在于正确测定市场可销零售价格水平。这里简单介绍以下几种测定市场可销零售价格水平的方法。

（1）主观评估法

由企业内部有关人员参考市场上的同类产品，比质比价，结合考虑市场供求趋势，对产品的市场销售价格进行评估确定。

（2）客观评估法

由企业外部的有关部门和消费者代表对产品的性能、效用、寿命等方面进行评议、鉴定和估价。

（3）实销评估法

以一种或几种不同价格在不同消费区域进行实地销售，并采用上门征询、问卷调查、举行座谈会等形式全面征求消费者的意见，然后判明试销价格的可行性。

这种定价方法具有促进技术进步、节约原料消耗、强化市场导向意识、提高企业竞争能力等优点，符合按需要组织生产的客观要求。

2）理解价值定价法

理解价值定价法是指企业以消费者对产品价值的理解为定价依据，运用各种营销策略和手段，影响消费者对产品价值的认知，形成对企业有利的价值观念，再根据产品在消费者心目中的价值来制定价格的一种方法。

采用这种定价方法的企业认为，将买方的价值判断与卖方的成本费用相比，定价时应侧重考虑前者。因此，企业定价时一般会首先对产品进行市场定位，研究该产品在不同消费者心目中的价格标准，以及在不同价格水平上的销售量。再有针对性地运用市场营销组合中的非价格因素影响消费者，提高消费者接受价格的限度。然后，企业根据消费者的价值认知，拟定一个可销价格，并估算在此价格水平下的产品销量、成本和盈利状况等，从而确定可行的实际价格。

3）需求差异定价法

需求差异定价法是指根据消费者对同种产品或服务的不同需求强度，制定不同价格的方法。价格之间的差异以消费者需求差异为基础。

这种定价方法的主要形式有：以不同消费群体为基础的差别定价；以不同产品形式为基础的差别定价；以不同地域位置为基础的差别定价；以不同时间为基础的差别定价。具体详见任务 6.3 中介绍的差别定价策略。

按需求差异定价法制定的价格，并不与产品成本和质量的差异程度成相应比例，而是以消费者需求的差异为标准。一般应具备以下条件：第一，市场能够根据需求强度的不同加以细分，需求差异较为明显；第二，细分后的市场之间无法相互流通，即低价市场的消费者不可能向高价市场的消费者转手倒卖产品或服务；第三，在高价市场中用低价竞争的可能性不大，企业能够垄断所生产经营的产品或服务；第四，市场细分后所增加的管理费用应小于实行需求差异定价所得到的额外收入；第五，不会因价格差异而引起消费者的反感。

3. 竞争导向定价

竞争导向定价是指以竞争对手的价格作为定价依据，制定本企业同类产品价格的方法。这种方法适宜于市场竞争激烈、供求变化不大的产品，具体有随行就市定价法、竞争价格定价法、投标定价法。

1）随行就市定价法

随行就市定价法是指与本行业同类产品的价格水平保持一致的定价方法。这种"随大流"的定价方法的前提条件是单个企业提高价格，就会失去消费者，而降低价格，需求和利润也不会增加。因此，主要适用于需求弹性较小或供求基本平衡的产品。

这是一种较稳妥的定价方法，既可避免挑起价格战，减少市场风险，又可获得适当利润，而且易为消费者接受，在中小企业中比较流行。

2）竞争价格定价法

竞争价格定价法是指根据本企业产品的实际情况及与竞争者的产品差异状况来确定价格。这种主动竞争的定价方法一般适用于实力雄厚或产品独具特色的企业。

竞争价格定价程序如下：第一步，将市场上竞争产品的价格与企业估算价格进行比较，分为高于、等于、低于三种价格层次；第二步，将本企业产品的性能、质量、成本、产量等与竞争企业进行比较，分析形成价格差异的原因；第三步，根据以上综合指标，确定本企业产品的特色、优势及市场地位，在此基础上，按定价目标确定产品价格；第四步，跟踪竞争产品的价格变化，及时分析原因，相应调整本企业的产品价格。

3）投标定价法

投标定价法是指在投标交易中，投标方根据招标方的规定和要求进行报价的方法。主要适用于提供成套设备、承包建筑工程、设计工程项目、开发矿产资源或大宗商品订货等。

企业的投标价格必须是招标单位愿意接受的价格水平。在竞争投标的条件下，确定投标价格时，首先要根据企业的主客观条件，正确地估算完成指标任务所需要的成本；其次要对竞争者的可能报价水平进行分析预测，判断本企业中标的机会，要尽量使报价容易中标且利润达到最大。

6.2.4　实训步骤与成绩评定

1. 实训步骤

第一步，确定定价目标。

第二步，讨论哪种定价方法更适合当前水果超市的产品定价。

第三步，给水果超市的新品定价提出合理化建议。

第四步，综上分析，拟定产品定价报告。

第五步，团队汇报，教师点评。

2. 成绩评定

成绩评定的要求见表 6-2。

表 6-2 考核要求及评分标准

考 核 内 容	考核要求及评分标准	分 值
定价目标	目标确定合理，符合当前水果超市的营销目标	20
定价方法	方法使用得当，新品定价合理	30
产品定价报告	内容完整、条理清晰、排版工整	30
团队汇报	语言表达清晰、流畅	20

6.2.5 课后练习

1. 选择题

（1）准确地计算消费者对产品的认知价值是（　　）的关键。

A. 理解价值定价法

B. 反向定价法

C. 需求差异定价法

D. 成本加成定价法

（2）在短期竞争条件下，为避免亏损，企业定价的最低底线是（　　）。

A. 变动成本

B. 固定成本

C. 单位成本

D. 总成本

（3）当产品需求富有弹性，且生产成本和经营费用随着生产经营经验的增加而下降时，企业便具备了（　　）的可能性。

A. 提高价格

B. 降低价格

C. 稳定价格

（4）需求差异定价有（　　）。

A. 以顾客为基础的差异定价

B. 以产品形式为基础的差异定价

C. 以地域为基础的差异定价

D. 以时间为基础的差异定价

（5）在下列（　　）情况下，企业应将维持生存作为其主要的定价目标。

A. 企业生产能力过剩

B. 企业面临激烈竞争

C. 企业试图改变消费者需求

D. 企业的现金流量较少

2. 判断题

（1）随着产量的增加，单位产品的固定成本和变动成本均会增加。（　　）

（2）当采取理解价值定价法时，如果企业过高地估计认知价值，便会定出偏低的价格。
（　　）

（3）在制定价格过程中，产品需求弹性的大小对定价没有影响。（　　）

（4）随行就市定价法适用于同质产品。（　　）

（5）按需求差异定价法制定价格，价格之间的差异是以成本的差异为基础的。（　　）

3. 案例分析题

梅河口蔬菜包成功圈粉

2022年3月，因疫情防控需要，长春市宣布按下"暂停键"。随着管控的升级，买菜难俨然成为疫情背景下长春市民关注的头等民生大事。3月底，长春市很多小区陆续启动帮助小区居民订购蔬菜包的行动。

梅河口市支援长春市的蔬菜包在3月29日成功圈粉，多家媒体争相报道，市民因订购到梅河口蔬菜包而心喜。"感谢梅河口老铁！长春人民记下了！等疫情过后，必须去梅河口溜达一圈。"拿到带着梅河口温度的蔬菜包，一名长春网友在抖音里表达着自己的谢意。

梅河口新区供应长春市的60元蔬菜包……

2022年3月29日 07:14 新浪网 作者 长春人的长春事儿

思考与讨论：

阅读以上新闻，谈谈梅河口蔬菜包采取了哪种定价方法，这种定价方法对梅河口市而言有哪些益处？

4. 思考题

(1)"薄利一定多销"，请评价这种说法。

(2)电影院和KTV销售的零食和饮料往往比超市贵很多，为什么？

任务6.3 依据定价策略，调整产品价格

6.3.1 实训目标

通过对产品价格的调整，帮助学生掌握定价策略，学会适时调价，提高价格决策能力。

6.3.2 实训内容

以小李为组长的团队为新引进的水果定价后，在市场销售了一段时间。对销售结果的监控发现，最近一周，销售情况呈大幅下滑。经理责成小李带领团队剖析原因，寻找适宜的定价策略，对该水果价格进行适当调整，提交价格调整报告。

6.3.3 实训指导

企业面临的销售情况千变万化，因此确定了产品的基本价格之后，还要根据环境变化制定相应的定价策略，适时调整价格，以适应外部环境。

1. 新产品定价策略

1）撇脂定价

撇脂定价又称取脂定价，意为提取精华，快速取得利润，是指在新产品投放市场的初期，利用消费者求新、求奇的心理和竞争者较少的有利条件，将产品以高价销售，在短期内获得尽可能多的利润，是一种高价策略。例如，圆珠笔刚出现时，每支成本0.5美元，定价却20美元，人们仍然争相购买。

采用这种定价策略必须具备以下基本条件：第一，产品新颖，具有较明显的质量、性能优势；第二，市场有足够的购买者，他们的需求缺乏弹性，即使把价格定得很高，市场需求

也不会大量减少；第三，产品必须具有特色，在短期内竞争者无法仿制或推出类似产品。

这种策略的优点是能够在短期内获得高额利润，尽快收回投资，并掌握降低价格的主动权；缺点是风险大，容易吸引竞争者加入，若消费者不接受产品，会导致产品积压，造成亏损。因此，企业采用此策略前，要对市场需求有较准确的预测。企业采用这种定价策略，主要是抓住购买者求新、求奇的心理而定高价，但这种高价并不能长久，企业一般会随着产量的扩大、成本的下降、竞争者的增多而逐步降低价格。

2）渗透定价

渗透定价又称别进来定价，是指在新产品投放市场的初期，将产品价格定得低于人们的预期价格，给消费者物美价廉的感觉，在价格上取得竞争优势，借此迅速打开销路，占领市场，这是一种低价策略。例如，美国太麦克斯韦公司首次生产电子手表，以每块 30 美元推向市场，仅为当时同类产品价格的一半，迅速占领了美国手表市场 50% 的市场份额。

采用这种定价策略必须具备以下基本条件：第一，市场需求对价格比较敏感，低价会刺激市场需求迅速增长；第二，企业生产和经营成本会随着销量的增加而降低。

这种策略的优点是能快速吸引消费者，迅速打开产品销路，提高市场占有率，增强产品的竞争力，使竞争者不敢贸然进入，便于长期占领市场；缺点是企业获利较少，投资回收期较长，后期再调整价格较难，一旦给消费者留下低端品牌的形象，很难再改变。企业采用这种定价策略，一般是针对新技术已经公开、竞争者纷纷仿效的产品，或需求弹性较大，市场上已有替代品的中、高档消费品。

3）均匀定价

均匀定价又称满意定价，是指在新产品投放市场的初期，将价格定在介于高价和低价之间，使企业能够获利的同时也使消费者感到满意，这是一种折中价格策略。

这种定价策略的优点是既可避免撇脂定价因价高而带来的市场风险，又可消除渗透定价因价低而引起的企业生产经营困难，兼顾企业和消费者双方的利益；缺点是很大程度上将前两种策略的优点都抹杀了。均匀定价策略适用于需求价格弹性较小的日常生活必需品和主要的生产资料。

综上所述，企业在给新产品定价时，需要综合考虑市场需求、竞争、产品特性、企业实力、需求弹性等因素，合理选择定价策略。

2. 产品组合定价策略

当某种产品只是产品组合中的一部分时，企业需要制定一系列的价格，使产品组合的利润实现最大化。这种策略综合考虑了各种产品之间需求和成本的相互联系，以及不同程度的竞争，从企业整体利益出发，提高全部产品的总收入。企业常用的产品组合定价有以下几种。

1）产品线定价

产品线定价是指企业对同一产品线内的不同产品，分别制定高低不等的价格，以求得该产品线的利润最大化。例如，雕牌洗衣粉的经济装定价较低，企业几乎无利润，只是用来充当招徕品；而雕牌肥皂的定价较高，成为企业的获利产品。产品线定价策略的关键在于合理确定各产品之间的价格梯级。

2）任选品定价

任选品定价是指对那些与主要产品密切关联的可任意选择的产品进行定价。例如，汽车公司对电子开窗控制器、扫雾器和减光器等产品单独定价，消费者可以自愿选择是否购买。这种定价策略有两种形式：一种是将任选品定高价，以获得较高利润，如饭店将酒水定高价等；另一种是将任选品定低价，以招徕消费者。

3）互补品定价

互补品定价是指对需要配套使用的产品定价。例如，剃须刀的刀架与刀片的定价、计算机软件和硬件的定价等。大多数企业采用这种策略时，将主要产品定低价，而补充产品定高价，希望通过补充产品的连续销售而获利。例如，吉列剃须刀的刀架定价低于其制造成本，而刀片定价较高，由于吉列剃须刀的刀架只能使用其配套生产的刀片，吉列公司靠这种价格策略占据了大量市场份额。

4）分部定价

分部定价是指企业在产品组合内实行分段或按部分定价，多用于服务性行业。企业采用这种策略通常会先收取一些固定费用，再在此基础上收取可变费用。例如，固定电话每月有固定的座机费和通话费；景点有大门票，进入园区后还有小门票等。

5）副产品定价

副产品定价是指企业对主要产品的定价中包含副产品的处理费用，或如果副产品对某一消费群体有价值，就将其另外定价。例如，生产服装、生产加工肉类等都会产生副产品，这些副产品都需要另外定价。如果副产品价值很低，处理费用昂贵，那么主要产品的定价必须能够弥补副产品的处理费用；如果副产品能够带来收入，企业可以对主要产品定低价，以取得竞争优势。

6）产品群定价

产品群定价是指企业为了促进销售，将相关联的几种产品组合在一起，如化妆品套装、学生用品组合、春节大礼包等，制定一个整体价格进行销售。这种策略可以吸引消费者购买一些他们不太感兴趣的产品，以畅销货带动滞销货，减少库存积压。需要注意的是，成套产品的价格要比较优惠，最好有相应的单品同时销售，便于消费者通过比较而选择成套产品。

3. 地区定价策略

1）产地定价

产地定价是指卖方按出厂价格交货或将货物送到买方指定的某种运输工具上交货，交货后，产品在运输过程中的一切费用均由买方承担。采用这种策略的企业承担的费用最少，风险最小，较为便利，但对扩大销售有一定影响。

2）目的地定价

目的地定价是指由卖方承担从产地到目的地的运费及保险费。采用这种策略的企业承担的费用（包括手续费、运费和保险费等）和风险较大，手续比较烦琐，但有利于扩大产品销售，提高市场占有率。

3）统一交货价

统一交货价又称送货制价格，即卖方将产品送到买方所在地，不分路途远近，统一制定同样的价格。采用这种策略可使买方认为运送产品是一项免费的附加服务，也便于企业管理，适用于体积小、重量轻、运费低或运费占成本比例较小的产品。

4）分区定价

分区定价又称区域价格，是指企业将产品覆盖的整个市场分成若干个区域，在各区域实行不同价格。这种策略介于产地价格和统一价格之间。一般距离产品产地较远的地区价格较高，距离较近的价格较低。

4. 差别定价策略

差别价格策略是指根据交易对象、交易时间、交易地点等方面的不同，制定两种或多种不同价格，以适应消费者的不同需要，从而扩大销售，增加收益。

1）顾客差别定价

顾客差别定价是指企业把同一种产品或服务卖给不同的消费群体时采用不同的价格。例如，公园、博物馆、铁路局等对不同的消费者，如成人、儿童、军人、老年人、学生等，收取不同的票价。再如，电力公司按居民用电和商业用电，收取不同费用；超市对于非会员、会员、VIP 会员实行不同的价格。

2）形式差别定价

形式差别定价是指企业对不同花色、品种、式样、型号或形式的产品分别制定不同的价格，但不同型号或形式产品的价格之间的差额和成本费用之间的差额并不成比例。例如，容量分别为 5 千克和 6 千克的洗衣机价格相差 500 元，而二者成本相差无几。

3）地点差别定价

地点差别定价是指企业对处在不同位置或不同地点的产品或服务分别制定不同的价格。例如，剧院不同位置座位的票价不同，火车卧铺的上下铺票价不同等。

4）时间差别定价

时间差别定价是指企业对于不同季节、不同时期甚至不同钟点的产品或服务分别制定不同的价格。例如，停车收费按白天、夜晚收费标准不等，旅游产品分淡、旺季定价等。

5. 折扣定价策略

企业为了鼓励消费者及早付清货款、大量购买、淡季购买等，一般会进行价格折扣和折让的调整，直接或间接地降低产品基本价格。企业常用的价格折扣有以下几种。

1）现金折扣

现金折扣又称付款期限折扣，是指对现金交易或按约定日期提前付款的消费者给予一定的价格折扣，这是为鼓励买方提前付清货款而采用的一种减价策略。例如，双方交易时约定消费者在 30 天内必须付清货款，如果 10 天内付清货，则给予 2% 的折扣。

企业采用这种策略主要是为了加速资金周转，降低销售费用和经营风险。折扣率的高低一般根据买方提前付款期间的利息多少、提前付款期限的长短和经营风险的大小来决定。

2）数量折扣

数量折扣又称批量差价，是指企业给那些大量购买某种产品或集中购买一家企业的产品的消费者减价，这是为鼓励买方大批量购买而采用的一种减价策略。例如，消费者购买一袋牛奶2元，购买一箱牛奶（内装24袋）45元，折合每袋约1.9元。

企业采用这种策略主要是由于大量购买能降低企业生产、销售、储运、记账等环节的成本，因此可根据消费者购买数量的多少而给予不同程度的价格折扣。数量折扣可按每次购买量计算，也可按一定时间的累计购买量计算。一般来说，消费者购买的数量或金额越大，企业给予的折扣也就越大。

3）交易折扣

交易折扣又称功能折扣，是指企业根据交易对象在产品流通中的不同地位和功能，以及承担的职责给予不同的价格优惠，这是企业为了促使买方执行某种市场营销功能（如推销、储存、服务等）而采用的额外折扣策略。例如，消费者邀请好友在同一网站购物（或收藏、宣传等），可获得该网站的返利。

企业采用这种营销策略的目的是鼓励各类经销商、消费者等，让其认真协助营销，并与企业建立长期稳定的合作关系。

4）季节折扣

季节折扣是指企业给予购买非应季产品或服务的消费者的一种价格优惠，这是企业为了保持均衡生产、加速资金周转和节省费用，鼓励消费者淡季购买的价格策略。例如，冬季服装在夏季时以反季折扣价销售；旅馆、航空公司等在营业额下降时给旅客季节折扣等。

企业采用这种营销策略的目的在于鼓励买方在淡季提前订购和储存产品，使企业生产保持相对稳定，也减少因存货所造成的资金占用和仓储费用。该策略适用于一些常年生产、季节性消费的产品。

5）价格折让

价格折让是另一种类型的减价策略，主要包括以旧换新、回扣和津贴等形式。

以旧换新，即消费者在购买新产品时，以同类旧产品抵扣一部分货款，适用于家电、汽车等耐用品。

回扣，即消费者按标示价格付款后，企业按一定比例将一部分货款返还给消费者。

津贴，是企业给特殊消费者特定形式的价格补贴或其他补贴。例如，中间商为企业进行陈列产品、张贴广告等宣传时，企业给予一定的资助或补贴。

6. 免费定价策略

免费价格策略指的是企业将产品或服务以零价格或近乎零价格的形式提供给顾客使用，满足顾客需求。在传统营销中，免费价格策略一般是短期和临时性的，但在网络营销中，这种价格策略却是长期性的且行之有效的。

1）完全免费营销

完全免费营销，即产品从购买、使用和售后服务所有环节都实行免费，如淘宝网上开店、注册邮箱、博客、微博、微信、360杀毒软件等。免费不等于公司无利润，新浪网在2005年推出"名人博客"这一新闻形式之后，经过一年多的发展，新浪博客的日访问量已经过亿，巨大的访问量为新浪网的广告增收和无线业务增收打下了很好的基础。

2）部分免费营销

部分免费营销又称产品限制免费营销，是指设定一些限定条件对产品实行部分免费。根据"免费经济学"创始人克里斯·安德森（Chris Anderson）的观点，将限制免费模式分为以下四种。

一是限定时间。例如，30天试用期内免费，之后收费。

二是限定特征。例如，网络游戏《征途》对玩家免费开放但对升级所需的武器装备收费。

三是限定用户数。一定数量用户可以免费使用该产品，但超过这一数目则需要收费，如目前许多培训公司常常会有这样的广告，某月某日之前报名的或前12名报名者免手续费。

四是限定用户类别。例如，低端用户免费，高端用户付费。微软BizSpark项目就是使用的这种模式，在该项目中，成立时间少于3年且营业收入低于100万美元的公司可免费使用微软的商业软件。

3）产品捆绑式免费营销

产品捆绑式免费营销是指购买某产品或者服务时赠送其他产品。例如，一些软件会实行捆绑式免费策略，通过成熟软件的销售带动新软件进入市场。这有利于企业的产品迅速提高市场份额。

7. 心理定价策略

由于消费者的心理偏好、心理需求等不同，企业可以根据消费者的心理特点，迎合其心理需求定价。企业常用的心理价格策略有以下几种。

1）尾数定价

尾数定价又称零头定价或缺额定价，是指定价时保留小数点后的尾数，使消费者感觉价格低廉，同时留下定价认真的印象。例如，产品定价0.99元、9.98元要比定价1元、10元更受欢迎。

企业采用这种定价策略主要是抓住了消费者对数字的认知心理，尾数价格虽与整数仅相差几分或几角钱，却让人感觉低一位数，符合消费者的求廉心理。同时，消费者会认为这种价格经过精确计算，从而产生信任感。这种策略一般适用于基本生活用品。

2）整数定价

整数定价与尾数定价正好相反，是指企业有意将产品价格定为整数，以显示产品的优良品质。例如，瑞士手表定价为20000元、豪华轿车定价为150000元等。

企业采用这种定价策略主要是因为消费者对一些高档产品的质量较重视，把价格高低作为衡量产品质量的标准之一，因此整数定价使消费者产生"一分钱一分货"的感觉，从而有利于销售。这种策略多用于价格较贵的耐用品或礼品，以及消费者不太了解的产品。

3）声望定价

声望定价是指企业利用消费者仰慕名牌产品或名店的心理而定高价。例如，名牌时装、名人字画、珠宝古董等定价往往很高。

企业采用这种定价策略主要是抓住了消费者崇尚名牌、"便宜无好货、价高质必优"的心理。这种策略适用于质量不易鉴别的产品，购买这些产品的消费者关心的是产品能否显示其身份和地位，价格越高，其心理满足的程度也就越大。

4）招徕定价

招徕定价是指利用消费者的求廉心理，特意将某几种产品的价格定得较低，以吸引消费者，从而扩大店内所有产品的销售总量。例如，超市每天都有促销信息、饭馆每天推出一道特价菜等。

企业采用这种定价策略时，一般随机推出降价产品，每天、每时都有一至两种产品降价出售，吸引消费者经常来采购廉价产品，也因此推动正常价格产品的销售。企业虽然不能从降价产品中获利，甚至亏本，但由于低价产品带动了其他产品的销售，从总经济效益看，企业还是有利可图的。

8. 拍卖竞价策略

网上拍卖是消费者通过互联网轮流公开竞价，在规定时间内价高者赢得产品的销售方式。这是目前发展比较快的领域。经济学认为市场要想形成最合理价格，拍卖竞价是最合理的方式。目前国外比较有名的拍卖站点是 http：//www.ebay.cn，它允许商品公开在网上拍卖，拍卖竞价者只需要在网上进行登记即可，拍卖方只需将拍卖品的相关信息提交给 eBay 公司，经公司审查合格后即可上网拍卖。网上拍卖竞价方式主要有以下三种。

1）竞价拍卖

量最大的是 C2C 的交易，包括二手货、收藏品，也可以是普通商品以拍卖方式进行出售。例如，惠普公司将一些库存积压产品放到网上拍卖。再如，保利拍卖以拍卖中国古董、中国现当代油画及艺术品、中国近现代书画、中国古代书画等为主要项目。

2）竞价拍买

竞价拍买是竞价拍卖的反向流程，消费者求购某商品，提出一个价格范围，由商家出价，出价可以是公开的，也可以是隐蔽的，消费者最终与出价最低或最接近的商家成交。

3）集体议价

在互联网出现以前，这种方式在国外主要是由多个零售商结合起来，向批发商或生产商以数量换价格的方式。互联网出现后，使得普通的消费者能使用这种方式购买商品。提出这一模式的是美国著名的 Priceline 公司，作为动态定价的一种形式，集体议价将不同的投标者联合起来以便获得折扣价格。

9. 使用定价策略

所谓使用价格，是指消费者通过互联网注册后可以直接使用某企业的产品，消费者只需要根据使用次数进行付费，而不需要将产品完全购买。这一方面减少了企业为完全出售产品而进行的不必要的大量的生产和包装浪费，同时还可以吸引过去那些有顾虑的消费者使用产品，扩大市场份额。消费者每次只根据使用次数付费，既节省了购买产品、安装产品、处置产品的麻烦，又可以节省不必要的开销。目前，比较适合的产品有软件、音乐、电影等产品。

10. 价格调整流程

1）明确背景条件

产品价格的变动总是频繁而迅速的，但这并代表企业可以随时随意调整价格。事实上，企业希望维持产品价格稳定，但在一些特定的背景条件下，如出于一些商业动机或迫于一些市场竞争等，需要进行降价或提价调整。

企业进行降价的背景条件如下：①企业生产能力过剩，市场供大于求；②企业希望提高市场份额，或市场份额下降，需要扩大销售；③市场不景气，行业整体发展呈下滑趋势；④产品品质、成本或企业形象下降；⑤企业出现财务危机，需要尽快回笼资金；⑥企业需要处理产品库存；⑦企业准备退出这一产品市场等。

企业进行提价的背景条件如下：①企业产品供不应求，需要减少或限制需求量；②产品的质量提高或性能提升；③企业的品牌形象提升；④企业的市场定位或营销策略调整；⑤产品成本增加，企业希望保证利润；⑥竞争者产品提价等。

2）预估分析各方反应

企业无论是将产品价格降低还是提高，都会或多或少影响消费者、竞争者、经销商和供应商的利益，而他们对企业调价的反应直接影响企业的经营利益及企业形象等。因此，企业在调整价格前，对各利益相关方可能做出的反应进行预估分析是非常必要的。这里主要介绍消费者和竞争者对调价的反应。

（1）消费者对调价的反应

消费者对于企业的调价并不一定像企业所希望的那样给予理解，可能会产生一些对企业不利的后果。

企业将产品降价，本应吸引更多的消费者，但有时消费者可能这样理解：①这种产品要被淘汰，零配件将无处购买；②这种产品有某些缺点，销售不畅；③企业财务困难，难以继续经营下去；④这种产品的价格还要进一步下跌；⑤这种产品的质量下降了。这些消费者大多认为降价无好货，对此抱以持币观望的态度。因此，不适当的降价反而会使销售量减少。

企业提价，通常会抑制购买，但有时消费者也可能这样理解：①这种产品很畅销，不赶快买就买不到了；②该产品可能还要涨价；③这种产品品质优良，提价是必然的；④企业想尽量取得更多利润。以上情况可能造成涨风越大，抢购风越大，达不到企业预期的提价目的。

综上所述，企业在产品降价、提价之前和之后，都应向消费者解释清楚，让消费者了解情况，以便对调价做出正确的反应。

（2）竞争者对调价的反应

市场营销环境变幻莫测，一个企业的产品调价行为往往牵一发而动全身，引起行业内各竞争者的价格变动。一般来说，先进行调价的企业具有竞争主动权，而后进行调价的企业则处于被动状态。企业调价后，竞争者可能采取的应对对策有以下几种。

① 降价。竞争者采用这种策略可以使销售量和产量增加，从而使产品成本下降，企业利润不会受损；但降价后，需要尽力保持原来的产品质量和服务水平，否则会失去信誉。

② 提价。竞争者采用这种策略时，一般会同时推出一些新产品，以期对先行调价的企业进行反击。

③ 保持价格不变。竞争者采用这种策略可以避免因降价而减少利润，同时可以保证市场占有率不会下降太多，以后还可能恢复市场份额。

④ 保持价格不变，同时改进产品。竞争者采用这种策略可以通过改进产品的质量、样式、包装、服务等，运用非价格手段进行反攻，比降价和提价经营更精明，也更难。

3）确定调价范围和幅度

企业在进行价格调整前，还要对产品的价格弹性做详细分析，测算价格调整带来的销量、收益变化幅度，从而确定价格调整的范围和幅度。价格调整的范围与企业的营销目标相关，因此，由企业决策层根据测算结果做决定。

价格调整的幅度不宜过大，避免引发价格战，造成不必要的过度竞争。降价时尽量一次降到位，切不可出现价格不断下降的情况；提价时可参考先进经验，如提价幅度一般是产品原价的5%，或者要参考竞争者的提价幅度。

4）选择调价时机与地点

不同产品的调价时机不同，如日用品可选择节假日前后调价，季节性产品可选择季节交替之时调价。此外，为避免消费者和中间商的不满，企业可以限时调价，在供货合同中写明调价条款。

企业进行价格调整时，可以选择在一个地点先行实施，其他各地再纷纷响应的形式；也可以同时在多个地点实施，使竞争者措手不及。

5）策划调价方式

价格调整有明调与暗调两种方式。明调是直接降低或提高产品价格，其他条件不发生任何变化。暗调分暗降和暗涨两种。暗降包括增加产品的附加服务、给予折扣和津贴、实行优惠券制度、予以实物馈赠和退还部分货款等方式，暗涨包括减少产品包装数量、更换产品型号种类、取消优惠条件等方式。

6）做好配合工作

为配合价格调整策划工作，企业应做好相应的配合工作：①做好生产设备、原材料等方面的调整，以免出现销量猛增而断货脱销的现象；②做好生产、服务、运输能力等方面的调整，以免出现产品质量下降而失去消费者的情况；③做好流通渠道等方面的控制，以免出现不同地区窜货、私下倒买倒卖的现象。

6.3.4 实训步骤与成绩评定

1. 实训步骤

第一步，对水果超市新引进的产品销售情况进行周监控评估。

第二步，讨论分析销售额下滑的原因。

第三步，选择适当的价格策略，对该水果价格进行调整，提交价格调整报告。

第四步，团队汇报，教师点评。

2. 成绩评定

成绩评定的要求见表6-3。

表6-3 考核要求及评分标准

考 核 内 容	考核要求及评分标准	分 值
销售额下滑原因的分析	分析全面、到位	20
价格策略	选择适宜的价格策略，价格调整准确，具有可实施性	20
价格调整报告	能按价格调整流程拟定调价报告	20
	内容完整、条理清晰、排版工整	20
团队汇报	语言表达清晰、流畅	10
	神态自然、手势得体、有自信心	10

6.3.5 课后练习

1. 单选题

（1）为鼓励顾客购买更多物品，企业给那些大量购买产品的顾客的一种减价称为（ ）。

A. 功能折扣

B. 数量折扣

C. 季节折扣

D. 现金折扣

（2）在折扣价格策略中，（ ）折扣并不是对所有商品都适宜。

A. 交易

B. 季节

C. 数量

D. 现金

(3) 1.99 元采用的是（　　）策略。

A. 尾数定价

B. 整数定价

C. 招徕定价

D. 声望定价

(4) 珠宝更适合采用（　　）策略。

A. 尾数定价

B. 整数定价

C. 招徕定价

D. 声望定价

(5) 如果企业按产地定价出售产品，那么产品从产地到目的地发生的一切损失都将由（　　）承担。

A. 卖方

B. 买方

C. 承运人

D. 保险公司

2. 判断题

(1) 在补充产品定价策略上，企业通常将主产品价格定得较高，补充产品价格则低，以吸引顾客。（　　）

(2) 分部定价与补充产品定价本质上都是同一性质的产品组合价格策略。（　　）

(3) 面对激烈的竞争，企业为了生存和发展，在任何时候都应始终坚持只降价不提价的原则。（　　）

(4) 提价会引起消费者、经销商和企业推销人员的不满，因此提价不仅不会使企业的利润增加，反而导致利润的下降。（　　）

(5) 尾数定价利用了消费者求便宜心理。（　　）

3. 案例分析题

珠宝店的"意外提价"

Silverado 珠宝店专门经营由印第安人手工制成的珠宝首饰。几个月前，珠宝店进了一批由珍珠介质和银制成的手镯、耳环和项链等精选品。

店主十分满意这批珠宝的样式、色泽等，并为其标上合理的价格（成本加合理利润），期待这批独特的珠宝大受欢迎，其价格也会让消费者觉得物超所值。

但是，这些珠宝在店中摆了一个月后，销售情况让店主十分失望。店主尝试着将珠宝装入玻璃展示箱，并将其摆放在该店入口的右手侧，让职员们花精力推销等，但这些方法都不见效。

店主又一次外出采购前，决定半价出售这批珠宝，以腾出仓库存放新货，于是匆忙留给职员一张字条——"这种款式的所有珠宝×1/2"。

数日后，店主归来，那批珠宝已经销售一空，可是她还是不理解为什么这批珠宝别致美观，消费者却置之不理，难道消费者都认为价格太贵，非等到半价销售才肯购买？看来这种珠宝首饰不适合消费者的胃口，下次采购新珠宝时一定要谨慎。

这时，一名职员过来向店主请教："我虽然不懂店主为什么要对滞销产品进行提价，但为什么高价之下，商品的出售速度却如此惊人？"

店主不解地问："什么高价？我留的字条上是说价格减半啊。"

"减半？"职员吃惊地问，"我认为您留的字条意思是这种款式的所有珠宝价格一律按双倍计。"结果职员将价格提高了一倍而不是减半。

思考与讨论：

珠宝店的"意外提价"，为什么会卖得好？

4. 思考题

（1）廉价的中国绣花鞋为什么卖不过高价的韩国绣花鞋？

（2）分享"双11"期间哪些价格策略让你欲罢不能？

（3）满200减100和打5折，作为商家你会选择哪种促销定价方式？为什么？

（4）考一考你的眼力，以下各图体现了哪种价格策略？

知识点小结

定价是市场营销组合中最敏感、最难以确定的因素，通常也是影响交易成败的关键要素。影响定价的因素是多方面的，但最主要的是成本、需求和竞争。成本决定了产品价格的下限，需求决定了产品价格的上限，在最高价格与最低价格幅度内，产品价格则取决于市场竞争状况及竞争者同种产品的价格水平。除此之外，企业的定价目标、产品生命周期、政府的政策法规、消费者的心理与行为习惯、企业或产品的形象等都会对产品定价产生影响。

定价方法主要有成本导向定价、需求导向定价、竞争导向定价。成本导向定价具体有成本加成定价法、盈亏平衡定价法、边际成本定价法。其中，变动成本是企业定价和参与价格竞争的最低底线。需求导向定价具体有反向定价法、理解价值定价法、需求差异定价法。它不直接以企业的生产成本为定价依据，而是根据市场需求和消费者的反应来确定价格。竞争导向定价具体有随行就市定价法、竞争价格定价法、投标定价法。它以竞争对手的价格作为定价依据，制定本企业同类产品价格。

企业面临的销售情况千变万化，因此确定了产品的基本价格之后，还要根据环境变化制定相应的价格策略，适时调整价格，以适应外部环境。价格策略具体有：新产品定价策略、产品组合定价策略、地区定价策略、差别定价策略、折扣定价策略、免费定价策略、心理定价策略、拍卖竞价策略、使用定价策略等。

价格调整流程如下：第一，明确背景条件；第二，预估分析各方反应；第三，确定调价范围和幅度；第四，选择调价时机与地点；第五，策划调价方式；第六，做好配合工作。

项目 7

渠道为王？——分销决策

项目目标：

能力目标

- 能够解释企业营销渠道的作用及意义
- 能够辨析各类营销渠道及其结构特点
- 能够根据产品及营销环境状况设计选择合理的营销渠道
- 能够应对营销渠道的日常管理及维护

知识目标

- 认识企业的市场营销渠道及其职能
- 了解企业营销渠道设计的基本流程
- 明确企业维持营销渠道稳定运行的管理职能

素质目标

- 践行现代营销理念和合作共赢态度
- 培养系统性思维，提高整体意识
- 培养分析能力、应变能力和解决实际问题的创新能力

项目内容：

营销渠道又叫分销渠道，是企业营销组合策略中的一个重要构成。企业生产的产品或服务只有通过一定的营销渠道才能在适当的地点、时间以合理的价格提供给终端顾客，从而达到满足市场需求的营销目标。越来越多的企业发现，在产品、价格乃至广告同质化趋势加剧的今天，畅通高效的"营销渠道"成为其开拓和占领市场的核心竞争优势。即便在移动互联网和新的传播技术影响之下的全渠道营销4.0时代，"渠道为王，终端制胜""谁拥有一条好的渠道，谁就拥有了市场和消费者"等经营理念仍是众多企业津津乐道的成功经验。众多企业将以"舍弃过去发现未来"的创新精神来迎接这场渠道变革的

新挑战。小刘是返乡创业的90后大学生，依靠政府发起的乡村振兴政策在家乡注册成立了现代农业产业园，以种植销售家乡特色农产品为主营业务，助力当地乡村振兴。金秋时节，园区基地种植的苹果梨到了采收季节，即将进入热销期。眼下，小刘需要解决的棘手问题是：如何为即将上市的苹果梨搭建起销往全国各地的营销渠道，免于滞销风险？

项目分解：

  任务7.1 认识渠道结构
  任务7.2 设计营销渠道
  任务7.3 维护营销渠道

任务7.1 认识渠道结构

7.1.1 实训目标

明确营销渠道的职能，认识营销渠道的基本结构及分类，了解营销渠道各成员的构成及其重要功能。

7.1.2 实训内容

关注特定企业的营销渠道经典案例，体会营销渠道在实现企业营销目标中的职能，识别该企业营销渠道的基本结构及其特点，洞察渠道未来发展的整体趋势。

7.1.3 实训指导

试想，无论你此刻被定位在世界的哪一方向，清凉、冰爽的"可口可乐"总能满足你"随手可得"的强烈愿望；快捷、便利的麦当劳餐厅内总能为你奉上美食与服务的速度与激情。你之所以能够如此惬意且不受地理空间的限制，享受到原产自不同国家或者地区的产品或服务，其功勋者非营销渠道莫属。企业的经营除了要去寻找目标顾客之外，还要考虑一个重要的问题——"如何让顾客找到你"。营销渠道就是一个可以打破生产者与终端顾客之间的地理间隔屏障，让产品或服务在彼此之间的交换更加便利的重要存在。

1. 认识营销渠道及其职能

1）什么是营销渠道？

企业生产的产品或服务很少会直接卖给终端顾客，更多的时候需要通过中间商将产品在市场上销售，充分利用中间商的关系、经验、专业知识和足够庞大的经营规模，提高产品进入终端市场的效率。因此，这些帮助企业转移产品至终端顾客的中间商架起了生产企业与终端市场之间的联结桥梁和有效的流通通道，即营销渠道。

被誉为现代营销学之父的菲利普·科特勒认为：营销渠道（或分销渠道）是一组相互依赖的组织，可以为消费者或者产业用户提供用于使用或者消费的产品或服务。简言之，营销渠道是指企业赖以将其产品或服务有效销售出去的所有中间环节或过程，它构成了产品或服务从生产领域向消费领域转移的一个路径或通道，又被称为销售通路、流通渠道或分销渠道。营销渠道以产品或服务的生产企业为起点，以终端顾客为终点，以经销商、批发商、代理商、终端零售商、经纪人等中间商作为中间环节。借助于这个畅通无阻的完整分销链，企业的产品或服务会不失时机地被源源不断地投向目标市场，与全国甚至世界范围的顾客见面，供顾客选择与享用。

2）营销渠道的职能

营销渠道作为生产企业用来投放产品或服务进入各目标市场的核心载体，通过消除产品或服务与终端顾客之间在时间、地点和所有权上的差距，增加了价值。因此，站在生产企业的角度上，营销渠道承担了许多关键职能，具体表现为以下几点。

（1）销售职能

生产企业通过营销渠道将产品或服务销售到终端目标市场，达到满足顾客需求并最终实现企业经营目标，获取经营利润的目的。这是渠道具有的最直接、最基本也是最核心的职能。

（2）传递信息

生产企业通过营销渠道获取有关顾客、市场行情、竞争者及其他市场营销环境信息，并实现渠道成员之间的共享与交流，为渠道战略决策提供重要依据。

（3）促销职能

生产企业通过营销渠道成员，特别是批发商、零售商等协助开展广告宣传，发送和传递产品或服务的促销信息给终端顾客，满足其消费需求，达到促进销售的目的。

（4）洽谈职能

生产企业通过营销渠道成员之间的彼此协商、谈判的方式寻找潜在购买者，协定有关产品或服务的价格、种类、数量以及规格等相关交易条件，签订最终协议，以实现使用权和所有权的转移。

（5）物流职能

生产企业通过营销渠道成员来承担实体产品从出厂到流通至终端顾客过程中的订货、付款、运输、配送、仓储及库存等环节的物流服务功能。

（6）融资职能

生产企业通过营销渠道成员为完成其所承担的渠道职能而进行的融资活动，以补偿生产及销售环节的成本费用，提高资金流转效率，保证渠道的正常运转。例如，生产企业通过要求经销商预付定金或保证金进行融资，经销商通过要求制造商压货或给予授信赊销额度来减少资金的占用，零售商通过延迟付款在短期内变相增加资金量等。

（7）风险承担

生产企业通过营销渠道成员来分担产品分销环节因市场波动、政治动乱、自然灾害等因素引发的物流风险、滞销风险、价格风险等分销风险。

（8）服务职能

生产企业通过营销渠道成员为终端顾客提供匹配满足其需求的合适的产品、接待、信用、送货、安装、维修、培训等相关服务。

营销渠道成员与生产企业共同努力，为方便顾客购买营造了一个好的渠道氛围。试想，娃哈哈饮用水无需专设分布全国的零售小店来自行销售，只要借用布局于全国市场区域的巨大经销商渠道网就可以实现产品铺满全国的目标；可口可乐公司也无需在遥远的美国工厂为全球各地爱好者奉上自己的产品，而只需要借助于合法授权的装瓶厂就实现了产品遍布全球的设想。生产企业通过与其中间商之间的合理分工，既节约了费用，也提高了流通的效率和效益，达到了更好地服务于终端顾客需要的营销目标。

2. 营销渠道的结构及其分类

1）营销渠道的参与者及其构成

作为一个完整的系统，营销渠道的组成包括了生产企业、中间商和消费者等成员性参与者，以及物流企业、市场调研机构、广告代理商、银行、保险机构等非成员性参与者。这是依据伯特·罗森布罗姆的观点，按照是否参与商品所有权转移的谈判及所有权是否发生实际转移而进行的分类，如图 7-1 所示。营销渠道的参与者是渠道结构的重要构成，也是渠道运行的核心。其中，渠道成员性参与者作为构成主体，直接参与商品所有权转移的谈判，其谈判结果直接决定了商品的市场价格和利益的分配；渠道的非成员性参与者只作为辅助性质的组织和机构，不直接参与商品所有权的转移，只是帮助其他渠道参与者提高渠道运行效率与效益。从营销渠道的建设和发展来看，尽管这些非成员性参与者也是维系渠道运行的重要组成，但通常不作为渠道管理的研究范畴。一般来讲，营销渠道主要考虑的是对渠道成员性参与者的管理和控制。这也是狭义的营销渠道概念的界定，其结构由处于渠道起点的产品或服务提供者的生产企业（制造商）、取得产品或服务所有权或帮助所有权转移的中间商，以及处于渠道终点的终端顾客（消费者）构成。其中，生产企业通常是渠道建设与渠道管理的主要领导者，中间商承担渠道的一系列关键职能，对渠道效率和效益有着重要的影响，而终端顾客（消费者）是营销渠道的最终服务对象，对渠道结构及其演变具有至关重要作用。

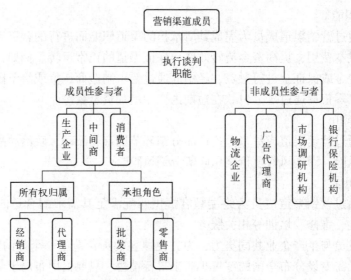

图7-1　营销渠道的参与者及其构成

2）营销渠道的基本结构及其分类

如上可知，营销渠道由众多渠道成员构成，基于生产企业不同的营销环境和特定的营销战略目标要求，渠道成员之间会有不同的分工与合作的关系，进而产生了不同的渠道结构。

（1）营销渠道长度结构

通常以生产企业到终端顾客（消费者）所经过的中间流通环节的数量为依据确定营销渠道的长度。如图7-2所示，这里呈现了几种不同长度的营销渠道，分别为零级渠道、一级渠道、二级渠道和三级渠道。其中，零级渠道因没有中间商环节，生产企业直接向终端顾客（消费者）销售产品或服务，故被称为直接营销渠道，如戴尔以电话订购模式和互联网平台直接向终端客户销售电脑，雅芳、玫琳凯和安利通过家庭和集团销售、小组上门推销或者互联网直销产品。其余营销渠道因包含一家或几家中间商而被归属于间接营销渠道。

生产企业的产品或服务投向目标市场需经过的中间流通环节越多，中间层级越复杂，则渠道就越长；反之，就越短。基于渠道的长度结构，通常将零级渠道、一级渠道归属于短渠道，而将二级渠道、三级渠道及以上层级渠道归属于长渠道。例如，家电生产企业选择直接对接国美、苏宁等大型专业连锁机构销售产品，或是利用天猫、京东等互联网平台直销产品，这是短渠道。短渠道具有流通成本低、掌握市场信息快、管控能力强等优势，也存在市场覆盖范围有限等劣势。再如，家电生产企业通过发展区域经销商，成功进入当地大型综合卖场，设置品牌专柜销售产品，这是长渠道。长渠道具有市场覆盖范围广、占有分销资源多等优势，也存在较大的管控难度和缺乏价格竞争优势等劣势。

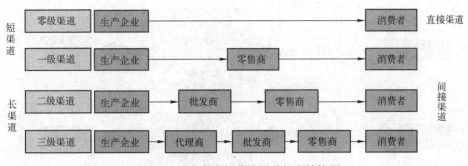

图7-2　消费者市场营销渠道长度结构图

（2）营销渠道宽度结构

除了渠道的长度结构，生产企业还需关注渠道的宽度结构。营销渠道的宽度取决于渠道任一中间环节分销产品或服务的同类型中间商的数量。生产企业使用的同类型中间商越多，产品或服务的营销渠道就越宽；反之，就越窄。例如，可口可乐为满足消费者"随手可得"的愿望，通过超级卖场、便利店、购物商场、餐馆酒店、快餐店、街边摊贩、办公机构、各类教育机构、娱乐场所、交通窗口、旅游景点等零售渠道销售产品，这是宽渠道。宽渠道可以实现市场覆盖范围最大、销量最大的目标，但易引发窜货、乱价等渠道冲突的风险。再如，奢侈品牌箱包只通过少数批发商、零售商推销其产品，或者在某一地区独家授权某一批发企业、零售企业经销其产品，这是窄渠道。窄渠道因同一层级的营销渠道成员较少而提升了渠道的控制性，也利于为目标市场提供更具针对性的产品或服务，提升品牌档次，但需面临市场覆盖率较低、渠道建设成本较高等不足。窄渠道较适用于销售技术性强，生产批量小的产品。

基于营销渠道的宽度结构，可以将其区分为：密集型分销、选择型分销和独家分销三种类型，如图7-3所示。

密集型分销是指生产企业在同一层级的中间环节中选用尽可能多的中间商销售自己的产品或服务，以满足消费者"随手可得"的消费需求。密集型分销具有市场覆盖范围广、市场拓展能力强、顾客接触率高、品牌知名度提升速度快、销售业绩增长迅速等优势，也存在渠道建设成本高、渠道控制力弱、渠道成员间冲突频发、渠道成员缺乏忠诚度等劣势。密集型分销一般适用于日用消费品、食品等消费者经常购买或替代性高的产品，以及工业品中的标准化、通用化程度较高的小件用品。

选择型分销是指生产企业在一个目标市场通过选择少数几个中间商分销其产品或服务，以实现提升品牌形象、增强销售能力、增加产品购买的目的。选择型分销能够充分利用中间商的强大资源优势，维护与提升自身的品牌形象，增加产品的市场覆盖范围并提升销量，但需要面临分销商选择、分销商之间矛盾冲突、市场覆盖范围有限等现实问题。选择型分销可以适用于所有产品，但更适合于消费品中的选购品、特殊品和工业品中的零配件。

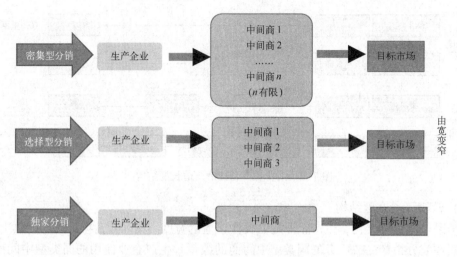

图 7-3　营销渠道宽度结构图

独家分销是指生产企业在一定地区内只选用唯一的一家中间商来分销自己的产品，并遵照合同约定，中间商不得再经营竞争性的产品，生产企业也不得再向其他中间商供货，实行独家经销。独家分销具有渠道成员选择与管理控制较容易、渠道冲突风险较低、与经销商合作较融洽、促销费用较低等优势，但也存在市场覆盖率低、难以接触到广泛顾客、销售量受限、因过度依赖中间商而影响生产企业（制造商）的渠道控制力等劣势。独家分销主要适用于一些技术性强，价值高或体积大、较笨重的产品，如钢材、化工原料、建材、机器设备等工业用品，以及部分高档耐用品、奢侈品，如钢琴、钻石饰品等。

（3）营销渠道广度结构

营销渠道广度是由生产企业选择构建的营销渠道的条数来确定的，具体包括：单一营销渠道和复合营销渠道（多渠道）。

单一营销渠道是指生产企业仅限于唯一的渠道类型，统一的渠道运行机制来进行产品销售的模式。例如，女装品牌麦考林创业之初只通过目录邮购这一种渠道服务于终端顾客；三只松鼠坚果类产品创立之初只借助于淘宝、天猫这一电商平台尝试推广销售产品等。

复合营销渠道，又称为多渠道，是指生产企业同时利用几种类型的营销渠道模式来销售其产品或服务的渠道体系，以此增加市场覆盖面、降低渠道成本、增加销售定制化程度和提高渠道整体效力。例如，麦考林在目录邮购之上，又进一步拓展至目录销售、线上商城及线下实体店等多渠道销售模式；三只松鼠也将其线上运营模式拓展至线下实体店的渠道布局，包括开设直营店"三只松鼠投食店"和联盟店"三只松鼠联盟小店"等，以此大踏步进军国内休闲零食市场。

随着互联网和电子商务时代的到来，消费者的信息沟通方式、购买行为方式等均发生了巨大改变，从定期购物转变为全天候购物，从定点购物转变为全空间（任何地点）购物，从被动参与购物转变为主动参与购物，从大众化购物转变为个性化购物，从被动接受商家单维度信息转变为主动搜寻商家多维度立体信息，进而导致传统的单一零售渠道模式越来越无法匹配新的消费需求。因此，生产企业需要将各种不同的营销渠道整合成"全渠道"，实现彼此的无缝衔接，满足消费者不同营销渠道下获得一致的购物体验需求。

3. 中间商

中间商是处在生产企业与终端顾客之间，参与产品或服务的转移过程并促成交易实现的经济组织或个人，归属于营销渠道的成员性参与者。

1）经销商与代理商

根据中间商所掌握的商品所有权的不同，可以将中间商区分成经销商与代理商。

经销商是拥有商品所有权的中间商。作为某品牌或某产品的经销商，需要先从生产企业购进产品，取得产品的所有权，再将购入的产品以批量销售的形式，通过自己所拥有的营销渠道向批发商、零售商或其他组织和个人销售以获取相应的利润。所以，经销商与生产企业之间形成了买家与卖家的关系。在双方买卖交易的过程中，经销商取得了产品的所有权，同时需承担产品流通环节的各种风险。例如，某品牌护肤品的经销商，某家电品牌的经销商都归属该类型。

代理商是不拥有商品所有权的中间商。作为某品牌或某产品的代理商，会被生产企业授予"销售商品的代理权"，即代理厂家相应品牌或相应产品的销售事宜，并通过提供代理服务而获得相应的佣金收入。因此，代理商与生产企业之间是一种委托代理关系。品牌代理商只拥有代理权，而不具有所有权，这是与经销商最大的区别。汽车销售代理、手机销售代理、房产中介等都属于此类型。

比较来看，品牌经销商与品牌代理商从经营性质上有很大差异：

① 经销商拥有商品的所有权，代理商不掌握商品的所有权；

② 经销商以自己的名义进行销售，代理商则以厂家的名义进行销售；

③ 经销商通过购销差价获得利润，代理商通过佣金获得利润；

④ 销售风险上，经销商是独自承担风险，代理商不承担风险；

⑤ 经销商的经营方式为购进销出商品，代理商的经营方式为代理销售商品。

2）批发商与零售商

根据中间商所承担的角色和地位的不同，可以将中间商区分成批发商与零售商。

批发商是专门从事批量购销产品的中间商。具有独立法人资格的批发商，作为营销渠道的中间环节，从上游的生产企业购进产品或服务，再转售给下游的其他批发商、零售商、产业用户或各种非营利性组织，而非直接向个人或家庭消费者销售。批发商是产品流通的中间力量，是连接生产企业与零售企业的重要枢纽，对完善企业经营、扩大市场规模、提高经济效益和满足市场需求具有重要作用。现代批发组织由三种主要类型的批发商组成，分别为商业批发商，代理商和经纪人，以及制造商自营销售组织。

零售商是向个人或家庭等终端顾客销售产品或服务的中间商。零售是分销活动的最终环节，以购买产品或服务并满足自身消费需求的最终消费者为服务对象。零售商是生产企业和消费者之间最重要的桥梁，在营销渠道中发挥着重要的功能，具体表现为：

① 提供产品组合，降低消费者购买成本；

② 分装货物，为消费者提供了形式效用；

③ 保有存货，降低消费者存储产品的成本，创造时间效用；

④ 提供服务，为消费者购买和使用产品创造了便利条件，创造空间效用。

零售业态是指为满足不同的消费需求，商品零售经营者对相应要素进行组合而形成的不同经营形态。遵照《零售业态分类》（GB/T 18106—2021）的分类原则，以有无固定营业场所为依据，零售业态可以分为有店铺零售和无店铺零售两类。其中，有店铺零售是指有相对固定的，进行商品陈列、展示和销售的场所和设施，并且消费者的购买行为主要在这一场所内完成的零售活动。无店铺零售是指通过互联网、电视/广播、邮寄、无人售货设备、流动售货车或直销等，将自营或合作经营的商品，通过物流配送，或消费者自提，或面对面销售等方式送达消费者的零售活动，具体内容如图 7-4 所示。

有店铺的零售业态

便利店
超市
折扣店
仓储会员店
百货店
购物中心
专业店
品牌专卖店
集合店
无人值守商店

网络零售
电视/广播零售
邮寄零售
无人售货设备零售
直销
电话零售
流动货摊零售

无店铺的零售业态

图 7-4　零售业态分类图

比较来看，批发商与零售商的区别主要表现在：

① 交易对象上，批发商的交易对象为生产企业、零售商或下一层级的批发商，而零售商的交易对象为个人或家庭等消费者；

② 销售批量上，批发商的销售批量大且多次转卖，而零售商的销售批量较小且只经历一次转卖；

③ 地区分布上，批发商集中分布在经济中心城市和交通枢纽地区，而零售商则分散在全国各地的消费者聚集区。

7.1.4 实训步骤与成绩评定

1. 实训步骤

第一步，分组。每小组 4 人，确定组长。以小组为单位搜集资料。

第二步，小组内讨论，确定最优案例，分析其营销渠道结构、特点及其职能。

第三步，每小组选出一名代表，在班级做 PPT 汇报，汇报时间为 5 分钟。

第四步，小组之间互评，教师点评。

2. 成绩评定

成绩评定的要求见表 7-1。

表 7-1 考核要求及评分标准

考核内容	考核要求及评分标准	分 值
案例的选取与分析	选取的材料具有代表性、创新性、时效性	20
	对其营销渠道的分析准确、到位	20
	有独到见解	10
团队汇报	语言表达清晰、流畅	15
	PPT 制作精良	15
	仪表得体、面带微笑	5
	时间掌控能力强	5
团队分工与合作	团队分工明确、合作完成任务	10

7.1.5 课后练习

1. 选择题

（1）某制造商在与渠道经销商的合作中为了更好地把握市场需求和竞争对手的情况，委托经销商帮助搜集、分析消费者市场和竞争对手的信息，进而更好地把握市场需求，降低风险。这种做法体现了渠道的（　　）。

A. 物流功能

B. 风险承担功能

C. 谈判功能

D. 市场调研和信息传递功能

（2）某市一家饮品经销商从可口可乐公司购进产品，再供给当地的超市和便利店进行销售。请判断可口可乐饮品的分销链属于（　　）类型。

A. 制造商—消费者

B. 制造商—零售商—消费者

C. 制造商—代理商—专卖店—消费者

D. 制造商—经销商—零售商—消费者

(3) 消费品中的便利品通常采取（　　）的分销策略。

A. 密集分销

B. 独家分销

C. 选择分销

D. 直销

(4) 营销渠道作为一个完整的系统，由（　　）所构成。

A. 消费者

B. 物流公司

C. 制造商

D. 广告公司

E. 经销商

(5) 经销商与代理商的区别在于（　　）。

A. 所有权不同

B. 收入来源不同

C. 承担的风险不同

D. 经销商是渠道成员，代理商不是渠道成员

2. 判断题

(1) 代理商不具有对商品的所有权，只能执行生产厂家的价格政策。（　　）

(2) 渠道能够创造企业的竞争优势。（　　）

(3) 营销渠道的起点是供应商，终点是消费者。（　　）

3. 案例分析题

妙可蓝多践行"让奶酪进入每一个家庭"

2016 年，面对中国乳品市场，特别在液态乳业领域激烈的竞争环境，妙可蓝多另辟蹊径，转变思路，以奶酪单类产品这一细分市场作为突破口，借助对爆红营销战略的精准把握，成功撬动百亿级乳品大市场。

1. 精准市场细分

一直以来，作为传统西方饮食体系重要组成的奶酪产品并没有在国内消费市场得到深度开发，依然处于市场培育期，潜在市场空间很大，是乳制品行业的蓝海。面对奶制品市场竞争日趋白热化的形势，妙可蓝多以细分市场入手，借助"马苏里拉"奶酪系列与"儿童奶酪棒"两款主打产品，成功突破了蒙牛、光明、三元等传统国内乳品巨头的垄断，成为了奶酪市场的领导品牌。

2. 夯实产品品质

为了迅速奠定明星产品地位，妙可蓝多开启了整个产业链的深度布局：引进澳洲最优质的荷斯坦奶牛，在中国吉林省建设拥有万头奶牛的生态牧场；引进来自欧洲和澳洲具备世界一流水平的生产设备和技术，并与众多全球巨头奶企达成战略合作；设立研发中心，引进并建立以"中国奶酪第一人"领衔的研发团队，让旗下新品始终保持市场竞争力。

3. 深耕市场占领心智

明确以儿童作为主要的奶酪终端消费群体，围绕"更适合中国宝宝口味"的主题进行营销宣传及品牌推广，专注于产品安全、品质、营养及口味特色，充分占领广大家长的心智需求。

4. 多元化营销精准到位

一是开展跨界营销，同火爆中国的热门动画 IP "汪汪队"版权方达成战略合作，在奶酪棒外包上印制儿童喜爱的汪汪队动画形象，吸引儿童注意力。随着《汪汪队立大功》的播出，妙可蓝多的品牌形象及辨识度得到成功提升。二是充分借助传统媒体与新媒体矩阵开展病毒营销，根据《两只老虎》改编成全新的奶酪广告，在央视平台和各大分众传媒电梯广告中持续发酵。三是积极开展社群粉丝运营，并通过与小红书、抖音、天猫社群等第三方自媒体平台合作，借助各平台大 V 及关键意见领袖（KOL）的影响力进行消费者的市场教育，从而快速实现引流变现。

5. 全渠道营销助品牌升级

妙可蓝多确立了线上线下双轮驱动的市场新零售战略。线上，先后和天猫、拼多多、京东、苏宁等主流电商平台明确战略合作。在充分分享借助这些大流量渠道资源的同时，妙可蓝多的市场占有率与品牌知名度也呈现出爆炸式提升。线下，注重零售终端的资源整合。以产品及品牌获得了众多合作终端企业的高度重视，也收获了优势陈列资源和活动资源。特别是在拓展奶酪消费新场景上，妙可蓝多除了将产品融入到消费者的日常生活与饮食文化中之外，还跨界与餐饮企业实现融合发展，将其旗下产品，如黄油、稀奶油、炼乳、奶油芝士等融入到众多餐饮企业的食品链，并且和多乐之日、海底捞、全家、萨莉亚等众多餐饮、烘焙连锁巨头达成战略合作。目前，妙可蓝多线下拓展的新零售终端合作企业，已经超过了300 家。

顺应中国乳品消费升级和国人对健康生活方式的追求，妙可蓝多始终践行"让奶酪进入每一个家庭"的使命，坚定推行"聚焦奶酪"的总体战略，发展壮大奶酪业务。2020 年，尽管市场竞争加剧，妙可蓝多凭借对市场的敏锐洞察，快速迭代升级产品，充分发挥产能优势，不断巩固终端影响力，即食营养系列产品全年毛利率达到 53.26%，比上年同期提高3.57 个百分点。除即食营养系列外，妙可蓝多还继续深耕强化家庭餐桌系列和餐饮工业系列奶酪产品。而面对线下餐饮受到疫情严重影响的现实，妙可蓝多快速反应，突破线上烘焙电商渠道，抓住时机培养小包装类消费，稳固了马苏里拉品类电商第一的领先地位。随着餐饮市场逐渐回暖，妙可蓝多抓住外资品牌供应短缺的机遇，实时跟进，为客户提供一站式解决方案，通过稳定的产品品质、出色的定制化能力及领先的创新能力，赢得了包括达美乐、广州酒家、古茗等中西式餐饮连锁企业的认可。2020年，妙可蓝多不断完善通路精耕，通过终端陈列、网点服务和品牌拉动等手段，发展巩固优势区域、逐步渗透增长区域。在与家乐福、欧尚、永辉、沃尔玛、苏果、步步高、物美、盒马鲜生等全国性及区域性商超建立起良好合作的基础上，继续下沉精耕，不断开发便利店、母婴店、烘焙店等渠道。截至2020年年底，销售网络覆盖约29.06万个零售终端，覆盖全国90%以上地级市及70%以上县级市。至此，妙可蓝多已完成全国化线上、线下渠道布局，与经销商、大型商超、电商平台等渠道伙伴共同搭建了多维协作、纵深发展的全国销售网络。

思考与讨论：

（1）请思考并回答，妙可蓝多成功进军中国奶酪市场并成为领导品牌的关键因素是什么？

（2）关注妙可蓝多营销案例，描绘出妙可蓝多布局奶酪市场的营销渠道及其结构特征。

（3）关注妙可蓝多营销案例，请理解并回答：全渠道零售的本质、内涵及其优势是什么？

4. 辩论活动

辩论主题：结合前文案例，请思考在推进企业成功的道路上，渠道与品牌孰轻孰重？

任务 7.2 设计营销渠道

7.2.1 实训目标

明确营销渠道设计的基本原则和目标，了解影响营销渠道设计的各种因素，能够结合产品及市场状况，设计和选择适合的营销渠道。

7.2.2 实训内容

基于营销渠道设计的基本流程，为即将上市的苹果梨选择合适的营销渠道结构，实现面向全国市场推广销售的目标，帮助小刘解决难题。

7.2.3 实训指导

一个成功的、科学的营销渠道能够帮助生产企业快速而高效地推动产品进入目标市场，输送至最终消费者手中，并为其创造极大的现实及长远收益。生产企业要明确营销渠道设计的必要性，设定渠道目标，分配分销任务，再综合分析产品、市场、企业等多方因素的影响，确定可行方案，实施有效评估，寻求符合标准的最佳渠道伙伴，与其合作构建适应于市场营销环境及企业经营战略需要的渠道网络。这一过程需要经历如下几个重要的环节，如图 7-5 所示。

图 7-5 营销渠道设计流程

1. 确立营销渠道设计的必要性

如图 7-6 所示，对于生产企业而言，何时需要考虑调整与变革已有的营销渠道？新冠肺炎疫情的突然暴发并改变了人们正常的工作、学习及生活方式，许多传统的经营业态面临着巨大的挑战。一些遵循着传统实体店销售的服装品牌不得不寻求"线上"渠道应对经营困境，满足消费者因疫情危机而选择"宅"在家里的购物需求。也就是说，若企业存在的营销环境发生了变化，就需要考虑调整与变革原有的营销渠道。此外，在开发新的产品或产品生产线时，将已有产品投放到新定位的目标市场之时，当价格等营销组合策略发生重大调整时，当渠道冲突越发激烈急需化解时，生产企业就需要考虑通过现有渠道结构的调整与变革，来适应新的市场营销环境与新的经营战略的选择。而对于一家新组建的企业，或是有意进军新的市场区域的企业，经营者需要考虑设计全新的营销渠道来实现成功打开目标市场的战略决策。

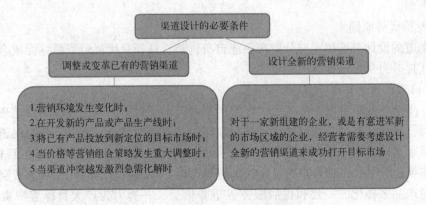

图 7-6 营销渠道设计的必要条件

2. 确定营销渠道的设计原则及目标

当明确有必要进行营销渠道设计之后，生产企业就要确定营销渠道设计的基本原则与实现目标，把控设计的方向与战略意图。

1）营销渠道设计原则

营销渠道的设计与选择需结合生产企业的自身情况及实际需要，保证选择的营销渠道以较低成本实现产品高效流通，货款及时回流，产品与市场之间信息的互融互通。

（1）顾客导向原则

营销渠道的设计与选择需以满足顾客的需求为导向，这是现代市场营销的核心理念。基于市场调研，营销渠道的建设要充分满足消费者在购买时间、地点及售后服务等方面的需求，提高顾客满意度，促进企业产品的销售。

（2）畅通高效原则

营销渠道的设计与选择需在满足终端顾客便利购买的同时，能够降低产品的流通成本，实现最大盈利。

（3）覆盖适度原则

营销渠道的设计与选择需结合企业的具体情况和管理能力适度选择，避免扩张过度，分布范围过宽过广，失去有效控制能力。

（4）稳定可控原则

营销渠道的设计与选择需要加强渠道的维护与管理，以保证渠道模式及其成员的相对稳定，同时也需要根据经营环境的变化对营销渠道进行适度调整，以便适应市场的新情况、新变化，保持渠道的适应力和生命力。

（5）协调平衡原则

营销渠道的选择及管理需要注意各个渠道层次和渠道成员类型之间的协调平衡，避免因追求自身的利益最大化而忽视其他渠道成员的局部利益，应做到合理分配各成员间的利益，实现协调平衡。

（6）发挥优势原则

营销渠道的设计与选择需充分发挥企业自身优势，选择最优渠道资源并促成合作，以最佳渠道模式提升自身市场竞争力。

2）营销渠道设计目标

首先，生产企业需要详细分析目标客户的服务需求。对于秉承现代市场营销理念的生产经营者而言，其所开展的一切营销活动都必须以顾客需求为核心。所以，营销渠道的设计也必须以满足顾客购买时对便利及服务的需求为己任，这是建立营销渠道的永恒目标。通常，生产企业需要充分了解目标客户批量购买的特殊需要、等待收货的时间、对消费空间便利性的要求、对产品多样化的需要和售后服务等重要信息，并努力为广大目标客户提供最全面的、最享受的消费新体验。

其次，生产企业还需要明确通过所选择设计的营销渠道将要实现的经营目标，具体包括：保证产品畅通无阻流向目标市场；扩大产品在目标市场的铺货量；广设网点，增加消费便利性；借助渠道之势拓展市场领域，提高市场占有率；扩大品牌知名度；增加市场覆盖范围；以最少投入获得最大分销效率和有效控制渠道资源等。

综合来看，营销渠道设计的根本在于确保设计并选择的营销渠道能够契合企业市场定位的需求，能够充分发挥企业的资源优势，实现渠道销量最大和市场占有率最大的目标，但也需确保生产企业对渠道的适度控制权力，能够结合营销环境变化进行渠道的灵活调整，以便于其获得持续发展。

3. 明确营销渠道分销任务

在完成营销渠道目标的设定后，生产企业需要将这些目标分解成具体且详细的分销任务，并依据一定的标准进行渠道成员之间的分配。

营销渠道成员需承担以下不同的职责与任务：现有及新产品的市场推广；通过信息传递、与终端消费者洽谈业务、选择与管理经销商等为渠道提供必要支持；提供物流服务；为生产商和消费者提供产品修正与售后服务及风险承担。生产企业会基于降低分销成本，增加市场份额、销售额和利润，降低投资风险、获取最大收益，满足消费者对产品技术信息、产品分布、产品调整及售后服务的要求和自身对市场信息的充分了解等标准将每一项具体的分销任务在渠道成员之间进行合理且有效分配。

4. 分析影响营销渠道设计的因素

生产企业在确定使用何种营销渠道之前，需要充分考虑影响渠道结构设计的内外部的影响因素，并以此为依据，设计选择出具有可行性的营销渠道。影响企业营销渠道设计的主要因素有市场因素、产品因素、企业因素、中间商因素、竞争者因素及环境因素。

1）市场因素

营销渠道结构的设计遵循顾客导向的原则，在充分考虑目标市场的地理位置、市场规模、市场密度及消费行为等方面的特征表现基础上，选择最佳渠道结构满足目标市场的消费需求。

从生产企业与目标市场的地理区位上，彼此距离越远，越需要通过中间商来分销产品。吉林省的农产品销售到广东省区，生产企业可以选择直销，也可以通过沃尔玛等连锁商超分布在广东省区的众多门店实现销售，从运输成本上考虑，选择后者更为经济。

从市场规模上，生产企业供应产品的市场规模越大，越需要通过中间商来分销产品，选择长而宽的营销渠道更有利于增加产品的市场覆盖面；反之，小规模的市场销售更适合选择直接渠道或者短渠道。吉林省的农产品需要通过直接渠道或短渠道服务于省内市场，而需要选择长而宽的营销渠道服务于全国市场。

从市场区域内顾客分布的密集程度上，顾客的分布越集中，越适宜采用直接渠道或短渠道，如高档奢侈品的销售；反之，如果顾客分散在各地，涉及的空间范围较广，则适宜选择间接的营销渠道，如可口可乐等水饮类产品的销售。

从消费者购买行为上，生产企业还要明确产品的真正购买者、购买地点、购买时间及购买的数量等重要的市场行为信息，以此判别适宜的营销渠道结构。如随着生活工作节奏的加快及信息技术的发展，越来越多的顾客开启了碎片化的消费模式，无固定消费时间与消费地点，随时随处都可以实现购买。为了适应这种趋势，有些企业也开始尝试利用各种新媒体营销渠道，不断扩展自己的渠道广度。

2）产品因素

产品的物理特性、单位价值、标准化程度和技术复杂性等方面的特征会影响到生产企业渠道结构的选择。

从产品的物理性质上，体积大和笨重的产品，因装卸和运输费用较高，应避免反复搬运，多次流转，应尽量使用直接渠道，以生产企业直接向客户供货为宜；水果、蔬菜等容易腐烂变质的产品，以及玻璃和瓷器等极易损毁的产品，从降低风险的角度适宜选择短渠道分销。

从产品的单位价值上，产品的单位价值越高，渠道就越短。而产品的单位价值越低，则渠道就越长。口香糖等消费便利品的销售需要通过大量的批发商、零售商将其分销到更广泛的市场区域，满足顾客的需要，同时，更多的分销商共同承担分销费用，也有利于降低价格，为消费者提供更优惠的产品。

从产品的标准化程度上，产品的标准化程度越高，越适宜选择长而宽的渠道以增加市场覆盖率，如日用品的销售；反之，定制化或需要安装调试的产品的销售，为了向顾客提供更优质的产品及服务，适宜采用直接渠道，如家具用品等。

从产品的技术复杂性上，技术越复杂的产品，为满足顾客随时需要获得技术服务的诉求，更适宜采用直接渠道或短渠道，如高技术含量的机器设备；反之，可以通过长渠道获得更大的市场销量，如文具等技术含量低的产品。

3）企业自身的因素

企业的声誉、实力、管理能力和企业控制渠道的愿望也会制约渠道结构的选择。

从生产企业的声誉上，品牌知名度高的企业既可以利用良好的品牌形象直接销售，也可以通过品牌声誉获得更优质的中间商资源拓展更广泛的市场；反之，品牌知名度低的企业，更需要借用经验丰富的中间商来拓展市场业务。

从生产企业的实力上，规模大、实力雄厚、资源多的企业完全有能力自建营销渠道而无需过度依赖中间商，但实力弱的小型企业就需要依赖中间商以开拓市场，因此就会选择设计间接渠道。

从生产企业的管理能力上，当企业自身缺乏执行如促销管理、运输安排、存货管理、零售运作等分销任务的管理能力时，就需要借助于具有专业能力的中间商帮助其拓展市场；反之，如果企业对渠道运作比较熟悉，具有分销经验丰富的团队组织，市场营销能力较强，可以依靠自身能力自建渠道开拓市场。

从生产企业控制渠道的愿望上，如果企业希望完全控制渠道，可以组建销售队伍，采用直接渠道；反之，若企业不想控制渠道，则可以根据所需提供的渠道服务和付出的成本等因素选择间接渠道。

4）中间商因素

中间商是营销渠道结构体系中的重要组成。因此，中间商的可获得性、使用中间商的成本和中间商所提供的服务会影响到生产企业的选择。当生产企业无法寻觅到合适的中间商资源，或是彼此合作的成本过高及中间商的服务能力不强时，生产企业会考虑选择短渠道或是直接渠道分销产品；反之，生产企业就会积极寻求与中间商建立合作关系，共同实现分销目标。

5）竞争者因素

生产企业营销渠道的选择也需要关注其竞争对手的渠道策略。基于生产企业自身的竞争实力和顾客需求的特点，可以选择积极竞争式或标新立异式的渠道策略来应对竞争对手。戴尔电脑创立之初，就避开了传统的经销商渠道模式，另辟蹊径，通过电话直销成功拓展了市场。

6）环境因素

营销环境同样会影响到渠道结构的设计和渠道管理。经济、人口、社会文化、政治法律、科学技术环境会对渠道结构的设计与选择存在约束，尤其是经济因素对渠道结构的选择影响较大。例如，当经济繁荣时，为了到达更多的目标市场，生产企业可能会增加中间商的使用；而经济衰退时，为了降低成本，提升产品价格的竞争力，生产企业会减少中间商的使用而采用短渠道。生产企业要综合考虑各种经济形势、社会文化和政治法律等环境因素来确定其渠道结构的选择。

以上影响因素汇总后如图 7-7 所示。

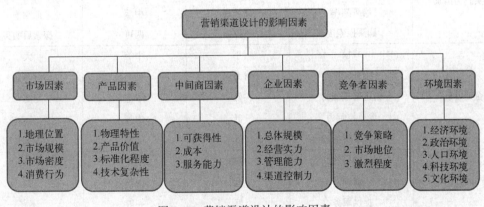

图 7-7　营销渠道设计的影响因素

5. 建立各种可行的营销渠道设计方案

在这一环节，生产企业会基于已经确定的营销渠道设计的目标，在综合分析如上提及的影响营销渠道结构设计的内在及外在因素的基础上，结合不同营销渠道的特点，规划出自己的营销渠道的层级、各层级的中间商数量，以及渠道成员的权利与责任等重要内容，基于此设计出可供选择的营销渠道结构方案。

1）确定营销渠道长度

生产企业选择通过多少流通环节将自身的产品或服务销售出去，其决定因素主要表现为生产和消费在空间与数量上的差异性。在确定营销渠道长度上，生产企业需综合考虑产品、市场、消费者购买行为、企业和中间商等因素来进行决策。影响营销渠道长度设计与选择的主要因素如表7-2所示。

表7-2　影响营销渠道长度选择的因素

影响因素		长渠道（多级）	短渠道（一级）	直接渠道（零级）
产品因素	体积、重量	小、轻	中等	大、重
	易腐性	不易	中等	容易
	单位价值	低	中等	高
	标准化	标准化	中等	非标准化
	技术特性	低技术性	中等	高技术性
	生命周期	旧产品	中等	新产品
	耐用性	差	中等	强
市场因素	规模	巨大	适中	狭小
	聚集特点	分散	中等	集中
购买行为因素	顾客购买量	少量	中量	大量
	季节性	季节性强	中等	无季节性
	购买频率	高频率	中等	低频率
	购买探索度	不探索	两可	探索后购买
企业因素	规模	小	中等	大
	财务状况	财力弱	中等	财力强
	渠道管理能力	低	中等	高
	渠道控制力	低	中等	高
	对顾客了解的程度	低	一般	高
中间商因素	利用的可能性	容易	中等	困难
	成本	低	中等	高
	提供服务	好	一般	不好

2）确定营销渠道宽度

营销渠道宽度由渠道的每一层次上所需分销商的数量决定，它反映了在任一渠道层次上的竞争程度及在市场领域中的商家数目。与消费品市场宽度相关的一个重要特性是分销机构的市场覆盖面。如果市场覆盖面太窄，生产企业就难以实现其销售目标。营销渠道的宽度选择主要集中于密集分销、选择分销和独家分销三种类型，其影响因素如表7-3所示。

表 7-3　影响营销渠道宽度选择的因素

影响因素		密集分销	选择分销	独家分销
产品因素	体积、重量	小、轻	中等	大、重
	单位价值	低	中等	高
	标准化	标准化	中等	非标准化
	技术特性	低技术性	中等	高技术性
	售后服务	不需要	一般	必要
市场因素	市场规模	巨大	适中	狭小
	市场聚集特点	分散	中等	集中
购买行为因素	购买量	少量	中量	大量
	购买季节性	季节性强	中等	季节性不强
	购买频率	高频率	中频率	低频率
	购买探索度	强	中等	弱
企业因素	渠道长度	长	短或长	短
	销售区限制度	弱	一般	强
	渠道控制度	弱	中等	强

3）确定营销渠道广度

确定营销渠道广度需要思考两个问题：用相同营销渠道还是用不同营销渠道销售不同的产品；用单一营销渠道还是用复合营销渠道销售某种产品。具体而言，一方面，企业需要关注产品的关联度，即关联度大的产品可选择相同的营销渠道，而关联度小的产品，则应考虑使用不同类型的营销渠道。另一方面，企业需要根据客户和市场的分类做出选择，即对大客户采取直销，而对中小客户则通过中间商来进行分销。对成熟市场区域可以由经销商负责，而对新开辟的市场则由企业自建渠道先期拓展。此外，在确定单一渠道或是复合渠道分销产品时，企业应该考虑自身的渠道管控能力。若选择复合营销渠道模式，企业需要采取有效措施防止渠道间矛盾冲突的发生。

6. 评估营销渠道设计方案

在提出备选的营销渠道结构设计方案后，生产企业需从经济性、可控性、适应性等方面对备选方案做出评估，最终基于以最低成本有效执行分销任务的原则，从备选方案中选择在长度、宽度和广度等方面有助于渠道目标实现的最佳渠道结构设计方案。

1）经济性评估

不同的渠道将产生不同水平的销售额、成本费用与利润。经济性评估将从成本收益出发，比较不同渠道方案所产生的销售量、渠道成本及利润的高低差异，以低成本、高收益原则确定最佳渠道方案。首先，企业需计算出直接渠道和间接渠道各自可能产生的销售量。其次，衡量利用直接渠道或间接渠道销售不同数量产品的成本大小。通常，当销售量较小时，企业利用直销的成本较高。而随着销售量的增加，直接渠道的成本增加率要小于间接渠道的成本增加率。因此，当销售量增加到一定限度时，直接渠道的成本就会低于间接渠道的成本。最后，比较不同渠道结构下的成本与销售量并计算利润。由于不同类型的渠道结构下，不同的销售量伴随不同的销售成本，而渠道的设计又不能经常变动，因此企业应该预测产品的销售潜力，再根据销售潜力确定直接渠道与间接渠道的成本，进而在销售量（潜力）确定的情况下，选择成本最小且利润最大的渠道结构。

2）可控性评估

企业选择自建营销渠道能够完全掌握渠道控制权力，若选择间接营销渠道会丧失部分或全部的渠道控制权。作为独立的经济个体，中间商追逐个人利益，同时也会要求掌握一定的渠道控制权。生产企业以放权让利为手段提升中间商的积极性和自主性，但会面临因过渡放权而产生渠道混乱、失控等风险。生产企业对渠道的控制能力和控制水平会影响渠道利益的分配和渠道的稳定性，需要在进行渠道选择时予以关注。一般而言，直接营销渠道最容易控制，长而宽的营销渠道很难控制，而长度适中、密度适中的选择型分销渠道在控制性上则介于二者中间。

3）适应性评估

企业在选择营销渠道时需要充分考虑其对市场的适应性，具体包括：一是地区适应性，即营销渠道的建立应与所在地区的消费水平、购买习惯和市场环境相适应；二是时间适应性，即营销渠道的选择要与产品在市场上不同时期的销售状况相适应；三是中间商适应性，即营销渠道的选择要根据各个市场上中间商的不同状态做出调整。

7. 选择营销渠道成员

当生产企业确定了利用中间商进行产品销售之后，需要考虑选择什么样的中间商最为合适。在选择中间商时，生产企业应当明确，具有哪些特点才是好的中间商。因此，需要结合渠道结构的特征，从经营思路、经营信誉、销售能力、合作意愿等方面进行综合评价，选出最能有效帮助企业完成营销目标的中间商作为合作伙伴，共建营销渠道，实现经营目标。

1）经营思路

生产企业需要选择与自身经营思路相近且能够适应于新的营销环境的渠道成员作为合作伙伴。渠道成员的经营思路主要从其对所在市场的认知度、与时俱进的经营手段以及服务态度等方面进行考量。生产企业应该以对所经营的各产品业绩、盈利状况了如指掌，对当地市场的基本特点非常熟悉，并且积极拜访售点、增强客户服务及强化销售网络的中间商为最佳选择。

2）经营信誉

渠道成员的诚实守信是整个渠道健康运行、维持渠道稳定和长期发展的重要前提。生产企业应尽量避免与没有良好信誉的渠道成员建立合作关系。渠道成员的经营信誉可从其资金信用度和业界口碑予以评价。

3）合作意愿

合作意愿决定了生产企业与渠道成员彼此之间融洽且长久的合作关系。因此，生产企业在选择渠道成员时，需要从其对企业产品及经营理念是否认同、是否具备良好的合作愿望和发展抱负两个方面来分析中间商的合作意愿、价值观及合作精神，共建长期合作关系。

4）销售能力

生产企业需要从资金实力、库房面积、配送能力、市场覆盖范围及市场占有率等方面对渠道成员的销售实力加以评估，选择具备这些能力的中间商来销售其产品，更有利于提升自身的市场竞争优势。

5）信用及财务状况

渠道成员的财务状况直接关系到其是否能够按期付款甚至预付货款等问题。因此，生产企业在选择渠道成员时，需要收集渠道成员的信用及财务信息，具体包括：注册资金、实际投入资金是否充裕；必备的经营设施能否承受目前业务；付款的方式、资金周转率、利润率及银行贷款能力；纳税信用等。

6）产品政策

生产企业需要关注渠道成员有多少不同的产品供应来源及所销售产品的组合关系。在选择渠道成员时，生产企业应尽量避免选择直接经营竞争对手产品的中间商，以减少对自身产品的威胁。

7）产品知识及经验

渠道成员对所经销的产品的知识和经验影响着产品的销售效果，尤其是对于那些技术含量高的产品。因此，生产企业会优先考虑具备销售同类产品的知识和经验的中间商，以便迅速打开市场。

8）组织管理能力

生产企业还需要关注渠道成员的管理能力，以拥有高素质的销售团队和稳定且连续的组织结构作为重要评价因素进行选择。

最后，生产企业会基于自身的渠道战略目标，确定渠道成员的选择标准，以此为依据通过各种有效途径寻找到潜在的渠道成员，再通过定量与定性相结合的评估方法对备选对象进行评估，从中挑选出符合自身需要的合作伙伴并与其签订合作协议。

7.2.4 实训步骤与成绩评定

1. 实训步骤

第一步，明确营销渠道设计的需求及实现目标。

第二步，搜集并分析影响渠道设计的环境信息。

第三步，确定各种可行的营销渠道结构备选方案。

第四步，明确选择标准，确定适合于企业需要的营销渠道结构。

第五步，拟定营销渠道成员招募计划。

第六步，团队汇报及点评。

2. 成绩评定

成绩评定的要求见表 7-4。

表 7-4　考核要求及评分标准

考 核 点	考核要求及评分标准	分 值
营销渠道结构的设计	营销渠道设计的战略目标及具体目标明确	10
	能够全面且精准分析影响营销渠道选择的各种因素	10
	能够选定切实可行的最佳营销渠道结构	20
	对营销渠道设计的基本流程认识清晰、准确，条理清楚	10
营销渠道成员的选择	对营销渠道成员招募计划设计完整，具有可行性	20
团队汇报	语言表达清晰、流畅	10
	PPT 制作精良	10
团队分工与合作	团队分工明确、合作完成任务	10

7.2.5　课后练习

1. 选择题

（1）如果生产者要求严格控制产品的零售价格或产品的新鲜程度，宜采用（　　）。

A. 长渠道、窄渠道

B. 窄渠道、短渠道

C. 短渠道、宽渠道

D. 长渠道、宽渠道

（2）对于技术复杂、需要安装及维修服务的产品，可采用直接销售，反之则选择间接销售，这主要是考虑渠道设计影响因素中的（　　）。

A. 目标市场特性

B. 企业特性

C. 产品特性

D. 环境特性

（3）在选择中间商时，（ ）是最关键的因素。

A. 市场覆盖范围

B. 分销商声誉

C. 分销商财务状况

D. 分销商促销能力

（4）影响分销渠道选择的因素有（ ）。

A. 顾客特性

B. 产品特性

C. 竞争特性

D. 企业特性

E. 中间商特性

（5）比较适合使用较宽销售渠道的情形有（ ）。

A. 市场规模较大

B. 目标消费者集中度小

C. 消费者购买频率较低

D. 企业对渠道的控制欲强

2. 判断题

（1）分销商介入渠道交易能够减少交易次数，因此，使用的分销商越多，渠道运行效率就越高。（ ）

（2）产业用品的用户数量少，分布相对集中，单次交易批量较大，更倾向于采用间接渠道销售。（ ）

（3）对于季节性强的产品适用长渠道。（ ）

（4）在产品的成长成熟期，更适合于通过拓宽营销渠道开拓更大的市场领域，获得销售数量及规模的提升。（ ）

3. 案例分析题

国货品牌"百雀羚"借力营销之势，焕发新的生机

创立于 1931 年的美妆品牌——百雀羚，如今（2022 年）已经 91 岁高龄。2008 年以前，人们谈起百雀羚时，想起来的还只有那款铁盒香脂。但 2015 年 7 月，一份《2015 中国化妆品品牌 50 强》榜单里，百雀羚高居本土品牌榜首，年零售额已直奔 120 亿元。

百雀羚施展了什么营销武功秘籍，让自己成功甩掉传统包袱，积极拥抱千禧一代与 Z 世代新消费群体？

营销武功秘籍第一式：产品创新。为了摆脱传统老式国货品牌的帽子，百雀羚从 2008 年开始推出草本系列护肤产品，更新品牌形象，升级产品定位：为年轻女性做草本类的天然配方护肤品，产品功能专注于保湿，赋予了品牌"草本护肤"的新概念。进入

电商领域后，百雀羚推出针对电商渠道和年轻消费者"三生花"产品系列，以独特的东方美韵味，激发了大部分女性消费者的消费激情。除了草本系列和三生花系列，百雀羚还推出了气韵、海之秘、小雀幸、小幸韵、百雀羚男生系列等多元品牌产品，针对不同市场、不同人群实施独立运营。2020年，百雀羚洞察当下Z世代个性化的消费诉求，根据三生花品牌的调性和理念，再次做品牌升级，并签约全新代言人周冬雨，推出三生花玫瑰酵母密集修护面膜，为年轻造势的同时，重新定义Z世代眼中的"美"。产品创新的同时，百雀羚却并没有抛弃自身品牌近百年历史创造的无形资产，重新提炼出"中国传奇，东方之美"的品牌形象，傲然屹立。

营销武功秘籍第二式：渠道变革。新产品上市失败的一个很重要原因就是产品、价格与渠道的不匹配。一些企业在长期发展过程中建立起自己的渠道网络，所以推出新产品时根本不考虑现有的渠道与不同价格、不同定位的产品的兼容性，盲目地透支自己的渠道资源，结局往往是悲惨的，新品入市成了品牌失败的开始。百雀羚在完成品牌和产品的包装后，果断地进行渠道变革，使之与产品、价格更匹配，更贴近目标消费群。

首先，破除传统流通渠道无法适应于本草属性品牌形象的发展瓶颈。流通渠道的末端多是C类以下传统小店，既不能有效传播展示百雀羚本草属性的品牌形象，又不能与目标消费群体实现紧密且良好地接触。于是，百雀羚将多年苦心经营的大流通调整为有限流通渠道，只是将低价位的经典系列继续覆盖流通渠道，从而将资源大规模向终端倾斜，实现从流通到终端的跨越，并从三、四级市场向一、二线市场回归。随后，百雀羚开始进行经销商队伍的整合与调整，要求新合作伙伴必须具备终端网络资源和操作经验。百雀羚积极与知名KA（key account，关键客户）终端谈判合作，先后进驻了沃尔玛、华润万家、易初莲花、世纪华联、中百仓储等KA类卖场，并进行了终端形象包装。百雀羚的渠道变革很快得到了回报，其推出的草本精粹护肤商超系列，深受消费者的喜爱，销售额高速增长。

其次，进军电子商务渠道。网购已经逐渐成为年轻消费者购物的重要选择渠道。2010年9月，百雀羚开始打造电商团队创办天猫旗舰店，但由于缺乏专业运营能力，月销售额不足10万元。2011年7月，公司解散了自有电商团队，由杭州网创接手，将低价爆款策略更改为主题活动营销，推出"涌泉相报"系列活动，两个月后月销售额突破350万元，通过与代运营商合作，百雀羚成功进行渠道营销，将品牌打造成电商美妆类第一名。2015年、2016年、2017年连续三年创造美妆品牌"双11"单日销售破亿的纪录。

再次，进军化妆品专营店。化妆品专营店是近年来稳健发展的新兴化妆品销售渠道之一。2015年6月，百雀羚针对电商渠道推出的最年轻、时尚、清新的子品牌"三生花"，正式在屈臣氏渠道上市，在不足300天的时间里，成为除屈臣氏自有品牌外的屈臣氏单品牌第一名。

最后，进军县城CS（customer satisfaction，顾客满意）渠道（是一种以顾客满意为核心的销售终端网络系统）。2016年11月，百雀羚为CS渠道推出60个专属新品SKU（stock keeping unit，库存量单位），在湖北襄阳、十堰地区的4个县城联合5家优质化妆品店进行大型的营销活动，以实际体验的方式吸引顾客。此次布局线下渠道成效斐然，四天时间，五家店铺整体实际销售额 42 万元，平均客单价高达 500 元。

作为历史悠久的国货品牌，百雀羚成功进行品牌形象转型，同时积极合作渠道商拓展布局新兴销售渠道，稳扎稳打完成从线上到线下的突破，创造了多个销售奇迹，使老品牌焕发出新生机。

营销武功秘籍第三式：深耕内容营销。从刷屏长文案《1931》，到时髦展示"京剧、皮影戏、琵琶、刺绣及舞狮"等中华传统文化的《东方之美，看我的》，再到近日被称为"22世纪广告"的《三生花》，百雀羚一直在通过精细化的内容营销传递"东方之美"。一次次聚焦中国元素，一次次反复传达它对东方美的坚持，灵活地找到历史经典和自身品牌两者之间的平衡点，最终成就了百雀羚"东方之美"品牌形象的建立。

资料来源：https://www.shufe-cec.com/c/2435.html.

思考与讨论：

（1）请思考并回答，百雀羚渠道变革的原因是什么？

（2）结合案例内容，谈一谈百雀羚如何布局营销渠道实现成功俘获年轻消费群体的目标？

（3）结合案例内容，谈一谈影响百雀羚渠道选择的因素体现在哪些方面？

任务 7.3　维护营销渠道

7.3.1　实训目标

能够合理设计渠道激励机制，熟悉渠道绩效评估方法，根据渠道绩效评估状况对营销渠道实施调整与完善，识别渠道冲突的表现形式，掌握恶性渠道冲突的治理方法。

7.3.2　实训内容

依据苹果梨上市推广营销渠道设计结果，思考维系营销渠道运行可能出现的问题，运用所学知识就如何激励渠道成员、对渠道成员实施考核评价、避免渠道冲突等方面内容给出可行性建议。

7.3.3　实训指导

当生产企业的营销渠道建成后，整个营销渠道就进入了正常运转的阶段。如何保证营销渠道运行高效，发挥最大效能，渠道内部各成员之间融洽合作，彼此协同发展，避免利益纷争，这需要生产企业通过规范的营销渠道管理予以实现。营销渠道的管理过程需履行渠道激励、控制、评估及调整等重要职能，以此维系渠道运行秩序，提升渠道运行效率。

1. 渠道成员的激励

在生产企业眼中，"经销商永远只做你考核的，绝不做你希望的！"生产企业与中间商本来就是两种利益目标和思考模式完全不同的利益主体，彼此依托合作协议构建起了合作关系，而相互联系的纽带就是"利益共赢"。对生产企业而言，如何在保证渠道中间商需求与愿望得以实现的同时，能够充分挖掘其潜能，实现增加销售、拓展渠道、开拓市场的分销目标，是渠道运行之中需要积极应对的现实问题。有效的渠道激励措施如同催化剂，用以激发渠道中间商的销售热情，提高分销效率，时刻保持渠道足够的运行动力。

1）渠道激励的形式

渠道激励的内容可以丰富多彩，激励中间商的形式也可以多种多样，但归结来看，主要集中于物质激励与精神激励两个方面。在充分了解渠道中间商的需要与愿望的前提下，生产企业会基于一定的原则，选择具体的激励措施，影响其行为，增强其竞争精神，提升其工作积极性与经营效率。

（1）物质激励

物质激励是以提供物质产品为奖励手段的激励形式，如给予中间商价格优惠、对中间商返利、放宽信用条件、提供市场费用补贴等。追求利益是渠道成员的天性，中间商作为独立运营的企业，获取利润是其进行经营活动的根本目标。因此，生产企业根据中间商的经营目标和需要，在谈判与合作时提出一些商业利益上的优惠条件以实现对中间商的鼓励能够获得良好激励效果。

（2）精神激励

虽然物质激励非常重要，但并非对所有的中间商都能发挥作用，还必须配合精神激励才能达到理想的效果。如果给予中间商参与企业的战略制定及业务管理工作，授予中间商独家经营权，为中间商提供培训与市场支持，提升中间商在渠道中的发言权和自主权，那么必然会形成较强的凝聚力和渠道忠诚度。

"元气森林"苏打气泡水作为新消费品牌的代表，因其日系元素的品牌形象，零糖零脂的产品定位，清新脱俗的口感体验而一度赢得了年轻一族的强烈追捧，并一举夺得2020年天猫、京东两大平台"双11"水饮类产品的销售冠军，成功碾压可口可乐等知名大品牌，成为新晋"网红"单品。元气森林将15~35岁这一追求食品健康且有兴趣体验新产品的消费群体作为自己的目标顾客。为了实现产品与目标用户的成功邂逅，元气森林最先将渠道之路选在了最契合于年轻用户消费习惯和需求的连锁便利店。在搭建连锁便利店的线下渠道网络过程中，元气森林组建了由"区域经理—业务主管—业务员"组成的销售团队。由品牌区域经理负责找到实力经销商，再由经销商找到当地最有影响力的连锁商超和便利店建立合作，不惜成本进入优势渠道，抢占最好位置。之后，为了维护好终端渠道的运行秩序，元气森林承担起了重要的管理责任，由业务员负责多家门店的销售管理，随时处理货品上新或者促销活动的落实事宜，给予渠道最令人欣慰的市场服务支持。同时，元气森林特别注重经销商的得利，给予品牌经销商们略高于其他品牌产品的返利。随着元气森林品牌的市场影响力不断升温，经销商有了对该品牌十足的信心与勇气，纷纷选择加盟元气森林家族，帮助元气森林拓宽市场，提升销量。在拥有了品牌的基础用户和稳定的市场销量之后，元气森林迅速铺开线上渠道，开设元气森林天猫旗舰店、京东旗舰店和小红书官方店铺。借势线上、线下两大新兴渠道的快车，成功创造了极具影响力的市场价值。

对渠道成员的激励必须从不同企业的实际需要出发，结合多种方式进行帮助与鼓励，只有将物质激励与精神激励相结合，才能达到理想的激励效果。

2）渠道激励的具体措施

生产企业对渠道中间商所采取的激励措施具体包括以下几个方面。

（1）向中间商提供适销对路的优质产品

生产企业应该将中间商视为消费者的总代表，为其提供适销对路的优质产品，实现最大营利。

（2）给予中间商尽可能丰厚的利益

生产企业给予中间商尽可能丰厚的利益，能够最有效提高中间商的经营积极性，促使其加强人力、物力等方面的投入，快速提升新产品的市场覆盖率和品牌认知度。

（3）协助中间商进行人员培训

生产企业需要协助中间商进行人员培训，提升中间商销售团队的专业素养，使其有能力承担所售产品的安装调试、维修、改装、施工、技术改造及其他业务的技术咨询等相关服务职能。

（4）授予中间商独家经营权

生产企业指定某一经销商作为其品牌或产品的独家分销商，能够调动中间商的经营积极性，提高其在市场上的声望和地位，享受独家经营权带来的丰厚回报。

（5）双方共同开展广告宣传

生产企业应该在新产品入市阶段为中间商提供其在市场及品牌推广领域的投入和支持，双方共同承担广告宣传费用，共担风险，共享收益。

（6）对成绩突出的中间商在价格上给予较大的优惠

生产企业给予成绩突出的中间商在价格上的优惠，有利于中间商获取较为丰厚的利润，并激励中间商积极拓展市场，提升产品销量。

总之，通过有效的激励机制，渠道中间商在保证产品顺畅流向目标市场的同时，还会主动积极进行商品陈列、商品展示和各种促销方面的努力，激发消费者的消费欲望，增加产品的销售力度。有效的渠道激励措施，会使中间商积极为生产企业提供消费者的需求和市场变化趋势的相关信息，更会承担起生产企业信息的传播者、品牌声誉的建立者与维护者等重要责任。

2. 营销渠道的评估

营销渠道的建立在于充分发挥渠道的各项功能，实现销售增长。然而，当营销环境发生了变化，竞争对手实施了新的营销策略或者企业自身的资源条件、整体实力有了新的动向时，营销渠道的策略也会随之做出改变。在变革之中，关于营销渠道的绩效评估就变得必不可少。通过营销渠道的绩效评估，分析现有渠道运行之中的优势及劣势，确定营销渠道为适应于营销环境等新变化而需改进的问题，明确营销渠道发展的方向，改进和提高渠道管理的效率。因此，营销渠道的绩效评估为渠道的调整和改进提供了重要依据。

1) 明确渠道评估的原则

(1) 有效性原则

生产企业评估渠道优劣的首要原则是其分销的有效性，即该渠道能否给企业或品牌带来预期的销量，能否达到企业期望的市场占有率目标或者品牌影响力目标。

(2) 经济性原则

生产企业评估渠道优劣的经济性原则以计算并衡量该渠道在所在地区创造的销售额及销售成本核定形成的最大利润为依据。

(3) 可控制原则

生产企业评估渠道优劣的可控制原则关注以追逐个人得利为目标的渠道成员能否与生产企业构建彼此协调平衡的合作关系，能否与生产企业经营目标协调一致，能否全心为生产企业及其品牌提供支持。

(4) 适应性原则

生产企业评估渠道优劣的适应性原则需要考虑渠道成员是否具有对营销环境变化的适应能力及应变力。

2) 制定渠道评估的具体标准

生产企业所建立的营销渠道是否合理、有效，应该有一套标准对其进行考量和权衡，渠道评估的具体标准如下。

(1) 渠道成员的销售业绩

渠道的最大功能在于实现销售。生产企业可以根据渠道成员在当前的经济增长水平和竞争情况下，其销售量同历史销售量的对比、渠道成员的销售量同其他渠道成员销售量的比较、渠道成员的销售量同预先确定的销售定额比较等三个方面来评估渠道成员的销售业绩。

(2) 渠道库存的维持状况

生产企业会要求渠道成员保持一定的合理库存，至少要达到其与渠道成员最初签订的合同协议销售额水平，以便于减少其自身的库存负担。为适应个别需要，生产企业和渠道成员可以根据对该地区市场销售潜力的预测，共同制定出一份合理的库存计划，而渠道成员应该自觉遵守协议，并相应接受评估。

（3）渠道成员的销售能力

生产企业对其渠道成员，尤其是批发商层次的渠道成员进行绩效评估时，可以通过对渠道成员的销售能力进行分析，从而推断他们预期的销售业绩。因此，生产企业将销售能力作为渠道成员绩效评估的一项衡量指标。而批发商的销售能力主要是以销售人员的销售能力来决定的，因此，生产企业可以通过评价批发商的销售人员，直接评估渠道成员的能力及价值。

（4）渠道成员的态度

渠道成员的态度表现为渠道成员对生产企业产品或服务销售的投入程度及对生产企业相关政策的服从度，以渠道成员对生产企业及其各类产品的赞同和执行情况作为评价标准。渠道成员的态度最终会影响其销售热情，进而影响销售业绩。因此，生产企业要关注渠道成员的销售态度问题，需要进行及时评估，以便于发现和改进渠道成员的消极态度，提升积极态度，促进渠道效率的提升。

（5）渠道成员的发展前景

生产企业通过定期对部分或全部渠道成员按照发展前景进行评估，可较完整把握整个渠道体系，为今后制定切实可行的渠道目标，特别是企业未来营销策略规划及确定渠道中各渠道成员的作用提供有用的信息。

3）选择渠道评估的方法

（1）历史比较评估法

将每一个中间商的当期销量与上期销量进行比较，得出上升或下降的比值。对绩效偏低的中间商，必须加强评估与激励措施。

（2）区域内比较评估法

将各渠道成员的绩效与根据该区域销售潜力分析所得出的数值进行比较。在销售期过后，根据中间商的实际销售额占潜在销售额的比率，将各个中间商按先后名次进行排序，然后通过测算相关指标，确定这些中间商在这一时段是否达到某一标准。

3. 营销渠道的调整与完善

以营销渠道的绩效评估结果为基础，生产企业会针对渠道自身存在的不适应于营销环境的因素适时进行调整与改进，以增强渠道的功能与作用，更好地为企业营销目标的实现创造价值。

当现有渠道未达到发展的要求，当客观经济条件发生变化，当企业的发展战略发生变化时，生产企业需要进行营销渠道的调整与完善。针对渠道调整的不同原因，生产企业的营销渠道的调整方式包括多种。

一是调整整体渠道结构。企业对渠道整体结构形态的调整，或者对渠道结构要素的若干方面进行较大的调整，如格力空调将原来的经销商渠道改为格力参股的经销商合资企业模式。

二是调整渠道中间商的合作方式。企业为了加大对渠道的控制性，将原来的经销模式改为代理模式，或者在原有区域独家经销（或代理）的市场内发展更多的经销商或代理商，以此来制约原来独家经销（或代理）的中间商。

三是调整渠道政策。作为一个动态的系统，营销渠道及其相关政策需要根据实际情况进行不断的调整。特别是通过渠道评估发现问题以后，更应该及时调整和纠偏，以保证渠道运作的高效和良性发展。如格力空调在经销商不愿意进货的淡季推出了淡季进货贴息返利政策，极大地促进了经销商在空调销售淡季进货的积极性。

四是调整渠道成员的关系。在现有渠道结构框架内，调整与一些渠道成员的合作关系，其缘由可能出于奖励的目的，也可能出于企业对渠道控制的考虑。如沃尔玛会定期对某类产品销售额的品牌份额进行分析，若发现在食用油这个产品类别中，A 品牌已经连续 3 个月占据其食用油销售额 40% 的比例，为了对 A 品牌不断增强的权利进行制衡，下一个月沃尔玛可能会给另一个食用油品牌 B 给予更多的促销支持。

五是调整区域性市场的渠道结构。企业还可以在保持整体渠道结构不变的前提下，对其在某个区域市场上的渠道结构进行调整。如增加一条渠道，或者增加渠道的宽度以更好地服务该目标市场。

六是对原有渠道系统进行彻底整合调整。这是一种对企业现有渠道系统进行彻底调整的方式，企业不仅可能需要突破原有的渠道体系，还需要重新建构新的渠道系统。由于牵涉到渠道流程、渠道成员分工及利益关系的重新调整，因此实施的难度极大。只有在企业战略彻底变革，或者企业现有渠道系统受到严重外部威胁时才会考虑。

4. 协调渠道成员间的矛盾与冲突

无论渠道设计与管理如何完善，渠道成员之间还是难免于冲突的发生。所谓渠道冲突，是指渠道成员之间相互对立的不和谐状态。由于渠道成员之间彼此相互独立，又相互依赖，因此一个渠道成员行动的结果必然会受到其他成员的影响。当一个渠道成员正在阻挠或干扰另一个渠道成员实现自己的目标或有效运作，或一个渠道成员正在从事某类会伤害、威胁另一个渠道成员的利益，或是以损害另一个渠道成员的利益为代价而获取稀缺资源的行为时，渠道冲突就产生了。

渠道冲突可以发生在渠道系统内同一层次的渠道成员之间，也可以发生在同一渠道中不同层次的渠道成员之间，还可能是企业与企业之间的营销渠道在同一水平上的渠道冲突。尽管营销渠道管理过程充满矛盾，渠道冲突的存在有其必然性，但这并非坏事。有些渠道冲突并没有危害，只不过是商业竞争中的必然成分。渠道之间的适度竞争不仅不会产生消极影响，而且可能有利于整个渠道绩效的提高和彼此的角色分工关系的明晰。但是，激烈的市场竞争中也存在许多恶性的渠道冲突，如中间商之间的窜货问题，不仅会破坏渠道成员间的关系，损害双方的利益，而且会降低整个渠道的销售业绩，破坏整个渠道的规则体系，影响产品品牌在消费者心中的地位。这种两败俱伤的恶性冲突必须严加防范和控制。

对于渠道冲突问题，管理者虽不能杜绝其发生，但也不能视而不见，听之任之，应该积极做好工作，预防和化解各种恶性冲突，确保渠道健康与高效运作。

1）沟通与调解

沟通与调解是解决早期渠道冲突的有效途径。由于最初的分歧往往是潜在的或隐约感知的，因此，加强彼此之间的交流就显得尤为重要。如召集分销商参加咨询会议，及时听取反馈意见，或者进行角色互换，使不同的渠道成员更加了解对方的政策和立场。在深入了解的基础上，制定决策时就能充分考虑对方的诉求免于冲突的发生。当冲突发展到双方无法再通过协商、说服等沟通方式达成谅解、双方均各持己见时，就需要引入第三方的调解、仲裁和诉讼等来解决。

2）仲裁

当渠道成员发生冲突时，由于双方是利益当事人，存在利害关系，看问题难免带有偏见，如果有一个第三方加入，主持双方的谈判，冲突往往容易解决，仲裁是双方自愿进行的，因而最后达成的仲裁协议，双方一般都能自觉履行。

3）法律手段

当渠道冲突达到一定的程度时，双方就要通过法律诉讼来解决，这意味着渠道中的领导力不起作用。一般情况下，冲突双方较倾向于采用仲裁而不是诉讼去解决争端，既能减少成本，维护企业形象，也能避免泄露商业机密。

4）渠道重组

当渠道成员间的冲突已经达到无法调和的地步，甚至已经严重影响了整个渠道系统的运行时，渠道领导者就不得不考虑进行渠道重组。在剔除某些目标严重不一致的组织、增加另外新成员或改变渠道网络设计的同时，生产企业还应密切关注其他成员对此的反应，消除其紧张、恐慌的心理，避免因此而造成新的潜在冲突。

7.3.4 实训步骤与成绩评定

1. 实训步骤

第一步，调查了解所在区域农业产业园农产品营销渠道运行及管理机制，积累有效经验。

第二步，依据苹果梨上市推广营销渠道设计结果，对如何维系其营销渠道高效运行展开讨论，并从激励渠道成员、对渠道成员实施考核评价、避免渠道冲突等方面内容给出可行性建议。

第三步，制定渠道激励机制。

第四步，明确渠道成员绩效考核标准。

第五步，提出防范恶性冲突的有效措施。

第六步，团队汇报及点评。

2. 成绩评定

成绩评定的要求见表 7-5。

表 7-5　考核要求及评分标准

考 核 点	考核要求及评分标准	分 值
渠道激励机制	渠道激励机制设计合理、到位且全面	20
渠道绩效考核	能够正确选择渠道成员绩效考核评价标准	20
	能够正确选择渠道成员绩效考核评价方法	10
恶性冲突的防范措施	辩证理解渠道冲突，能够提出防范恶性冲突的有效措施	20
团队汇报	语言表达清晰、流畅	10
	PPT 制作精良	10
团队分工与合作	团队分工明确、合作完成任务	10

7.3.5　课后练习

1. 选择题

（1）分销商评估标准中最重要的是（　　）。

A. 销售能力

B. 库存状况

C. 销售业绩

D. 合作态度

（2）制造商附送可口可乐或百事可乐的太阳伞和印有其 Logo 的冰箱。这种激励手段为
（　　）。

A. 费用补贴

B. 陈列设备奖励

C. 货品附赠

D. 其他实物奖励

（3）对营销渠道成员的调整主要有（　　）。

A. 功能调整

B. 素质调整

C. 数量调整

D. 地区调整

（4）渠道冲突的解决方法多种多样，主要有（　　）。

A. 沟通

B. 冷战

C. 仲裁

D. 法律诉讼

（5）间接激励渠道成员的方式有（　　　）。

A. 返利政策

B. 帮助经销商维护客户网

C. 合作促销

D. 实施伙伴关系

2. 判断题

（1）通过渠道成员的自身努力，就可以提高渠道的分销效率。（　　　）

（2）只要是渠道冲突，就会对渠道运行产生不利影响。（　　　）

（3）渠道冲突会影响渠道成员之间的合作水平。（　　　）

（4）渠道绩效评估常用的方法有历史比较法和区域比较法。（　　　）

（5）对渠道的经济效果评估属于定性评估。（　　　）

3. 案例分析题

香飘飘奶茶的渠道调整

凭借"一年售出的杯子可绕地球一圈两圈三圈"的广告，奶茶鼻祖香飘飘，成为老少咸熟的快消饮品企业。对香飘飘来说，2004 年至 2007 年是品牌的高光时刻。但是随着产品的成功，跟风者蜂拥而至，喜之郎旗下的优乐美奶茶、联合利华的立顿奶茶、还有乡约奶茶等纷至沓来。面对竞争对手的强烈追击，香飘飘开始调整战略，集中精力专注奶茶主业，明确市场定位，聚焦主流城市和城市里面的主流终端，实现高铺货率，提高终端定价，力争将香飘飘冲泡奶茶打造成为杯装奶茶的开创者和领导者。通过落实一系列运营战略，香飘飘杯装奶茶品类已经占到市场分额的 63%，巩固了在杯装奶茶品类的领导地位。2017 年底，香飘飘成功上市，成为"奶茶第一股"。

2020 年初，一场突如其来的疫情，打乱了各个企业的生存发展节奏，整个饮品行业因此而陷入低潮，香飘飘也不例外。但是，面对大环境受挫、依重的校园渠道受阻等诸多不利因素之下，香飘飘及时调整策略，终于在下半年力挽狂澜，第三季度实现恢复增长。香飘飘成功突围与其采取打造"高势能门店"、经销商提质减量等多项渠道变革措施密不可分。

作为"国民奶茶"，香飘飘拥有覆盖国内所有大、中城市及县区的全国性销售网络。此前香飘飘一直在摸索更新型、适合香飘飘的经销商模式，所采用的是即饮产品与冲泡产品分别归属于不同经销商的方式。但这一方式似乎并不适合香飘飘，经过一番摸索后，香飘飘着手"纠偏"，开始尝试采用分级式的管理。截至 2020 年三季度末，香飘飘总计有 1 346 个经销商。尽管经销商数量的绝对值在减少，但有效提升了头部经销商的积极性和销售团队士气。此外，打造"高势能门店"也是香飘飘业绩增长的动力。香飘飘通过改革，目前更侧重精细化渠道管理模式，以解决部分门店低产出的问题，精准提升单店销量。2020年，香飘飘在终端推出"资源聚焦+精准铺货"的策略，将资源集中投向贡献率较高的30%的门店，在各区域打造高势能门店，从而有效提升了头部门店的销量，并带动剩余70%门店主动进货，达到以点带面的效果。整体而言，自2020年第三季度开始，香飘飘一方面通过模式推广，将一部分经销商调整为分销商和终端服务商；另一方面通过淘汰部分弱绩效的经销商，带动整体经销商的高绩效。

此外，在2020年的第四季度，针对即将到来的春节礼品销售旺季，香飘飘推出了百县推广项目，持续下沉渠道。该项目覆盖华北、华中、华东、西南等区域，并通过"产品+渠道+推广+传播"四轮联动的整合营销模式，深度激发县级市场消费潜力。一方面，通过招募万名销售导购员，扩充线下推广队伍；另一方面，通过各种生动化陈列，如"千箱堆""万箱堆"等，强化终端地推形式，提高产品铺货率、增强渠道的覆盖密度，通过组合拳的方式刺激消费者购买。为了加强渠道渗透，香飘飘已在2019年大力推进"经销商联合生意计划"，通过与经销商进行联合市场分析、市场开拓、服务终端门店等措施来提高香飘飘在终端的销售业绩。为了支持经销商在县级渠道推广，香飘飘会为经销商配置专项资源，给予专项市场费用支持等激励手段，全面提高经销商的积极性，从而实现二者的深度捆绑。目前，香飘飘在强势区域已经推进到村村通，二类市场做到镇镇通，薄弱市场做到县县通。

"互联网+"背景下，强化品牌的互联网基因也是香飘飘转型布局的重要砝码。2014年，香飘飘开始加大对电商渠道的投入。截至2020年，香飘飘已实现产品、品牌、营销等多维度的"互联网+"探索，香飘飘已构建起数千万会员的私域流量池，并通过数字化应用赋能企业产品创新及品牌年轻化等环节，带动电商板块营收连年增长。在产品端，围绕互联网消费者需求，聚焦"健康化+体验感"策略，进行产品创新开发，实现与线下渠道的有效区隔；在渠道端，除进一步加深与天猫平台的合作外，也在持续拓展抖音、快手、拼多多等社交电商的渠道，扩大消费人群的触达，提升销售转化率。值得一提的是，香飘飘在私域流量的管理和应用上，已实现了从产品开发—消费者测试—市场教育—销售转化的运营闭环；在公司结构上，香飘飘组建了互联网事业部，2020年以该事业部为业务核心，通过数字化中台管理，有效推进公司运营向互联网化转型。新渠道的拓展，不仅对香飘飘的整体业绩"锦上添花"，更为其全渠道布局打下了坚实基础。

思考与讨论：

（1）请思考并回答，香飘飘奶茶为成就杯装奶茶领导品牌做了哪些努力？

（2）请思考并回答，香飘飘奶茶渠道调整之策体现在哪些方面？渠道变革的原因是什么？

（3）结合案例内容，分析并说明香飘飘激励经销商助力渠道下沉的措施是什么？

（4）结合案例内容，归纳说明香飘飘奶茶覆盖全国市场的渠道布局及其结构是什么？

（5）结合案例内容，试分析香飘飘奶茶的全渠道布局还需要做什么努力？

知识点小结

营销渠道是指企业赖以将其产品或服务有效销售出去的所有中间环节或过程，它构成了产品或服务从生产领域向消费领域转移的有效路径或通道。作为生产企业用来投放产品或服务进入各目标市场的核心载体，营销渠道承担了许多关键职能，具体表现为：销售职能，传递信息，促销职能，洽谈职能，物流职能，融资职能，风险承担，服务职能。作为一个完整的系统，营销渠道由处于起点的产品或服务提供者的生产企业（制造商），取得产品或服务所有权或帮助所有权转移的中间商，以及处于终点的终端顾客（用户）构成。

营销渠道设计是指为实现分销目标，对各种被选渠道结构进行评估和选择，从而开发新渠道或者调整与变革现有渠道的过程。生产企业为其产品成功投向目标市场进行营销渠道布局的过程需要综合分析产品、市场、企业等多方因素的影响，在确定设计原则的基础之上，实施有效评估，寻求符合标准的最佳渠道伙伴，与其合作构建适应于市场营销环境及企业经营战略需要的渠道网络。这一过程需要经历七个重要的环节，分别是：确定渠道设计的必要性，设计并调整营销渠道的目标，明确并合理分配渠道分销任务，分析渠道设计的影响因素，建立各种可行的营销渠道设计方案，评估营销渠道设计方案，选择渠道成员。

为保证营销渠道运行高效，发挥最大效能，渠道内部各成员之间融洽合作，彼此协同发展，避免利益纷争，这需要生产企业通过规范的营销渠道管理予以实现。营销渠道的管理过程需履行渠道激励、控制、评估及调整等重要职能，以此维系渠道运行秩序，提升渠道运行效率。营销渠道激励是指生产企业通过持续的物质或精神激励措施，来刺激中间渠道成员，最终实现企业目标；营销渠道绩效评估是指生产企业通过系统化的手段或措施对营销渠道系统及系统内的各层级的渠道成员的绩效水平进行科学考核与评价的活动过程。以营销渠道的绩效评估结果为基础，生产企业会针对渠道自身存在的不适应于营销环境的因素适时进行调整与改进，以增强渠道的功能与作用，更好地为企业营销目标的实现发挥作用。营销渠道冲突是指渠道成员之间因为利益关系而产生的种种矛盾和不协调，具体表现形式有水平渠道冲突、垂直渠道冲突、多渠道冲突和同质冲突。尽管渠道冲突存在必然性，但需辩证理解其优劣性质。渠道之间的适度竞争，即良性冲突，有利于整个渠道绩效的提高和彼此的角色分工关系的明晰。但是，恶性的渠道冲突必须采取有效措施严加防范和控制。

项目 8

异彩纷呈——促销决策

项目目标：

能力目标

- 能够根据企业的经营环境、目标消费群体对企业产品制定科学合理的促销组合策略
- 能够正确运用人员推销的步骤和技巧，有效开展推销活动
- 能够运用广告策略的相关知识，制定简单的广告计划
- 能够根据企业经营实际情况，提出相应的公共关系活动建议
- 能够正确制定营业推广方案，有效开展营业推广促销活动

知识目标

- 掌握促销及促销组合的相关概念及含义
- 掌握人员推销的步骤
- 掌握广告策略的主要内容
- 掌握企业公共关系的主要方式
- 掌握营业推广的主要方式

素质目标

- 培养诚实守信的良好品质
- 培养热情服务、实事求是、勇于开拓、善于创新的职业素养
- 培养细致的观察能力、语言沟通能力和团队协作能力

项目内容：

今天的市场竞争日趋激烈，市场营销活动中，不仅要求企业生产适销对路的产品、制定吸引人的价格、以适当的渠道满足目标消费群体的需求，还要求企业必须采取适当的方式来促进产品的销售。促销已经成为市场营销组合中重要的一环。

鉴于激烈的市场竞争，水果超市也需要采取一些适当的方式来激发消费者的购买欲望，促进产品的销售，实现商品从流通领域向消费领域的转移。打折促销被不少企业看作是促进销售、争夺市场份额的杀手锏，许多企业也都屡试不爽，但是折价销售是一把双刃剑，在给企业带来巨大利益的同时，如果运用不得当，也会给企业带来一定的损失。

促销的精髓在于常做常新。促销的方式异彩纷呈，能够与时俱进的促销，能够抓住消费者的促销，才是好的促销。如何让自家水果超市通过促销策略的实施运用，在竞争中扩大销售，占有更大的市场份额？小李开始深入市场，反复探寻合适的促销活动方式，并为水果超市设计促销活动方案。

项目分解：

任务 8.1　认识促销与促销组合

任务 8.2　产品推销

任务 8.3　广告创意

任务 8.4　公关策划

任务 8.5　营业推广

任务 8.6　设计促销方案

任务 8.1　认识促销与促销组合

8.1.1　实训目标

知道促销的基本含义，能够找寻到市场上各种促销形式。正确理解促销组合，能够从企业角度分析问题、解决问题。

8.1.2　实训内容

结合水果超市的特点及当地营销环境，选择恰当的促销工具，并在预算允许的前提下，尽可能优化促销组合，使其发挥最大作用。

8.1.3 实训指导

1. 什么是促销?

促销是指企业通过人员推销或非人员推销的方式,向目标消费群体传递产品或劳务的存在及其性能、特征等信息,帮助消费者认识产品或劳务所带给购买者的利益,从而引起消费者的兴趣,激发消费者的购买欲望及购买行为的活动。

促销具有以下几层含义:

(1) 促销的实质是营销者与目标消费者的信息沟通,即企业仅有优秀产品是远远不够的,还要及时与消费者进行信息沟通,让消费者了解产品;

(2) 促销的目的是引发、刺激消费者产生购买行为,无论场面渲染得如何热烈,热闹的场面都只是"包子皮"而已,只有获得了实际的销售业绩,才是促销的真正目的;

(3) 促销的方式有人员推销和非人员推销两类,非人员推销包括广告、公共关系、营业推广。

2. 什么是促销组合?

促销组合是指企业运用广告、人员推销、营业推广、公共关系四种基本促销方式组合成一个策略系统,使企业的全部促销活动相互配合、协调一致,最大限度地发挥整体效果,从而顺利实现企业促销目标。因此,促销组合也称促销组合策略。

表 8-1 为四种促销方式优缺点比较。企业应根据促销需要,适当选择、编配和综合运用有关的促销方式,形成最佳的促销组合策略。

表 8-1　四种促销方式比较

促销方式	优　点	缺　点	常见手段
广告	传播面广,速度快;形象生动,信息艺术化,吸引力强;可选择多种媒体;可重复多次使用	说服力较小;购买行为滞后;信息量有限	电视广告、报刊广告、网络广告、广播广告、路牌广告、车体广告等
人员推销	信息双向沟通,能及时反馈;信息传递的针对性较强;比较适用于贵重品和特殊产品	成本高;受推销人员素质的制约;接触面太窄	销售介绍、销售会议、电话营销、样品试用、展览会、展销会等
营业推广	刺激快,吸引力大;在改变消费行为方面非常有效;与其他促销工具有很好的协同作用	只能短期刺激;可能使顾客有顾虑和怀疑;可能损坏品牌形象;竞争对手容易模仿	奖金或礼品、附赠品积分、招待会、延期付款、低息贷款、以旧换新等
公共关系	可提高企业的知名度、美誉度和信赖度;可信度高;绝对成本低	见效较慢;难以取得媒体的合作;效果难以控制	公益活动、记者招待会、新闻发布会、演讲、研讨会、慈善捐助、赞助、社区活动等

3. 企业在制定促销组合时应考虑的因素

企业在制定促销组合策略时，应考虑哪些因素？怎样组合才会更有效？

1）促销目标

企业应根据促销的具体目标选择适当的促销方式，提高促销组合的有效性。譬如，如果促销目标是增加产品销售量，促销组合应注重于广告和营业推广；如果是树立良好的形象，促销组合应注重于公共关系活动。

2）促销活动基本策略

企业促销活动的策略按促销的运作方向不同，可以归结为两种基本策略，即推动策略和拉动策略，详见图 8-1。

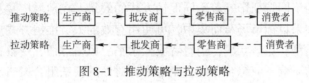

图 8-1 推动策略与拉动策略

（1）推动策略

推动策略是指生产商把产品推销给批发商，批发商再把产品推销给零售商，最后零售商把产品推销给消费者。促销信息流向和产品流向是同方向的。采用该策略的生产商需要利用大量的推销人员推销产品。

推动策略常用的方式有派出推销人员上门推销产品，提供各种售前、售中、售后服务等。

（2）拉动策略

拉动策略是指企业针对最终消费者展开广告攻势，把产品信息介绍给目标消费者，使其产生强烈的购买欲望，形成急切的市场需求，然后"拉引"中间商要求经销这种产品。拉动策略中促销信息流向和产品流向是反向的。使用拉动策略的生产商不直接向批发商和零售商做广告，而是直接向消费者做广告。

拉动策略常用的方式有价格促销、广告、展览促销、代销、试销等。

推动策略的重心在推动，着重强调企业的主观能动性；拉动策略的重心在拉引，着重强调消费者的主观能动性。许多生产商在促销实践中，通常把"推""拉"两种策略配合起来运用，在向中间商进行大力促销的同时，也通过广告刺激市场需求，既各有侧重，又相互配合。

3）产品因素

（1）产品的类型

不同类型产品需要采用不同的促销方式。消费者市场因市场范围广而首先更多地采用拉动策略，重视广告的促销作用；其次是营业推广、人员推销以及公共关系。产业市场因购买者购买批量较大，市场相对集中，多采用推动策略，重视人员推销的促销作用，其次是营业推广、广告及公共关系。

（2）产品的生命周期阶段

不同的产品生命周期阶段，企业的营销目标不同，促销方式也不同。

以消费品为例：在导入期，广告和营业推广的配合使用能促进消费者认识和了解本企业产品；在成长期，出现了竞争对手，广告的作用在于强调产品和品牌的特色，进一步提高市场占有率，同时应增加一定的人员推销；在成熟期，竞争对手日益增多，广告的作用在于强调本产品与其他同类产品的差异性，与竞争对手相抗衡，同时配合运用适当的营业推广方式，增加促销费用；在衰退期，企业产品的销量大幅下降，针对老顾客采用提示性广告，保持顾客记忆，人员推销也减至最小规模，并辅之以适当的营业推广和公共关系策略，以保证一定的利润收入。

4）市场特点

企业目标市场的不同特征影响着不同促销方式的效果。在地域广阔、分散的市场，广告有着重要的作用。如果目标市场窄而集中，可使用有效的人员推销方式。此外，目标市场的其他特性，如市场类型、竞争状况，消费者收入水平、风俗习惯、受教育程度等都会对各种促销方式产生不同的影响，应综合考虑，制定有针对性的促销组合策略。

5）企业实力及促销预算

企业的经济实力直接制约着促销组合的选择。企业若规模较小、实力较弱，则可以不使用大规模广告宣传的方式，而以人员推销为主。企业若规模大、产品数量多、有足够的经济实力，则可以针对具体情况采用广告宣传并辅以其他促销手段。

企业能用于促销的费用也是确定促销组合的重要依据。企业采用什么样的促销方式，往往受促销费用预算的制约。每一种促销方法所需费用是不相同的，企业应根据预算，结合其他因素，选择适宜的促销组合。

8.1.4　实训步骤与成绩评定

1. 实训步骤

第一步，分组，5 人为一组。

第二步，小组内讨论，为水果超市选择恰当的促销工具，分析其促销组合的利与弊。

第三步，小组汇报，汇报时间为 5 分钟。

第四步，小组之间互评，教师点评。

2. 成绩评定

成绩评定的要求见表 8-2。

表 8-2　考核要求及评分标准

考　核　点	考核要求及评分标准	分　值
促销方式	促销方式全面、可操作	20
	促销方式新颖、有创新	20

续表

考 核 点	考核要求及评分标准	分 值
促销组合	促销组合运用得当	15
	对其促销组合的利弊分析准确、到位	15
小组汇报	语言表达清晰、流畅	15
	时间掌控能力强，团队分工明确、合作完成任务	15

8.1.5 课后练习

1. 选择题

（1）制造商推销价格昂贵、技术复杂的机器设备时，适宜采取（　　　）的方式。

A. 广告宣传

B. 营业推广

C. 经销商商品陈列

D. 人员推销

（2）在产品生命周期的投入期，消费品的促销目标主要是宣传介绍产品，刺激购买欲望的产生，因而主要应采用的促销方式为（　　　）。

A. 广告

B. 人员推销

C. 价格折扣

D. 营业推广

（3）以下不是广播媒体优越性的是（　　　）。

A. 传播迅速、及时

B. 听众广泛

C. 针对性强，有的放矢

D. 制作简单、费用较低

（4）影响企业促销组合和促销策略的因素很多，主要应考虑的因素有（　　　）。

A. 现实和潜在顾客的状况

B. 产品类型与特点

C. 推或拉的策略

D. 市场细分

E. 产品生命周期的阶段

2. 判断题

（1）对于价格较低、技术性弱、购买者多而分散的消费品适宜采用广告方式促销；

而对于价格昂贵、技术性强、购买者少而集中的工业用品，适宜采用人员推销方式促销。（　　　）

（2）促销的实质是商品交换。（　　　）

3. 案例分析题

屡屡碰壁的促销活动

情境描述：一家饲料企业原本效益很好，也没有做过促销，直到其他企业后来居上，这家企业才慌了，于是召开销售人员会议。销售人员没有不抱怨的：人家企业做得多好，农民买一包饲料可以得到一件文化衫，经销商做大了组织其去国外考察。这家企业经理心想这不是很难，我们也做得到。

江南每年6月至8月是农忙时节，农户都忙着双抢，养殖业是淡季。这位经理想，淡季一定要刺激农民，诱导农民购买。于是，该企业制作了很漂亮的文化衫。7月底，销售人员又向老板抱怨：怎么这么晚才给市场发放促销品，别人早就做了。原来，竞争企业在5月底就将文化衫全部发放到位，农民在双抢时根本没有时间去购买饲料。第二年，该企业很早就准备好了促销品，是质量很好的香皂，因为农忙时农民每天都要洗澡，香皂是他们的必需品。但结果和预料大相径庭：经销商拒绝大量进货。销售人员从市场前沿发回报告说，经销商已经大量购进了竞争厂家的货，原因是该厂家开展了一个活动，承诺在市场淡季完成旺季85%销售额的经销商，可以参加企业组织的出国考察团。竞争厂家已经抢占了经销商的仓库和资金。

思考与讨论：

这家企业的促销活动为什么会屡屡碰壁，错在哪里？如果请你做企业经理，你将采取什么方法解决这一促销难题？

4. 思考题

（1）发电机、压路机、推土机、电视机、洗衣机、摄像机、手机、洗发液、洗衣粉，这些产品分别适宜采取推动策略还是拉动策略？

（2）假设某同学在校内开设了一家计算机服务部，根据你所在学校的实际情况，该同学可以通过哪些具体的方式开展促销活动？

任务8.2　产品推销

8.2.1　实训目标

通过实训，能够正确运用人员推销的步骤和技巧，有效开展推销活动。

8.2.2 实训内容

模拟人员推销：撰写推销水果的文字脚本和营销话术，由一人扮演小李，两或三人扮演顾客，进行销售水果的模拟演练。

8.2.3 实训指导

人员推销是企业委派自己的销售人员，直接向消费者销售某种产品和提供某种服务的一种直接销售方式。国内外的实践证明，人员推销与其他的方式相比具有不可替代的作用，因此在现代营销活动中，它仍然是重要的促销工具。

推销人员、推销对象和推销品构成了推销活动的三个基本要素。其中，推销人员和推销对象是推销活动的主体，推销品是推销活动的客体。

与非人员推销相比，人员推销的优点表现为：信息传递的双向性、推销过程的灵活性、营销功能的多样性，以及满足需求的多样性。人员推销的缺点则表现为：直接接触的消费者有限，销售面窄；支出较大，成本较高；对推销人员的专业技术与综合素质要求较高；销售团队人员的变动会带来客户资源流失的风险。

1. 人员推销的形式

常见的人员推销形式有以下四种。

1）上门推销

上门推销是最传统的推销形式，它是由推销员携带样品、产品说明书、订单等挨家挨户走访客户，推销产品。这种推销形式适合于易于携带的生活用品或无形服务的推销。

2）柜台推销

柜台推销又称门市推销、店堂推销，是由柜台营业员接待进入门市的顾客，向其推销产品。这种推销形式适合于零星小商品、贵重商品和容易损坏的商品的推销。

3）展会推销

展会推销又称会议推销，是利用各种展会，向与会人员宣传和介绍产品，达到推销目的。展会形式多种多样，包括各种类型的博览会、展览（销）会、交易会、大型会议等。由于展会期间参展人员较多，针对性强，可以同时向多个推销对象推销产品，成交额较大，推销效果较好，尤其为新产品的推出提供了较好的平台。

4）网上推销

网上推销是运用电子商务手段，进行推销活动的推销形式。企业或推销人员在网络上开设自己的电子商务网站，也就是"虚拟商店"，在"虚拟商店"中陈列宣传其产品，消费者则可以足不出户，通过计算机和网络进入"虚拟商店"，从浏览、挑选、下订单到付款都在网上完成，之后就等送货上门。

2. 人员推销的程序

人员推销的程序如图 8-2 所示。

寻找顾客 → 访问准备 → 拜访顾客 → 推销洽谈 → 应付异议 → 达成交易 → 跟踪服务

图 8-2　人员推销的程序

1）寻找顾客

寻找潜在顾客是推销工作的首要环节。寻找潜在顾客的方法有多种，如地毯式搜寻法、资料搜寻法、连锁介绍法、中心开花法、委托助手法等。真正的目标顾客至少要具备三个条件，即支付能力（money）、决策权（authority）和需求（need），这三个条件的英文缩写是MAN，即"人"。

2）访问准备

在拜访顾客之前，需要做好前期的准备工作，包括收集大量资料，了解目标顾客的喜好，选择接近顾客的方法，做好面谈计划，在物质和精神上做好准备。

3）拜访顾客

拜访顾客是推销洽谈的前奏，成功接近是达成交易的先决条件。这一阶段推销员的工作重点就是要引起顾客的注意和兴趣，成功接近顾客。

4）推销洽谈

推销洽谈的目的有两个：一是强化功能，即继续强化顾客对产品的兴趣，并极力推荐；二是转化功能，即促使顾客对产品的兴趣转化为购买的欲望，进而在心情愉快的情况下，做出购买决定。推销洽谈是一项艺术性、技巧性较强的工作，没有固定不变的模式。随着推销对象、推销环境的变化，每一次推销洽谈都会有不同的特点和要求，推销人员应根据具体情况做出具体分析，善于应变，灵活机动地去做好推销洽谈。

5）应付异议

顾客异议既是成交的障碍，也是成交的前奏与信号。顾客异议的表现形式多种多样，最常见的异议类型有：需求异议、产品异议、价格异议、服务异议、货源异议、购买时间异议、推销员异议、权力异议等。对推销人员而言，可怕的不是异议而是没有异议，俗话说：褒贬是买主，无声是闲人。顾客异议千差万别，处理异议的策略与方法也不胜枚举，每一种方法都各有利弊，各有不同的适用条件。

6）达成交易

推销的目的在于达成交易，因而成交是推销过程中最紧张、最刺激的阶段，也是最令人兴奋的阶段，推销员在推销过程中所作出的努力都将在这个阶段得到回报。推销的格言是：如果你不能成交，你就卖不出去任何货物！推销员应针对不同的推销对象，灵活运用各种成交方法，及时、有效地达成交易。

7）跟踪服务

达成交易并不意味着推销过程的终结，推销人员还应进行成交后的跟踪，为顾客提供完善的售后服务，与顾客保持良好的关系。成交后跟踪已成为现代推销活动不可分割的一个环节。它既是对上一次推销活动的完善，又是对下一次推销活动的引导、启发和争取。

3. 人员推销的管理

企业需要根据环境和资源条件对人员推销进行设计和管理。

1）确定推销团队的组织结构

企业自建推销团队时，为保证人员推销工作的有效进行，应根据实际需要设计人员推销组织结构。可供选择的人员推销组织结构主要有以下四种类型。

（1）地区型推销结构

这种结构是指每一个推销人员负责一定区域，独自负责推销企业的所有产品。这种结构适用于产品种类和品种较少的企业采用。它的好处是：第一，推销人员责任明确，有利于发挥推销人员的积极性；第二，可以鼓励推销人员与当地商界和个人联系，这种联系有利于提高推销人员的效率；第三，旅费开支相对减少。

（2）产品型推销结构

这种结构指定一个推销人员负责推销一类或几类产品，而不受地区的限制。要求推销人员专业化，并且有一定的技术知识。它对于技术复杂、种类繁多的产品比较适用。但是，尽管一个企业有多种产品，然而往往由同一个顾客购买，这种方式就不适用。例如，一家医疗供应公司有几个产品部，如果每一个产品部都设自己的推销员，可能不同产品部的几个推销员会在同一天到同一家医院进行推销，显然这是很不经济的。

（3）顾客型推销结构

这种结构按不同的顾客类型组织推销人员。由于顾客类型众多，因而它的形式也多种多样。例如，按顾客行业来分，有冶金业、机电业、建筑业或纺织业等；按顾客的规模来分，有大客户和小客户；按销售渠道来分，有批发商、零售商等。采用顾客型推销结构的优点在于推销人员比较熟悉顾客的需求，企业与顾客之间的关系也比较密切。但如果顾客分布地区较为分散，采用这种形式推销费用就会增大。

（4）综合型推销结构

这种结构是上述三种结构的综合。当企业规模大、产品多、市场广、顾客分散时，单独采用上述某一种结构，难以提高推销效率，则可以采用综合型推销结构。

2）建立推销团队

首先，要明确推销团队的工作岗位和任务。

其次，要确定推销团队的规模。推销团队的规模与销售量和成本具有密切关系，可采用分解法、销售百分比法和工作量法三种方法来确定。

再次，做好推销团队人员的甄选工作。优秀的推销员必须有良好的素质和条件。

最后，做好推销团队人员的培训工作。企业可以采用短期集中培训、专项实习、岗位传授和委托代培等多种方式培训推销人员。

3）推销团队人员的激励

企业必须建立完善的激励制度，通过日常工作考核和销售竞赛等形式，提高推销人员工作的积极性和主动性。激励方式主要有物质激励、精神激励和逆向激励三种。

（1）物质激励

主要是根据推销人员的表现给予物质方面的奖励，包括薪酬增长、奖金、培训、旅游度假等，还可以发放各种福利给予物质激励，如节日福利、生日福利、生育福利等。

（2）精神激励

主要是根据推销人员的工作表现给予精神奖励。主要方式有提升职位、表彰、传播典型事迹等。

（3）逆向激励

主要是对于业绩长期不合格的推销人员进行必要的惩罚，它是一种惩罚性措施。主要方式有自动淘汰、罚款、降薪、辞退甚至除名等。

4）推销团队人员的评价

推销团队人员的评价是企业对推销人员工作业绩考核与评估的反馈过程，是企业分配报酬、调整促销战略、改善人员推销工作的重要依据。

评价方式主要有三种：一是横向比较，即比较不同推销人员在一定时期的销售量和销售效率；二是纵向比较，即比较同一推销人员现在和过去的工作实绩；三是工作评价，包括对企业、产品、顾客、竞争者、本身职责的了解程度，也包括推销人员的言谈举止、修养等个性特征。

8.2.4　实训步骤与成绩评定

1. 实训步骤

第一步，分组撰写人员推销水果的脚本、营销话术。

第二步，精心进行人员推销相关资料的准备。

第三步，以小组为单位，进行角色扮演。时间以 5 分钟为宜。

第四步，小组之间互评，教师点评。

2. 成绩评定

成绩评定的要求见表 8-3。

表 8-3　考核要求及评分标准

考 核 点	考核要求及评分标准	分 值
人员推销程序	符合人员推销的基本程序，推销环节完整	25
顾客异议	运用营销话术，解除异议的办法顺理成章，合乎情理	25

续表

考 核 点	考核要求及评分标准	分 值
角色扮演	情境模拟神态自然，角色扮演逼真，口齿清晰，语言流利	25
	角色扮演定位得当，分析有一定深度和广度， 对所学知识运用自如，言之有理，逻辑性强	25

8.2.5　课后练习

1. 选择题

（1）推销人员在与客户沟通时，需要掌握的要领有（　　）。

A. 不要滔滔不绝，而要有效沟通

B. 在有效沟通中，要注意多一些赞美

C. 学会倾听，会说的不如会听的

D. 要有幽默感

（2）人员推销活动中的三个基本要素是（　　）。

A. 需求

B. 购买力

C. 推销人员

D. 推销对象

E. 推销品

（3）人员推销活动的主体是（　　）。

A. 推销市场

B. 推销品

C. 推销人员

D. 推销条件

（4）以下适宜采用人员推销的情况是（　　）。

A. 企业产品只在某几个市场销售

B. 价格昂贵的产品

C. 当产品处于介绍期时

D. 技术性强，消费者和用户集中

E. 企业推销能力强

2. 案例分析题

乔·吉拉德的推销七大秘诀

乔·吉拉德是美国著名的推销员，吉尼斯世界纪录大全认可的世界上最成功的推销员，从 1963 年至 1978 年总共推销出 13 001 辆雪佛兰汽车。

1. 250 定律：不得罪一个顾客

在每位顾客的背后，都站着大约 250 个人：同事、邻居、亲戚、朋友。乔认为：你只要赶走 1 个顾客，就等于赶走了潜在的 250 个顾客。

2. 名片满天飞：向每一个人推销

每一个人都使用名片，但乔的做法与众不同：他到处递送名片。乔认为，每一位推销员都应设法让更多的人知道他是干什么的、销售的是什么商品。

3. 建立顾客档案：更多地了解顾客

乔说："不论你推销任何东西，最有效的办法就是让顾客真心相信：你喜欢他，关心他。"那就必须了解顾客，收集顾客的各种有关资料。

4. 猎犬计划：让顾客帮助你寻找顾客

"买过我汽车的顾客都会帮我推销"。乔的很多生意都是由"猎犬"（那些会让别人到他那里买东西的顾客）帮助的结果。

5. 推销产品的味道：让产品吸引顾客

乔在和顾客接触时，总是设法让顾客先"闻一闻"新车的味道。他让顾客坐进驾驶室，握住方向盘，自己触摸操作一番。

6. 诚实：推销的最佳策略

乔善于把握诚实与奉承的关系。少许几句赞美，可以使气氛变得更愉快，没有敌意，也就更容易成交。

7. 真正的销售始于售后

"我相信推销活动真正的开始在成交之后，而不是之前。"推销员在成交后继续关心顾客，将会既赢得老顾客又能吸引新顾客，生意将越做越大。

思考与讨论：

乔·吉拉德的推销秘诀分别涉及哪些人员推销步骤？

3. 思考题

（1）假设你是一位汽车推销员，你将如何寻找潜在顾客？谈一谈你的想法。

（2）结合实际谈一谈，推销员如何才能获取顾客的好感？

任务 8.3　广 告 创 意

8.3.1　实训目标

通过实训，了解广告的特点，能够欣赏和鉴别广告，培养广告创新意识，提高广告创意能力。

8.3.2　实训内容

广告创意模拟演练：选定一个店内产品（如水果），提出广告创意。

8.3.3　实训指导

1. 广告的构成要素

广告（advertising）一词源于拉丁语，有"注意""诱导""大喊大叫""广而告之"之意。

广告是广告主以付费的方式，通过一定的媒体有计划地向公众传递有关商品、劳务等信息，借以影响受众的态度，进而诱发或说服其采取购买行动的一种大众传播活动。

一般情况下，广告就是指商业广告。商业广告由以下五大要素组成。

1）广告主

广告主是发布广告的主体，为推销商品或服务，自行或者委托他人设计、制作、发布广告的经济组织或个人。

2）广告受众

广告受众是广告信息的接收者，包括目标顾客和一般公众。目标顾客又分为现实顾客和潜在顾客。

3）广告信息

广告信息是广告的具体内容，包括商品、服务、观念等信息。商品信息包括商品的质量、性能、价格、地点等信息；服务信息包括交通、住宿、旅游等服务活动信息；观念信息包括倡导某种消费观念、消费意识，引导消费潮流的信息，如健康营养观念、休闲度假观念等。

4）广告媒介

广告媒介是信息传递的中介。其具体形式包括报纸、杂志、路牌、信函、包装等文字媒体，以及广播、电视、电子显示屏、互联网等电子媒体。

5）广告费用

从事广告活动要支付必要的费用，如市场调查费用、广告策划费用、制作费用、发布费用、效果测定费用、代理费用等。

2. 广告的类型

根据不同的需要和标准，广告可划分为不同的类型。

1）根据广告的对象分类

（1）商品广告

商品广告以教育性、知识性、趣味性的文字、声音、图像等向消费者介绍商品，使消费者了解产品的性能、用途、价格等情况，并对产品产生初步需求。

（2）企业广告

企业广告又称商誉广告。这类广告一般不直接介绍产品，而是通过宣传，介绍企业的名称、精神、概况等有关信息，或以企业名义进行公益宣传，以便提高企业的声誉，在消费者心目中树立良好的企业形象。这种广告为企业的长期销售目的服务，具有长期性效果。根据《中华人民共和国广告法》的规定，部分产品在公共媒体上不允许发布商品广告，只能发布企业形象广告，如烟草。

（3）公益广告

公益广告是用来宣传公益事业或公共道德的广告。公益广告能够实现企业自身目标与社会目标的融合，有利于树立并强化企业形象。

2）按照广告媒体的使用分类

（1）印刷媒体广告

印刷媒体广告也称平面媒体广告，即刊登于报纸、杂志、招贴、海报、宣传单、包装等媒体上的广告。

（2）电子媒体广告

电子媒体广告是以传统电子媒体如广播、电视、电影等为传播载体的广告。

（3）户外媒体广告

户外媒体广告又称流动广告，是利用路牌、交通工具、霓虹灯、热气球、飞艇等户外媒体展示的广告。

（4）直邮广告

直邮广告是通过邮寄途径以传单、商品目录、订购单、产品信息等形式发布的广告。

（5）销售现场广告

销售现场广告又称 POP 广告，即在商场或展销会等场所，通过橱窗、商品陈列、彩旗、条幅、展板等形式进行广告信息的传播。

（6）数字互联媒体广告

数字互联媒体广告又称网络广告，是利用互联网及智能移动终端作为传播载体的一种新兴广告，具有针对性、互动性强，传播范围广，反馈迅捷等特点。

3）根据产品的不同生命周期和广告目标不同分类

（1）告知性广告

告知性广告又称报道性广告，主要是在产品刚刚进入开拓期时，用于向市场推销新产品，介绍产品的新用途和新功能，宣传产品的价格变动，推广企业新增的服务，以促使新产品进入目标市场，其广告目标是为了激发消费者对产品产生初始需求。野狼摩托车进入中国台湾市场时，第一天的广告内容是："今天不要买摩托车，请您稍候 6 天。买摩托车您必须慎重地考虑。有一部意想不到的好车就要来了。"次日继续刊出这则广告，内容只换了一个字："请您稍候 5 天"，第 3 天，"请您稍候 4 天"……第 7 天，刊出全页面积的大广告，造成了大轰动，广告主发往各地的第一批货立即全部卖完。

（2）劝说性广告

劝说性广告又称竞争性广告，主要是在产品进入成长期和成熟期前期，市场竞争较为激烈时，促使消费者对本企业产品产生偏好。比如，劝说消费者购买自己的产品，鼓励竞争对手的消费者转向自己，改变消费者对产品属性的认识等。达克宁药膏通过"不但治标，还能治本"来暗示同类产品只能治标，不能治本，从而劝说消费者进行选择。

（3）提示性广告

提示性广告也称备忘性广告，是对已进入成熟期后期或衰退期的产品进行的广告宣传，目的在于提醒消费者，使其产生"惯性"需求。比如，提醒消费者购买本产品的地点，提醒消费者在面对众多新产品时要继续购买本产品等。娃哈哈饮料的广告词："今天你喝了没有？"就是典型的提示性广告。

4）按照广告诉求方式分类

（1）理性诉求广告

理性诉求广告采用摆事实、讲道理的方式，通过向广告受众提供信息，展示或介绍有关产品或服务，有理有据地论证该广告信息给受众带来的好处，使受众理性思考，最终采取购买行动。家庭耐用品、汽车、房地产等产品采用理性诉求广告较多。

（2）感性诉求广告

感性诉求广告是以生动、形象为主要追求目标的诉求方式。它往往以具体的形象化的方式来展现商品特征，而很少使用抽象的说理与严密的逻辑演绎方式，因而它常能使受众在轻松、愉快的氛围中不知不觉地接受广告的宣传与推销。日用品广告、食品广告、公益广告等较多采用感性诉求方式。

（3）情感诉求广告

情感诉求广告又称情绪诉求广告，它主要采用以情感人的方式推销商品。即通过抒情，在情感上唤起消费者对商品的认同感，并使之在这种认同感的基础上喜欢某商品，经常使用某商品。

（4）观念诉求广告

观念诉求广告主要是针对大众的消费观念进行诉说，或改变某种旧的过时的消费观念，或倡导某种全新的消费观念。在观念的破与立中，自然地倡导某种观念，将商品推销给消费大众。

3. 广告创意的原则

1）真实性原则

诚实是广告的生命。无论是商品广告、服务广告还是观念广告，传达的信息一定是真实的。任何违背真实性原则的虚假广告、欺诈广告，都是为法律所不容、为道德所摒弃的。

2）效益性原则

成功的广告，不仅是艺术作品，而且应该带来经济和社会效益。如果只追求艺术创造，而忽略广告的营销作用，则失去了广告本身的价值。有一个关于广告效果的著名比喻很能说明这个道理。一面镜子装在一个非常漂亮的镜框里，看到它的人说："我看到一面精美的镜子。"另一面镜子没有任何装饰，但本身非常洁净，看到它的人说："我从镜子里看到窗外优美的风景。"那么，哪一面镜子发挥了它应有的作用呢？当然是后者。好的广告也应如此，它的效果是帮助广告主推销产品或服务。

3）独创性原则

"广告拒绝平庸"。由于经济繁荣、市场发达，使各种产品都出现了明显的同质化倾向，产品之间的差别越来越小。如果广告还停留在一般的简单介绍水平上，就很难使商品脱颖而出。另外，各种广告越来越多，平淡无奇的广告就难以引起受众兴趣。因此广告必须新颖奇特，必须具有独创性。独创性原则既指广告信息的独创性，也指表现手法的独创性。

4）简明性原则

简洁明快既是时代对广告的要求，也是广告的特点。在有限的时间、空间内，要取得最佳的传播效果，必须简洁明快，重点突出，否则就会使消费者厌倦或者反感。

5）生动性原则

广告必须生动活泼，给人愉悦和快感，并应避免枯燥无味的风格，避免冗长复杂的句子，避免过于专业化的术语，避免没有吸引力的形象。2019年，云闪付为宣传"用云闪付还信用卡，无手续费"的概念，正式启动"全球代言人计划"，请来无籽西瓜、无线电、无花果、无理数、无袖衬衫等20位覆盖吃、穿、用等生活多方面的"无"字辈，趣味地表达了对云闪付"无"手续费的支持。为凸显产品特点，它还推出了创意视频：《我妈说》，用无厘头和幽默的形式圈粉无数。云闪付采用独具一格的方式，用一系列代言"人"和俏皮文案、趣味视频，替自家产品做宣传，符合年轻化营销思路和社交媒体时代的调性，实力圈粉，也恰如其分地体现了"用云闪付还信用卡，不收手续费"这一隐形利益点，达到了与年轻用户有效沟通的目的。

4. 广告创意常用的思考方法

1）反向思考法

在每个人的潜意识深处，都存在着一定程度的逆反心理。反向思考，就是针对这种逆反心理大做文章。"自卖自夸"式的广告太多了，谦虚的言辞更能打动人。美女充斥荧屏，人们已熟视无睹，而满脸皱纹的老太太更能激发人的兴趣。由于反向思考逆一般常规思考而行，因此它往往能带给人别开生面的感受，极易引起人的注意和兴趣。

2）联想思维法

联想是一种感物联类、由此及彼的思想飞跃。在广告的创意中经常出现。人在创作过程中，联想越丰富，其思路就会越开阔；思路越开阔，他所获取的创意也就会更加丰富多彩。

联想的基础是事物之间的相互联系。好的联想，常能通过揭示事物之间隐含的不易被人察觉的内在联系而给人耳目一新之感。常见的联想方式有以下三种。

（1）接近联想

就是根据事物之间在时间或空间上的接近而引发的联想，这就像人们平时常说的睹物思人，触景生情。

如图 8-3 所示，在 Lipfinity 口红的宣传战役中，该广告突出了"抗食品侵蚀"的特性，产品的利益点与模特完美结合，情趣中传达了产品的特色。表现元素奶油、面条、蛋糕与产品口红之间产生了某种联系——涂了口红并不影响饱口福。

图 8-3　宝洁 Max factor（Lipfinity）口红广告

（2）相似联想

相似联想就是由事物之间在外形或内在本质上的某些类似之处而引发的联想。人们常将事物之间外形的相似称为形似，将内在本质上的相似称为神似。

例如，日本家护牙刷的广告文案：日本人很会弯腰，家护牙刷独特的弹性按摩弯颈，比日本人更会弯腰。在家护牙刷独有的弹性按摩弯颈和日常生活中日本人常常弯腰之间诞生了一个相似联想，这是由其外在形态上的相似而引发的联想，非常形象生动，一看就让人留下深刻而难忘的印象。

（3）对比联想

人们在感知或表现某一事物时，引发起对与此事物完全相反、矛盾对立的事物的联想。由此可以推知，对比联想的触发点是事物之间的矛盾冲突。

例如，美国泰伦拉链的一则广告：牛顿定律认为，东西总是会往下掉的，泰伦的信条则是拉上去的东西一定要停在上面。人们都知道，由于地心的吸引力，在一定的空间内，任何东西都要往下掉，这是牛顿定律的精髓，同时也是为世人所认可的真理。而泰伦拉链的信条却偏偏与此唱反调，要让拉上去的拉链不往下掉，"一定要停在上面"，从表面看来，似乎是在故意违背科学，违背真理，但从这鲜明的反差与对比中，泰伦拉链的优质却呼之欲出，而且非常新颖独特，耐人回味。

两个截然相反的事物放在一起，如美与丑、善与恶、高与矮、胖与瘦——会产生非常醒目的效果，使彼此的特性在鲜明的对比中更加突出，让人过目不忘，记忆深刻。

3）直觉思维法

所谓直觉，就是一种挣脱了理性分析而能直接、整体地把握对象的一种思维形式。也就是说，在进入直觉状态时，人的思维不受理性的支配而能直接得出结论，就如同人们常说的"一见钟情""一见如故"。很多时候，第一次看到某个人，第一眼观赏某个风景名胜，常在一瞬间得出喜欢不喜欢这个人，这道风景美不美的判断。在这一瞬间，人不可能进行理性的思考，不可能去仔细研究此人是否表里如一，此风景的搭配与组成为何能引起人的美感，其判断的得出就来自直觉，来自丰富经验与阅历基础上的"不思而得"。

8.3.4　实训步骤与成绩评定

1. 实训步骤

第一步，创意练习。分组，运用头脑风暴法提出荧光棒的用途，并设计几款与荧光棒有关的产品，创意多多益善。

第二步，每组选定一个产品（如水果），做一则广告创意，该创意不受广告类型的限制。

第三步，小组汇报，汇报时间为 5 分钟。

第四步，小组之间互评，教师点评。

2. 成绩评定

成绩评定的要求见表 8-4。

表 8-4　考核要求及评分标准

考 核 点	考核要求及评分标准	分 值
头脑风暴练习	构思创意出来的产品数量至少 10 个以上	15
	符合构思创意的真实性原则	10
	符合构思创意的效益性原则	10
	符合构思创意的独创性原则	10

续表

考 核 点	考核要求及评分标准	分 值
产品广告创意	广告作品符合简明性原则	15
	广告作品符合生动性原则	15
	广告作品具有独创性	15
团队汇报	团队分工明确，PPT 汇报精彩	10

8.3.5　课后练习

1. 选择题

(1) 当商品处在生命周期的介绍期时，应采用（　　　）。

A. 告知性广告

B. 劝说性广告

C. 提示性广告

D. 报纸广告

(2) 华丽服装公司准备为一类新款式的妇女时装做广告，若要使广告更具吸引力，其宜采用的媒体是（　　　）。

A. 报纸广告

B. 街头广告牌

C. 广播广告

D. 彩色印刷的杂志广告

2. 判断题

(1) 家庭耐用品、汽车、房地产等产品较多采用感性诉求广告。（　　　）

(2) 户外广告被誉为继报纸、杂志、广播、电视四大广告媒体之后的第五大广告媒体。（　　　）

3. 思考题

(1) 请你分别列举一则让你印象深刻的优秀电视广告和劣质电视广告，并简述原因。

(2) 写出 10 条你认为经典的广告语，并分析创意成功要点。

4. 思维训练题

训练 1：

请同学们从下列词语中随意抽取五个，用独特的有意义的话串联成短文。

飞鸟　　向日葵　　风筝　　鱼　　创可贴　　刺猬　　沙漠　　书　　风笛　　玫瑰
左岸咖啡馆　　派克笔　　石头　　伞　　罗马表　　郁金香　　鹦鹉

训练 2:

请你对豆浆进行创意，并把它记录下来，可以形成文案展示出来。比一比谁的创意能产生出人意料的效果，独具一格。

任务 8.4　公 关 策 划

8.4.1　实训目标

通过实训，培养公关意识，掌握公关活动策划的相关要点，能够有效地实施公关策划活动，提高公关技能和交际能力。

8.4.2　实训内容

母亲节来临之际，小李准备带领团队做母亲节公关策划，预借母亲节之势，提升水果超市的形象。采用什么样的公关方式最为适宜、有效？通过反复讨论，最终团队提交了母亲节公关策划方案。

8.4.3　实训指导

有这样一则寓言故事：乌鸦和喜鹊在争论谁最受人欢迎，双方争执不下。这时，一群人正在盖房子。乌鸦提议说：“我们比一比，看谁受盖房子人的欢迎，谁就赢了。”喜鹊欣然同意。乌鸦首先飞到一棵大树上，对着盖房子的人高声叫道：“高楼大厦！高楼大厦！”盖房人看到乌鸦在枝头，意为晦气，不禁大怒，捡起石头朝乌鸦砸去，乌鸦落荒而逃。喜鹊说：“看我的。”它飞到枝头，高声叫道：“快要塌了！快要塌了！”人们看到喜鹊在枝头高叫，意为吉祥，非常高兴，就赶忙扔些吃食给它。喜鹊衔着一块食品飞走了，乌鸦甚为差愧。

这则寓言说明了良好的形象更容易被人们接受。良好的形象是企业宝贵的财富。公共关系，就是要给企业和产品塑造出颇具魅力的形象，以引起顾客的好感。

1. 理解公共关系

公共关系（public relationship）简称公关，是指企业有意识、自觉地采取措施改善企业与社会公众之间的关系状况，增强社会公众对企业的了解与支持，树立良好的企业形象与产品形象，从而提高社会公众对企业及其产品的接受程度。

1）公共关系的构成要素

社会组织、传媒和公众，分别作为公共关系的主体、媒介和客体相互依存。其中，公关活动的主体是一定的社会组织，如企业、机关、团体等。公关活动的客体，既包括企业外部的顾客、竞争者、新闻界、金融界、政府各有关部门及其他社会公众，又包括企业内部职工、股东。公关活动的媒介是各种信息沟通工具和大众传播渠道。

2）公共关系的内容

公共关系的主要内容就是协调、处理组织和公众之间的关系，具体包括正确处理与消费者的关系、与新闻界的关系、与企业员工和股东的关系、与相关企业的关系。相关企业包括原材料供应商、产品经销商、同行业竞争者、辅助商等。

3）公共关系的特点

公共关系的特点体现在三个方面：从公关目标看，公共关系注重长期效应；从公关对象看，公共关系注重双向沟通；从公关手段看，公共关系注重间接促销。

2. 公共关系的时机选择

企业开展公共关系活动，必须选择合适的时机，发挥公共关系活动的有力促销效果。可选择的时机有：

① 企业采用新技术、新设备，开发新工艺，研制新产品和取得新成就，或产品质量改进、花色品种与功能增加时；

② 企业举办重要的专项活动时，如高层领导变动、新闻发布会、项目奠基、开业、庆典等；

③ 企业产品在市场上的反应、产值、销售额和纳税等方面出现重大突破，以及企业或产品获得某项荣誉时；

④ 企业参与社会公益事业时，包括赞助运动会、捐助希望工程、抗灾救险等；

⑤ 企业处于经营困难或营销意图被误解时，争取公众的同情与支持，帮助企业渡过难关；

⑥ 企业出现严重事故或产品造成不良后果时，向新闻界、消费者、政府有关部门解释事故原因和处理方法，显示企业做出的努力和承担责任的诚意，重塑良好的企业形象。

3. 公共关系的主要方式

1）宣传性公关

宣传性公关是运用报纸、杂志、广播、电视等各种传播媒介，采用撰写新闻稿、演讲稿、报告等形式，向社会各界传播企业有关信息，以形成有利的社会舆论，创造良好气氛的活动。

美国通用汽车公司在某新型汽车发明周年纪念之际，举办了"历代汽车进步大游行"活动。那一天，纽约的主要马路上排满了各种式样的老爷车。穿着考究礼服的司机拿着启动摇柄，开着晃晃悠悠的老爷车，长龙式地从纽约驶向全国其他城市。一路上，所有行人都好奇地驻足观望，热闹非凡。这次周年纪念活动搞得非常成功，不仅使人们对汽车发展史有了较深刻、系统的了解，宣扬了通用汽车公司在汽车发展史上所作的贡献，而且使人们对该公司所生产的新型汽车有了"最现代化"的认识，扩大了通用汽车公司在社会上的影响。这是一次成功的公共关系主题活动。

2）征询性公关

征询性公关是以采集社会信息为主，掌握社会发展趋势的公共关系活动方式，其目的是通过信息采集、舆论调查、民意测验等工作，加强双向沟通，使组织了解社会舆论、民意民情、消费趋势，为组织的经营管理决策提供背景信息服务。征询性公关的工作方式主要有：开展各种市场调查，如产品试销调查、产品销售调查等；访问重要客户、供应商、经销商；征询使用意见，鼓励职工提合理化建议；开展各种咨询业务，建立信访制度和相应的接待机构，设立监督电话，处理举报和投诉等。

3）交际性公关

交际性公关是采用宴会、座谈会、招待会、谈判、专访、慰问、电话、信函等形式，通过语言、文字的沟通，为企业广结良缘，巩固传播效果。它的特点是灵活，利用面对面交流的有利时机，可以充分施展公关人员的交际才能，达到有效沟通和广结良缘的目的。人情味浓，以"感情输出"的方式加强与沟通对象之间的情感交流。交际性公关是公共关系活动中应用最多、极为有效的一种方式。

4）服务性公关

服务性公关是通过消费指导、消费培训、免费修理等实惠性服务，获取公众的了解、信任和好评，以实现既有利于促销，又有利于树立和维护企业形象与声誉的活动。

5）社会性公关

社会性公关是通过赞助文化、教育、体育、卫生、福利等事业，参与国家、社区重大社会活动等来塑造企业的社会形象，提高企业的社会知名度和美誉度的活动。具体做法有：设立奖学金，成立基金会，捐赠图书设备，出资修建教学科研楼馆，赞助科研项目，赞助社会培训，赞助竞赛活动，赞助生态资源保护和文物古迹的开放，赞助奥运会和世界杯足球赛等大型体育比赛，救济残疾人，资助孤寡老人，捐助灾区人民，捐赠儿童福利等。它具有公益性、文化性、社会性、宣传性特征。实践证明，经过精心策划的社会性公关，往往可以在较长的时间内发挥作用，显示出潜移默化地加深公众对组织美好印象的功能，取得比单纯商业广告好得多的效果。

6）危机性公关

危机性公关是企业遇到如消费者投诉、产品引起事故、对企业不利的信息传播及造谣中伤等事件而进行的挽救性公关活动。企业公关人员应迅速行动，查清原因，及时处理，以使企业遭受的损失降低到最低程度。

企业都盼望着能够在安全的环境下得以运营，谁都不希望自己千辛万苦发展起来的企业有什么坏消息发生。然而良好的愿望并不能代表现实，现实中危机无处不在。企业如何进行危机攻关，是体现企业危机管理手段成熟与否的一个重要标志。例如，当面对禽流感时，肯德基在各大媒体发布文章——《禽流感惹祸，肯德基自曝炸鸡秘诀》，文中肯德基首次公开制作工艺，并邀请农业大学营养专家和畜牧业专家品尝产品，以此向社会承诺其产品值得信任。

4. 公共关系活动方案的设计

设计有效的公共关系活动方案要充分考虑以下几个因素。

1）公关活动目标

要有明确的公关活动目标，企业的每一项公关活动目标应与企业的整体目标相一致，并尽可能具体。

2）公关活动对象

必须确定公关活动的对象，即公关活动所针对的目标公众。

3）公关活动项目

要确定采用什么样的方式来进行公关活动。例如，可以举行记者招待会，还可以组织企业纪念活动和庆祝活动，或直接参加社会公益活动。

4）公关活动预算

每一项公关活动，都离不开费用预算，企业要选择花费适当的公关活动方案，使公关活动的"性价比"最高。

8.4.4　实训步骤与成绩评定

1. 实训步骤

第一步，确定水果超市在母亲节可以使用的公共关系策略。

第二步，小组内讨论，确定水果超市采用什么样的公关项目最为适宜，并撰写公关策划方案。

第三步，小组汇报，汇报时间为 5 分钟。

第四步，小组之间互评，教师点评。

2. 成绩评定

成绩评定的要求见表 8-5。

表 8-5　考核要求及评分标准

考 核 点	考核要求及评分标准	分　值
公共关系策略	适合企业、适合场景	15
公关活动项目	项目设计精彩，吸引眼球	25
公关策划方案	方案要素齐全，逻辑思路清晰、工整	40
团队汇报	团队分工明确，PPT 汇报精彩	20

8.4.5　课后练习

1. 选择题

（1）开展公共关系工作的基础和起点是（　　）。

A. 公共关系调查

B. 公共关系计划

C. 公共关系实施

D. 公共关系策略选择

（2）"十里香"茶厂为美食节免费提供茶饮，营造喝"十里香"茶的时尚，所采用的促销方式是（　　）。

A. 广告

B. 人员促销

C. 公共关系

D. 营业推广

（3）企业开展公共关系活动，必须选择合适的时机，发挥公共关系活动的有力促销效果。可选择的时机有（　　）。

A. 企业出现严重事故或产品造成不良后果时

B. 企业参与社会公益事业时

C. 企业举办重要的专项活动时

D. 企业处于经营困难或营销意图被误解时

E. 企业或产品获得某项荣誉时

（4）（　　）是指企业有意识、自觉地采取措施改善企业与社会公众之间的关系状况，增强社会公众对企业的了解与支持，树立良好的企业形象与产品形象，从而提高社会公众对企业及其产品的接受程度。

A. 广告

B. 人员推销

C. 公共关系

D. 营业推广

2. 判断题

（1）公共关系是一项短期的促销方式。（　　）

（2）公共关系的构成要素分别是社会组织、传播和公众，它们分别作为公共关系的主体、媒介和客体相互依存。公共关系的主要内容就是协调、处理组织和公众间的关系。（　　）

（3）危机性公关是指企业遇到如消费者投诉、产品引起事故、对企业不利的信息传播及造谣中伤等事件而进行的挽救性公关活动。（　　）

3. 案例分析题

支付宝"十年十亿"中国女足支持计划

2022 年 2 月 6 日，中国女足逆转战胜韩国女足，时隔 16 年重新登上亚洲之巅，赛后支付宝"十年十亿"中国女足支持计划宣布向中国女足和水庆霞教练组成员奖励 1 300 万元夺冠奖金，引发网友热议。2 月 9 日，支付宝对外公布"支持中国女足发展工作小结"，系统地向公众"汇报"了近年来在支持女足上的投入与成果。2019 年，支付宝正式启动"十年十亿"中国女足支持计划，以中国女足全面战略共建伙伴的身份，为中国女足发展提供系统支持。根据报告，项目启动三年来，"十年十亿"计划已经累计向中国足协拨款 2.5 亿元（因疫情原因，有 5 000 万元预算未使用，将拨入未来资金池），其中为女足国家队参加各大赛事提供累计超过 5 000 万元奖金和补贴，其余更多资金用于国家队训练水平提升、教练员培养，以及青训建设、青少年女足运动推广等方面，并且取得了一系列成果。如新增女足青少年精英赛事超过 1 000 场、完成 U 系列青年国家队集训营 46 次，以及与重点学校共建 40 次、援建全国 15 个女足青训中心、完成 139 期女足青训教练员培训等。此外，支付宝还依托科技能力，帮助中国女足完成精英球员筛选系统、基层教练员培训系统和媒体数据中台建设，并且正在开发女足球员区块链数据中台，助力中国女足进行数字化管理升级。

资料来源：https://www.sohu.com/a/521538783_114774.

思考与讨论：

该案例属于哪一类公关方式？结合案例谈一谈公共关系的作用与特点。

任务8.5　营 业 推 广

8.5.1　实训目标

通过实训，学会根据不同的产品、市场和消费者选择不同的营业推广方式，学会制定营业推广促销计划，掌握营业推广方案实施中促销活动的管理与控制的基本方法。

8.5.2　实训内容

水果超市筹备在新春佳节来临之际，采用营业推广的方式进行促销，期待能在较短的时间内达到预期的销售效果。小李将带领团队设计此次的营业推广方案。

8.5.3　实训指导

营业推广又称销售促进，是指除了人员推销、广告和公共关系以外，企业为了刺激需求，扩大销售，而采取的能迅速产生激励作用的促销措施。

营业推广是刺激需求、立竿见影的促销手段，因为它能够直接导致顾客的购买，而不像广告宣传那样间接影响消费者的购买行为。但营业推广费用较高，不能经常采用。营业推广是对广告、人员推销的一种补充，它不能取代这两种主要的促销方式。

1. 营业推广的目标与方式

营业推广较适合于对消费者、中间商和推销人员开展促销工作，方式多种多样。

1）针对消费者的营业推广

针对消费者的营业推广，其目标是吸引新顾客试用产品，鼓励老顾客更多地购买和消费产品，同时争夺使用其他品牌的顾客。它的主要方式有以下几种。

（1）赠送样品

赠送样品的具体方式有上门赠送、邮局寄送、购物场所散发、附在其他商品上赠送等，多用于新产品促销。这种方式费用较高，对高价值商品不宜采用。日化公司经常采用赠品策略。

（2）有奖销售

奖项可以是实物，也可以是现金。常见的有幸运抽奖、刮奖、买赠、集点换物、捆绑销售等。

（3）优惠券

优惠券也称为折扣券、代价券，是以低于商品标价的折价或低价的方式购买商品的一种凭证。

（4）现场示范

利用销售现场进行商品的操作表演，突出商品的优点，显示和证实商品的性能和质量，刺激消费者的购买欲望，较适合于新产品推广，以及使用方式较复杂的商品。

（5）廉价包装

在产品质量不变的前提下，使用简单、廉价的包装，对售价进行削减。这种方式受长期使用本产品的消费者所欢迎。

（6）以旧换新

以旧换新是指消费者在购买新商品时，将同类旧商品交给商家，折扣一定的价款的促销方式，旧商品起着折价券的作用。

除了上面常见的传统营业推广方式以外，互动及游戏类营业推广工具也是企业当下经常采用的促销手段，随着新媒体等新技术的发展，这类活动不仅在线下进行，线上也经常被企业采用，而且形式多样。例如，玩具销售商组织的玩具拼装 DIY 亲子活动，早教机构组织的幼儿爬行比赛，火锅店里的喝啤酒比赛，支付宝新年集五福活动和摇红包活动等。企业应与时俱进，采取有效手段进行商品推广。

2）针对中间商的营业推广

针对中间商的营业推广，其目标是鼓励中间商经销本企业的产品，比如大量进货增加库存，刺激非季节性采购等，进一步调动中间商经销产品的积极性，同时巩固中间商对本企业的忠诚度，以便与中间商建立长期稳定的产销关系。它的主要方式有以下几种。

（1）购买折扣

购买折扣即为刺激、鼓励中间商大批量地购买本企业产品，对第一次购买和购买数量较多的中间商给予一定的折扣优待，购买数量越大，折扣越多。

（2）推广津贴

推广津贴即生产商为中间商提供陈列商品、支付部分广告费用和部分运费等补贴或津贴，如陈列津贴、广告津贴、运费补贴等。

（3）列名广告

企业在广告中列出经销商的名称和地址，告知消费者前去购买，提高经销商的知名度。

（4）赠品

企业可向中间商赠送有关设备和广告赠品。前者是向中间商赠送陈列、销售、储存或计量商品需要的设备；后者是印有企业品牌或标志的一些日常办公用品和生活用品。

（5）销售竞赛

销售竞赛是为了推动中间商努力完成推销任务而采取的一种促销方式，有突出成绩的中间商可以获得现金或实物奖励、旅游奖励等。

（6）业务会议和展销会

企业定期举办业务会议或展销会，邀请中间商参加，一方面介绍商品知识，另一方面现场演示操作。

3）针对推销人员的营业推广

针对推销人员的营业推广，其目标是激发推销人员的推销热情，鼓励推销人员大力推销新产品，开拓新市场，寻找更多的潜在顾客，或大力推销过时积压产品。

针对内部的推销人员进行销售促进，主要方式有推销竞赛、红利提成、特别推销金，以及各种精神和物质奖励措施，等等。

2. 营业推广方案的制定

一份有效的营业推广方案要考虑以下五个因素，它也是制定营业推广方案的五个步骤。

1）确定推广目标

在营业推广方案中，首先要明确推广的对象是谁，要达到什么目标，这样企业才能有针对性地制定具体的推广方案。

2) 选择推广工具

营业推广的方式、方法多样，如果使用不当，会适得其反。因此，企业要根据目标对象的接受习惯、产品特点和目标市场状况等因素综合分析，选择合适的推广工具。

3) 推广的配合安排

营业推广要与促销组合的其他方式，如广告、人员推销、公共关系等整合起来，形成营销推广期间的更大声势，一般而言，单项推广活动有时达不到较好的促销效果，但整合促销会形成组合优势。

4) 确定推广时机

开展营业推广活动时，选择市场推广时机十分重要，对于季节性和节日性的产品，必须选择在季前或节前开展，否则就会错过时机。

5) 确定推广期限

开展营业推广活动的另一项关键工作是确定活动时间的长短。推广期限过长，消费者新鲜感丧失，会产生不信任感；过短，一些消费者还来不及接受营业推广的实惠就错过了。

8.5.4 实训步骤与成绩评定

1. 实训步骤

第一步，设计水果超市针对消费者的营业推广方式，并进行可行性分析。

第二步，设计水果超市对推销人员的营业推广方式，并进行可行性分析。

第三步，每小组制定一套营业推广方案。

第四步，小组汇报，汇报时间为 5 分钟。

第五步，小组之间互评，教师点评。

2. 成绩评定

成绩评定的要求见表 8-6。

表 8-6 考核要求及评分标准

考 核 点	考核要求及评分标准	分 值
对消费者的营业推广	推广方式有效、新鲜有力	25
对推销人员的营业推广	推广方式有效、新鲜有力	25
营业推广方案	方案要素齐全、推广工具恰当好处	40
团队汇报	团队分工明确，PPT 汇报精彩	10

8.5.5 课后练习

1. 选择题

（1）营业推广的目标通常是（   ）。

A. 了解市场，促进产品试销对路

B. 刺激消费者即兴购买

C. 降低成本，提高市场占有率

D. 帮助企业与各界公众建立良好关系

（2）营业推广的目标对象可以是（　　　）。

A. 消费者

B. 中间商

C. 推销人员

D. 供应商

（3）以下针对中间商的促销工具是（　　　）。

A. 价格折扣

B. 免费品

C. 会员

D. 现金退款

（4）面向销售人员的促销工具包括（　　　）。

A. 折让

B. 人员培训

C. 销售竞赛

D. 免费品

（5）可以对消费者采取的营业推广方式包括（　　　）。

A. 赠送样品

B. 优惠券

C. 销售津贴

D. 以旧换新

E. 红利提成

F. 现场示范

2. 判断题

（1）营业推广适用于品牌忠诚性较强的消费者。（　　　）

（2）免费推广对新产品上市、促使顾客购买新品牌时，对促销对象的刺激作用比较明显。（　　　）

（3）营业推广又称销售促进，是一种适宜于长期推销的促销方法，是企业为鼓励购买、销售商品和劳务而采取的除广告、公关和人员推销之外的所有企业营销活动的总称。（　　　）

3. 思考题

在日常消费中，你接受过哪些免费的产品与服务？你的消费体验如何？

任务 8.6 设计促销方案

8.6.1 实训目标

通过实训，能够独立完成促销活动方案的撰写工作，提高促销策划能力。

8.6.2 实训内容

新春佳节来临之际，水果超市不仅要开展营业推广，还要运用多种促销方式展开促销活动，以期提升店面的知名度和营业额。小李将带领团队负责设计此次的促销活动方案。

8.6.3 实训指导

1. 促销活动方案的内容

一份完善的促销活动方案主要包括以下内容。

1）活动目的

确定促销活动的目的是为整个促销活动确定一个总体构想，为以后的工作计划、方案创意、实施和控制、评估促销效果提供一套标准和依据，也是衡量和判断一个促销方案是否可行的标准之一。

促销活动的目的可以概括为以下几点：

① 扩大销售营业额，提高毛利率；

② 稳定老顾客，培育忠诚度，增加新顾客；

③ 有效提高公司知名度，巩固并提升企业形象；

④ 及时清除库存的过时商品，加速资金周转；

⑤ 激发成熟商品的消费，引导消费者接受新商品；

⑥ 击败竞争对手。

2）活动对象

活动对象即促销活动针对的目标顾客和消费人群。活动对象要明确：针对的是目标市场中的每一个人还是某一特定群体，如会员或 VIP 会员；活动控制的范围多大；哪些人是促销的主要目标，哪些人是促销的次要目标。活动对象选择的正确与否，会直接影响促销的最终效果。

3）活动主题

活动主题的设计要做到字数简练、朗朗上口、通俗易懂。主题必须具有创新性、话题性，兼具广告效果。

这里要解决两个问题：一是确定活动主题；二是包装活动主题。活动主题的确定，首先要考虑到活动目的、竞争条件和竞争环境，以及促销的费用预算和分配等。确定活动主题后，要尽可能夸张地宣传，尽量艺术化，淡化促销的商业目的，使活动更接近消费者。

4）活动时间和地点

促销时间和地点的选择非常重要，选择得当会事半功倍；选择不当则会费力不讨好，甚至得不偿失。

不仅发动促销活动的时机和地点的选择很重要，持续时间的长短也要进行仔细分析。持续时间过短，会导致在这一时间内消费者无法实现重复购买；而持续时间过长，又会导致活动费用过高，并降低促销对消费者的刺激，导致消费者"购买疲劳"，使其购买欲降低。通常认为，理想的促销活动持续时间约为 20 天。当然，具体到每一次促销活动，还要根据商品的具体情况来决定。

5）前期准备

促销活动的前期准备大致可分为以下三项内容。

（1）媒体宣传

根据不同的促销活动目的及争取来的资源，选择不同的广告创意及表现手法，选择不同程度的媒体炒作，进行合理媒体投放，这些都意味着不同的受众抵达率和费用投入。

（2）人员安排

在人员安排上要做到现场"人人有事做，事事有人管"，无空白点，也无交叉点。比如，谁负责与政府和媒体的沟通、谁负责顾客投诉、谁负责现场的管理、谁负责发放礼品等，都要做好仔细的安排，不能顾此失彼。

（3）物资准备

物资准备要事无巨细，大到车辆，小到螺丝钉，把每一个细节的物品罗列出来，然后按照清单检查，确保万无一失，以免出现现场混乱的局面。

6）活动内容

促销活动方案的主体内容包括活动方式和现场实施。

（1）活动方式

该部分主要阐述活动开展的具体方式。活动的背景不同，促销活动目的不同，促销的方式也不尽相同。

（2）现场实施

即中期操作，指的是从活动开始到结束的整个过程，包括人员分工、活动进程、活动现场的控制等。

7）费用预算

在促销活动方案中，应对促销活动的费用投入和产出做出预算。费用预算除了对整个活动有一个费用预算外，还要余留一部分作为意外防范资金。在促销方案中要将各项费用列明，最后计算出总的费用金额。具体来说，费用明细应包括宣传费用、赠品费用和其他费用。

8）其他内容

其他内容主要包括：突发事件应对、人员培训计划、督导检查工作和活动效果预估等。

2. 撰写促销活动方案应注意的细节

1）消费者导向，而非企业导向

想要达到促销活动的可感知，并让消费者一接触就能快速融入，市场部人员必须全面了解目标消费者的需求，清楚他们的诉求点与痛点。这样的促销活动方案才能引起消费者的共鸣，进而让消费者在购买产品的同时，享受促销给自身带来的美好感受。单纯以企业为导向，难免会陷入"自我设限"的歧途。

某品牌食用油公司推出了买 5 L 装产品送绵羊奶护手霜的促销举措，该活动得到消费者的一致好评，销量也得到较大提升。这家公司促销的成功之处在于摒弃了同质化。竞争对手大多采取赠送同类产品的做法，而该公司经过市场研究，发现购买食用油的顾客大多是中老年妇女，而北方天干风大，人们的皮肤容易粗糙、干裂，赠品绵羊奶护手霜正好满足了她们的需求。可见，在策划促销活动方案时，一定要考虑目标消费群体的需求。谁关爱消费者，消费者就青睐谁的产品。

2）情字当头，爱字为先

有温度、有情感的促销，会得到市场的青睐。可是在撰写促销活动方案时，企业很容易陷入例行性或格式化的误区。优秀的促销活动方案，一定是亲民的，要融入情与爱，只有发乎于心的情与爱，才能让促销活动不再冷冰冰、商业化，才能在打动消费者的同时，实现产品销售与品牌效应双提升的效果。

2017 年 11 月 1 日，一支名为《世界再大，大不过一盘番茄炒蛋》的广告突然在朋友圈刷屏。故事内容是：一位出国在外的留学生，想在同学面前露一手，于是向大洋彼岸的母亲求助，最后留学生做出了满意的番茄炒蛋，然而让留学生忽略的是，由于两国的时间差，母亲是在深夜为儿子教学，感动力满满。

该视频广告是招商银行为推广其留学生信用卡而推出的，广告播出当天，微信指数暴增 68 倍，达到 2 445 万，从数据上看绝对是 2017 年的广告黑马！

"想留你在身边，更想你拥有全世界；世界再大，大不过一盘番茄炒蛋"的广告词看得很多人潸然泪下，不少网友表示"感动""扎心""泪目"。

3）设有互动环节

现在是一个体验营销时代，企业的产品好不好，不是企业说了算，而是消费者说了算。要让消费者感受到产品的好，需要企业在促销活动方面与之多互动，让消费者参观、感受企业及其产品。因此，在撰写促销活动方案时，多设置互动的环节，让消费者亲身参与，体会品牌及产品的魅力。

泸州某白酒品牌企业发出邀请，让地区代理商组织现有客户及准客户去四川旅游，在感受了武侯祠、杜甫草堂、青城山及黄龙溪等地域文化之后，最后一项就是体验企业文化。董事长不仅亲自接待客户，讲解企业与白酒文化，还会在酒会上为大家敬酒，并唱歌助兴。次日，调酒师教大家如何调制自己喜欢的白酒，并可在酒瓶上写下自己的名字，然后装上自己调制的酒，带回去留念。同时，凡前来参加此次活动的客户，每人都会获得大瓶纪念酒一瓶。在参观了酒厂古老的酒窖之后，就来到了企业的展销区，这里接受客户现场咨询和订购，并免费邮寄。由于前面的大量铺垫，销售的效果自然非常好。

4）结合销售部的意见很重要

有些促销方案，执行起来会出现冰火两重天的情形。一方面，市场部雄心勃勃，信心满满；另一方面，销售部的人员却对促销活动非常冷淡，好像跟他们关系不大。之所以会出现这种情况，是因为市场部在撰写促销活动方案时，完全依照自己对市场及客户的理解及臆想，而没有参照销售部人员的意见。市场部负责市场调研、企划、督查，包括促销活动方案的撰写，销售部负责方案执行、产品推广、客户拜访、销量达成，包括促销活动的实施。这两个部门，既有分工也有合作。但在实际工作当中，市场部自认为对市场很熟悉，忽视对一线销售人员意见的征询，由此造成促销活动方案华而不实，缺乏可执行性。如此一来，遭受销售人员冷遇，也在情理之中。

5）分工明确，人尽其才

大型促销活动需要抽调不同部门的人员共同完成，这里需要注意以下两点。

一是应以市场营销部门为主导，不管跨部门人员原来的职位或岗位如何，只要进入促销小组，都要服从统一调配，并以制度和考核作为前提，避免在活动中出现不听调遣的现象。

二是根据成员性情因材施用。如果成员很有亲和力、性格活泼而又善于沟通，可以在促销一线做宣导、推介工作；如果成员性格沉稳、做事细致，可以做现场服务、赠品发放等工作；如果成员处事雷厉风行，讲究效率，可以做产品调配、促销督导等工作。把合适的人用到合适的岗位上，也是促销成功开展的重要支撑。

6）简单明了，易于执行

促销活动方案的撰写，既要避免自己明白但别人不明白、太过于粗糙的"简约主义"，也要规避辞藻华丽、晦涩难懂的"抽象主义"。是否通俗易懂及易于实施，是评判方案优劣的一大标准。

8.6.4 实训步骤与成绩评定

1. 实训步骤

第一步，根据所选定的节日特点，结合产品的特点，制定有效的促销策略。

第二步，以小组为单位，为水果超市撰写节日促销活动方案。

第三步，小组汇报，汇报时间为5分钟。

第四步，小组之间互评，教师点评。

2. 成绩评定

成绩评定的要求见表 8-7。

表 8-7　考核要求及评分标准

考 核 点	考核要求及评分标准	分 值
促销方案	活动目标明确、具体	30
	活动主题符合节日特点，有创意	20
	前期准备详尽、充分	15
	促销活动方式新颖、具有可操作性	15
	费用预算基本准确	5
	方案要素齐全、文字流畅	5
团队汇报	团队分工明确，PPT 汇报精彩	10

8.6.5　课后练习

1. 判断题

（1）精彩而富有成效的促销活动，一定是从促销方案撰写开始的。（　　）

（2）在撰写促销活动方案时，一定要考虑目标消费群体的需求。如果单纯以企业为导向，难免会陷入"自我设限"的歧途。（　　）

（3）在撰写促销活动方案时，企业应避免陷入例行性或格式化的误区，要亲民，要接地气，在促销方案里融入情与爱。（　　）

（4）在撰写促销活动方案时，多设置互动的环节，让客户亲身参与，体会品牌及产品的魅力。（　　）

（5）促销活动方案的撰写要简单明了，易于执行。不要为了写方案而写方案。通俗易懂及易于实施，是评判方案优劣的一大标准。（　　）

2. 案例分析题

2020 年"双 11"部分平台和品牌促销盘点

1. 淘宝天猫：游戏升级、拉长战线

2020 年的"双 11"，淘宝天猫延续了此前的淘口令红包、组队游戏的活动形式，但是拉长了整个"双 11"的战线，从 11 月 1 日就开始"双 11"，营销节奏更是提前到了 10 月底。

2. 抖音：11.11 宠粉节

抖音的做法集中在直播上，整体营销节奏从 9 月底开始，但是电商生态还在发展中，所以整体体量仍有发展空间。

3. 京东：步伐同步，"全球热爱季"

京东此次主要分了三个主场：低价好物主场、简单快乐主场、放心购买主场。小游戏玩法也是与天猫类似的组队玩法。

4. 拼多多：我们一起拼

拼多多还是保持了之前"无套路"的说法，表示直接送福利和实惠，更多的营销重点都放在了和湖南卫视主办的晚会上。

5. 麦当劳：回血"双11"，1块1甜筒

麦当劳官微在11月11日的11:11发布了甜筒1块1的活动，此时正是支付尾款后人们需要回血的时候，打出低价单品，搭配了海报和借鉴抖音"@贫穷烧烤"模式的短视频，成功借势了"双11"，并在12:00推出了后续的"板烧回血计划"，打出了一记组合拳，在"双11"的第二天持续发力。

6. 滴滴：青桔单车拼团

针对青桔单车的受众群体，滴滴在"双11"推出了拼团活动，打出"不羡慕第二杯单价"的口号，配合多款短视频广告片，直击单身的单车青年们。

7. 美团：1元起挥泪大甩卖

美团的土味短视频，戳的是"尾款人"们算了折扣也没省多少钱的痛点，并强调自家品牌折扣简单（1元起），直接到位。

8. 饿了么和口碑：送1年鲜花

饿了么和口碑的"送你一年份的鲜花"抽奖活动，抓住了"双11"的"单身"传统热点，也通过这个抽奖活动宣传了饿了么和口碑的本地服务。

9. 元气森林：传统锦鲤抽奖

在"双11"期间遇到了百万粉丝的节点，元气森林直接采用了前几年火爆的"锦鲤"抽奖活动，虽然保险但是难免缺乏新意。

思考与讨论：

（1）在上述平台和品牌中任选其一，查找相关资料了解其"双 11"促销活动并进行点评。

（2）结合本案例，谈一谈如何设计一份成功的促销活动。

知识点小结

促销是指企业通过人员推销或非人员推销的方式，向目标消费者传递商品或劳务的存在及其性能、特征等信息，帮助消费者认识商品或劳务所带给购买者的利益，从而引起消费者的兴趣，激发消费者的购买欲望及购买行为的活动。促销组合是指企业运用广告、人员推销、公共关系、营业推广四种基本促销方式组合成一个策略系统，使企业的全部促销活动相互配合、协调一致，最大限度地发挥整体效果，从而顺利实现企业促销目标。企业在制定促销组合策略时，应考虑促销目标、促销活动基本策略、产品因素、市场特点、企业实力及促销预算。

人员推销是指企业委派自己的销售人员，直接向消费者销售某种产品和提供某种服务的一种直接销售方式。推销人员、推销对象和推销品构成推销活动的三个基本要素。常见的推销形式有上门推销、柜台推销、展会推销、网上推销。人员推销的主要程序包括寻找顾客—访问准备—拜访顾客—推销洽谈—应付异议—达成交易—跟踪服务。人员推销组织结构主要有地区型结构、产品型结构、顾客型结构和综合型结构四种类型。推销团队人员的激励有物质激励、精神激励、逆向激励三种。

广告是广告主以付费的方式，通过一定的媒体有计划地向公众传递有关商品、劳务等信息，借以影响受众的态度，进而诱发或说服其采取购买行动的一种大众传播活动。商业广告由广告主、广告受众、广告信息、广告媒介、广告费用五大要素组成。根据广告的对象分，有商品广告、企业广告、公益广告；根据产品的不同生命周期和广告目标分，有告知性广告、劝说性广告和提示性广告；按照广告诉求方式分，有理性诉求广告、感性诉求广告、情感诉求广告、观念诉求广告。广告构思创意应遵循真实性原则、效益性原则、独创性原则、简明性原则和生动性原则。广告创意常用的思考方法有反向思考法、联想思维法、直觉思维法。

公共关系是指企业有意识、自觉地采取措施改善企业与社会公众之间的关系状况，增强社会公众对企业的了解与支持，树立良好的企业形象与产品形象，从而提高社会公众对企业及其产品的接受程度。公关关系的主要内容就是协调、处理组织和公众间的关系。企业开展公共关系活动，必须选择合适的时机，发挥公共关系活动的有力促销效果。公共关系的主要方式有宣传性公关、征询性公关、交际性公关、服务性公关、社会性公关和危机性公关。

营业推广，又称销售促进，是指除了人员推销、广告和公共关系以外，企业为了刺激需求，扩大销售，而采取的能迅速产生激励作用的促销措施。营业推广是刺激需求、立竿见影的促销手段。营业推广的目标有消费者、中间商、推销人员三种，方式多种多样。制定营业推广方案的五步骤：确定推广目标、选择推广工具、推广的配合安排、确定推广时机、确定推广期限。

一份完善的促销活动方案主要包括以下几个方面：活动目的、活动对象、活动主题、活动时间和地点、前期准备、活动内容、费用预算、其他内容等。

项目 9

推陈出新——新媒体运营

项目目标：

能力目标
- 能够创建企业官方微博
- 能够简单运营微信公众账号
- 能够撰写营销短视频脚本并拍摄
- 能够策划一场直播营销活动

知识目标
- 掌握微博运营技巧和粉丝积累维护方法
- 掌握微信公众号运营技巧
- 掌握短视频运营方法
- 掌握开展直播营销活动的流程

素质目标
- 培养学生对新鲜事物的探索能力，富有激情和创造力
- 弘扬积极向上的价值观，遵守平台发布规则
- 培养客观分析事物的能力，正视自身优劣势，明确定位

项目内容：

Web 2.0 时代，市场营销方式发生巨大变革，强调沟通性、差异性、创造性、关联性、体验性，互联网已经进入新媒体传播时代，越来越多的企业选择利用微博、微信、短视频平台等新媒体工具开展营销活动。小李所在的水果连锁超市顺应时代要求，希望通过网络新媒体覆盖更多潜在消费者，提高品牌知名度，精准服务老顾客，实现销售增长。公司决定让善于网络社交、深谙网络法则的小李来负责新媒体营销项目。

项目分解：

任务 9.1　微博运营

9.1.1　实训目标

了解微博营销的价值，明确微博营销目标并进行微博定位，同时掌握微博运营的技巧和粉丝积累维护的方法，在此基础上打造企业官方微博。

9.1.2　实训内容

小李接下连锁水果超市新媒体营销项目后，首先想到了媒体属性最强的社交工具——微博。微博是随国外媒体平台"推特（Twitter）"的发展而起，是一个通过关注机制分享简短实时信息的广播式社交网络平台。基于其广泛的传播力和影响力，微博成为企业营销的新"五官"之一，被广泛应用到各种营销活动中。小李通过网络资源学习了微博营销的运营技巧，并尝试为所在连锁水果超市打造一个企业官方微博。

9.1.3　实训指导

微博营销是指商家、个人通过微博平台为用户创造价值的一种营销方式。微博营销注重价值的传递、内容的互动、系统的布局和准确的定位，是基于粉丝基础进行的营销，对于营销者而言，微博上的每一个活跃粉丝都是潜在营销对象。企业用户可以通过微博向粉丝传播品牌信息、产品信息，树立良好的企业形象，提升品牌影响力。个人用户也可以通过微博建立自己的粉丝圈子，打造个人品牌，开展各种营销活动。

1. 微博营销的价值

对于企业和个人用户而言，微博营销的价值主要体现在以下 6 个方面。

1）品牌传播

互联网营销时代，不管是个人品牌还是企业品牌，都需要通过多渠道的推广宣传，才能被更多人关注和了解。微博作为很多网络用户获取信息的主要平台之一，为品牌推广奠定了坚实的用户基础。

2）顾客服务

微博是一个社交平台，用户可以直接通过微博反映产品或服务的问题，或者寻求解决方法，而企业也可以通过对用户使用情况的跟踪和反馈，利用微博来实时解决用户的问题，实现一对一的服务交流。

3）产品调研

微博是很多高质量网络用户的常用社交工具之一，他们会通过微博记录自己对产品或服务的想法、爱好和需求等，企业可以基于微博对目标用户的偏好、生活形态、品牌态度、购买渠道、购买因素等进行调研，获得更加准确的消费者数据，从而制定出更好的产品策略和营销策略。

4）产品销售

微博支持添加外部链接，很多企业或个人微博在发布信息时，会同步附带店铺地址，方便用户购买。阿里巴巴与新浪合作之后，新浪微博也成为很多中小企业获得流量、销售产品的重要渠道。

5）危机公关

微博信息的裂变式传播虽然为营销提供了更大的空间，同时也容易造成负面信息的大范围传播，但出现危机的情况时，企业也可以利用这把"双刃剑"做好危机公关，正确处理用户对产品或品牌的负面评价，危机处理得当，甚至可以将危机变成良机。比如海底捞的危机公关就一直表现得十分出色，当网友质疑海底捞卫生质量的时候，海底捞在事发后3小时内就及时发布了致歉信，积极承担责任并快速登出整改措施，赢得了大量网友的好评。

6）广告宣传

微博是很多个人账号和企业账号的主要营销阵地，其广告宣传的效果非常明显，但微博营销的广告发布方式不同于传统媒体，而多使用创意性的软文来植入广告。

2. 微博营销定位

在使用微博进行营销之前，首先应该对微博进行准确定位。据微博公布的2021年第三季度财报显示，截至2021年三季度末，微博的月活跃用户数达5.73亿，平均日活跃用户数达2.49亿，每天产生的
信息数量非常庞大，每一位用户几乎都只会关注自己感兴趣的信息。对于微博营销者来说，必须提前设想好微博需要吸引的目标用户，然后通过目标用户的喜好清晰设定微博的定位。

1）微博个人设置

（1）昵称

微博昵称的设置一般需遵循简洁个性、拼写方便、避免重复的原则。简洁个性的昵称便

于粉丝记忆，也容易给粉丝留下好的印象，一些拥有一定影响力的个人或企业品牌的微博昵称可以设置为系列名称，与其他平台的昵称保持一致。拼写方便是为了方便粉丝搜索，特别是从其他平台被引流过来的粉丝，很多都是通过直接搜索的方式来关注微博，如果昵称拼写复杂，很容易使粉丝难以搜索继而放弃关注。避免重复是为了区别于其他微博，微博昵称虽然是独一无二的，但是相似昵称却非常多，比如"全球幽默趣事""全球幽默搞笑首榜""搞笑幽默趣闻""王子文""王子文Riane""王子文Olivia"等，尽量避免与其他微博昵称产生高度重合，特别是推广产品或品牌的微博的昵称。

（2）个性域名

设置独特的个性域名是为了体现微博的个性化，同时便于粉丝直接通过域名进入微博。个性域名的设置一般与昵称保持一致，比如昵称为"雷军"，则个性域名则可以设置为"https://weibo.com/leijun"。

（3）头像

头像是让粉丝对微博建立印象的首要因素，微博头像的设置比较随意，可以是清晰的真人照片，也可以是个性化的卡通头像、品牌logo、特殊标志等。头像的选择应该与微博类型一致，如果微博的内容比较专业化，则头像最好选择比较正式的照片、logo或具有表达性的角色形象。如果微博内容比较生活化、情感化，可以选择一些知性的个人照片。如果微博内容偏向于娱乐化，则可以选择一些比较个性有趣的图片或卡通形象。

（4）个人简介

个人简介是对微博或个人的简单介绍，一般是可以吸引用户关注的信息，如简明扼要地表达微博或个人的类型、特长和能力等，也可以用有趣的句子来展现微博的个性化。

（5）个性标签

在微博中编辑个人信息时，可以添加标签信息。个性标签与简介一样，可以对自己的个性、特长、爱好等进行展示，也可以方便目标用户的搜索和关注。

2）微博内容定位

比较热门或具有一定影响力的微博，通常具有统一的内容和与内容相符的描述风格，不仅便于粉丝辨别，也容易形成独特的个性化风格，扩大影响力。在进行微博内容定位时，主要可以从发布形式和微博话题两个方面进行设计。

（1）发布形式

微博的发布形式非常多元化，文字、图片、声音和视频均可，还可以根据实际需要设置投票和点评，甚至可以进行直播发布。不同的发布方式，通常具有不同的效果，比如在某领域比较专业的微博，通常采用文字、图片的发布方式，微博内容也多以自己专业领域的知识为主，图9-1所示为一个儿科医生的微博内容。如果微博内容定位偏向于娱乐化，则发布形式就比较随意，文字、图片、视频和声音皆可，主要以各种或长或短的段子为主要内容，目的是娱乐大众。

崔玉涛 ✔
2-12 05:42

"宝5个月20天，体重16斤，混合喂养，一天（24小时）6-7次母乳+180ml奶粉。白天吃母乳不专心，晚上吃迷糊奶可以。从满2月起一周一次大便，满5月始1-3天一拉且大便有鼻涕样粘液，精神很好，没哭闹。"只要进食正常、精神状态好，就不会有大问题，不要过度纠结大便性状。连续用生长曲线。#崔玉涛讲养育#

@小北北兴

@崔玉涛 崔大夫您好，我家宝宝现在5个月20天，体重16斤，喂养方式是混合喂养，一天（24小时）6-7次母乳+180ml奶粉，但白天吃母乳时不专心，感觉吃的也不多，晚上吃迷糊奶可以。从满2月到5月一直都攒肚，一周一次大便，从满5月开始一天一拉或两三天一拉而且大便有鼻涕样粘液，精神很好，没有哭闹，请问 ... 展开

2-10 10:20　　　　　　　　　　　　　　⬆ 1　💬 9　👍 2

⬆ 转发　　　　　　　　　💬 3　　　　　　　　👍 16

图 9-1　专业微博

（2）微博话题

在微博上发布话题可以引起更大范围内的讨论和转发，如果讨论人数很多，还可能升级为超级话题，产生更广泛的传播效果。微博话题可以设置主持人，主持人对话题具有部分管理权限，可以对话题页进行编辑、更换话题头像、编辑话题简介，还可以发起关注和讨论，推荐优秀的话题微博，提升信息的传播度和影响力，图 9-2 所示为一个"北京冬奥会"话题。

图 9-2　话题

话题的设计应该以微博定位为基础，尽量与微博的主要内容保持一致，比如足球评论员董路的微博话题"#董路小视频#"，就主要是以视频的形式对足球相关事件进行的点评。

3. 微博运营技巧

对于微博营销人员而言，要想让微博引起更多的关注、转发和评论，一定要对素材收集、发布时机、粉丝互动、转发和原创的安排、微博内容等进行提前构思和合理策划。

1）微博素材收集

微博素材的收集需要建立在微博定位的基础上，有针对性地寻找与微博定位相匹配的内容，才能保持持续、有效的微博信息更新。

（1）热点话题素材

热点话题永远是微博上传播最广、影响力最大的素材，特别是知名度比较大的社会话题，不仅被各大电商、企业加以利用进行营销，而且是很多自媒体、大 V 号关注、吸引流量的主要手段，甚至能否正确及时地进行热点话题借势，直接关系到微博营销最终效果的好坏。要做好热点话题借势，微博营销人员必须养成多阅读、多观察、多分析的习惯，勤于关注网络上的各种事件，关注热点新闻，并将关注到的有热点、有价值的素材收集起来，结合自己的微博定位设计合适的微博内容。

（2）专业领域素材

专业领域素材是指与微博定位匹配的内容，也是吸引粉丝的主要内容，比如娱乐微博的娱乐信息、科普微博的科普信息等。这些专业素材的获取和整理有很多途径，可以通过专业网站寻找相关信息，比如中国知网、万方数据知识服务平台等权威网站，可以阅读行业内、领域内的优秀作品，也可以阅读简书、豆瓣等网站中的专业人士的文章等。只有通过阅读不断积累知识，提升自己，才能为粉丝分享更多、更有用的信息，才能引起粉丝的持续关注。

2）微博发布时机

发布微博并没有固定的时间段，需要根据实际反馈和微博数据进行动态调整，比如在不同时间段发布微博，测试出活跃度最高、转发评论最多的时间段，将重要微博安排在该时间段发布，也可以根据微博定位的目标人群使用网络的习惯进行发布，比如针对上班族，可以选择上下班途中、午休时间进行发布，针对学生族，则在晚上发布也能收获不错的效果。

此外，微博类型不同，也可以选择不同的发布时间，比如节日微博，通常在节日之前就要开始预热，特别是需要开展活动的节日微博。热点事件根据传播程度可以在网络用户活跃时间段内的任意时间抢先发布，还可以间隔发布多条，与粉丝保持互动，扩大影响力。

3）微博粉丝互动

粉丝互动是社会化媒体营销的关键过程，也是微博营销的重要步骤。与粉丝保持良好的互动沟通，可以加深微博主与粉丝的联系，培养粉丝的忠诚度，扩大微博的影响力。因此在微博营销的过程中，粉丝互动具有重要的意义，甚至直接关系到营销效果。微博上粉丝互动的方式很多，可以参与粉丝的转发和评论，也可以通过转发抽奖、话题讨论等方式引导粉丝主动参与互动。同时，微博信息的阅读量直接与粉丝互动情况相关，粉丝互动越频繁，这条微博被更多粉丝看到的可能性才会越大，反之，互动少的微博，将难以在粉丝微博首页占据有利且靠前的展示位置。

4）转发和原创

转发和原创都是微博信息发布的常见形式。转发是指转发其他微博发布的信息，原创则是自己创作微博内容。一个微博营销账号要想获得忠实的粉丝，通常需要保持一定比例的原创文章数量，特别是定位于某个领域或行业的比较专业的微博。原创微博的运营难度较大，原创内容要经过充分的构想和策划，越能给用户带来价值的原创文章，越能引起更多的转发和关注。

当然原创文章数量也必须适度，原创文章太多不利于同时推广，容易被其他信息淹没，用户反响好的原创文章可以重点推广。而在日常发布信息时，可以转发些有用的微博信息，以保持微博的活跃度和在粉丝微博主页的持续曝光度。

5）微博内容设计

微博信息发布一般比较随意，并没有严格的内容和形式要求，但是要想使微博信息得到关注和传播，还需要有针对性地进行设计。从原则上来说，有价值的、发人深省的、容易让人产生认同感的、有趣的、有名的、有创意的、真实的内容更受用户的欢迎，也更容易获得评论和转发。

为了提升微博的阅读性，也可以为微博搭配合适的图片。微博配图可以是对微博内容的补充，也可以是对微博文案的强调和说明。微博配图与微博内容最好能够相匹配，让读者可以品出深意，给读者带来惊喜，这样更容易促进微博内容的转发和讨论。

当然，微博图片并非只为微博文案服务，很多时候图片才是微博的主体。很多微博主都主要依靠有趣、好看的图片来吸引粉丝，与文字相比，图片的表现能力更强，可以带给粉丝良好的视觉体验，图9-3所示为景物式配图。

图9-3　景物式配图

同时文案类图片大多数只包含关键文案，句子简短精练，或具有创意，或轻松诙谐，非常方便粉丝快速阅读，比起文字更容易引起广泛的传播，图9-4所示为文案式配图。

图 9-4 文案式配图

4. 微博粉丝积累和维护

微博营销实际上就是粉丝营销，只有拥有粉丝，所发布的微博信息才能被更多人看到，才能引导更多人进行互动，扩大影响，才会取得实际的营销效果。

1）粉丝的积累

粉丝的积累是一个比较长期的过程，特别是积累有质量的粉丝，通常需要微博主进行持续长久的运营，下面介绍常用的积累粉丝的方法。

（1）与同类人群互粉

微博上有很多关注同一个领域、有共同或相似爱好的群体，这些群体中的人有共同话题，交流方便，很容易形成互粉，也就是互相关注。因此在创建微博前期，可以试着加入这类圈子，与他们进行互动，吸引关注，再慢慢扩大微博的影响力，形成粉丝的自然增长。

（2）外部引流

外部引流是指将其他平台上已有的粉丝导入微博中，博客、豆瓣、视频、直播、问答、微信、QQ、媒体网站等平台均可，甚至可以在出版物上注明个人微博，引导读者的关注。外部引流是非常直接且快速的积累粉丝的方式，且该方法积累的粉丝质量普遍比较高，所以对于网络营销人员而言，一定要学会并利用好各种平台资源，形成一个完整的传播矩阵，互相促进和提升。

（3）活动增粉

通过活动进行增粉是一种非常常见的方式，特别是一些新鲜、有趣、有奖励的活动，更容易吸引用户的关注和广泛传播，微博主可以通过关注转发抽奖、关注参与话题讨论等形式，引导粉丝转发微博，吸引非粉丝用户的关注，图 9-5 所示为微博上常见的关注+转发抽奖活动。

（4）与其他微博合作增粉

关注微博的粉丝数量越多，影响力才会越大，有时候单个微博的影响力有限时，可以与其他微博进行合作，联合双方或多方的影响力，扩大宣传范围。一般来说，应该尽可能选择有影响力的微博，或邀请网络大 V 进行互动，这种方式可以为活动双方带来利益。

（5）依靠微博内容增粉

依靠微博内容增粉是指通过发布有价值的内容来吸引粉丝，靠内容增粉实际上就是一种内容营销，这种方式对微博运营者的创作能力、表达能力和专业知识要求

图 9-5　关注+转发抽奖

较高。此外，也可以借助热点事件进行增粉，当微博或新闻上出现了引起用户广泛关注和讨论的热门事件时，可以利用热门事件的热度来为自己的微博增粉，这种方式要求有创意、有趣，能从其他借势微博中脱颖而出，才能吸引用户的关注。

2）粉丝的维护

（1）粉丝互动

粉丝互动是提升微博活跃度的非常重要的手段，粉丝越活跃的微博，传播力和影响力才会越大，展示给其他微博用户查看的机会才会越多。在微博上与粉丝保持互动的方式主要有 4 种，分别是评论、转发、私信和提醒。评论是指直接在原微博方进行回复，评论内容可以供所有人查看；转发是指将他人的微博转发至自己的微博上；私信是一种一对一的交流方式，讨论内容仅讨论双方可以查看；提醒是指通过@ 微博昵称的方式，提醒用户关注某信息。

这 4 种方式都是粉丝比较常用的互动方式，如果微博中有比较优质的内容，微博主也应该及时转发出来，增加与粉丝的互动性。当然，对于微博下精彩的评论，微博主也可以进行回复和点赞，提高粉丝的讨论度。如果收到粉丝的@ 提醒，也可以及时转发，并解决粉丝的问题，不方便直接转发或评论解决的，可以给粉丝发私信。图 9-6 所示为微博主对@ 信息的转发回复。

除了微博主与粉丝互动之外，还可以引导粉丝之间的互动，比如提一个问题，让粉丝通过转发和评论的方式进行交流。粉丝之间的互动可以激活整个粉丝群体的活跃度，特别是话题性比较好的微博。但需要注意，由于粉丝的类型各不相同，对相同的事件可能会有不同的看法，从而导致争执的情况出现，影响微博的整体氛围，因此要谨慎选择问题。如果微博评

论中出现不同的声音，微博主不能主动介入争论，否则如果难以处理粉丝情绪，就会造成粉丝的流失。

图 9-6 关注粉丝@微博

（2）利用话题

利用话题不仅是利用微博的话题功能，同时也指利用有热度、有讨论度、容易激起粉丝表达欲望的信息。在设置话题促进粉丝互动时，通常需要遵循几个基本原则：首先，话题必须有话题感，最好与用户的生活比较相关，能够引起用户的兴趣；其次，话题最好比较简单，便于用户快速回答；最后，话题不要与已有话题产生重复。

5. 打造企业官方微博

1）企业微博设置

（1）企业微博的名称设置

企业微博的名称通常与企业名称保持一致，根据微博性质、特色、功能和服务等也可以添加一些修饰，如"海尔""海尔好空气""宝洁中国""宝洁招聘"等。此外，企业微博名称也与个人微博名称一样，应该尽量避免与其他微博名称的高重合度，这就要求企业必须有意识地进行名称保护。

（2）企业微博装修

企业微博作为官方微博，要想带给用户正规、专业的良好印象，树立起鲜明的企业形象，就不能忽略对微博的装修。

① 企业简介。企业简介应该简明扼要，可以让用户快速了解企业，也可以用个性化的文案展示微博形象。图9-7所示为不同样式的企业简介。

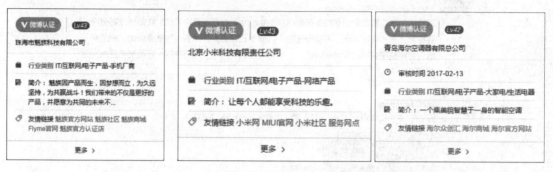

图9-7　公司简介

② 行业类别。企业微博的行业类别主要用于描述企业所在的行业、领域，企业经营的产品、服务等。

③ 个性域名。设置一个与微博名称或公司官网相匹配的个性域名，更便于用户记忆微博地址，提高微博的辨识度。

④ 微博头像。企业微博的头像通常使用能够代表公司形象的图片，如企业logo、企业名字、企业拟人形象等。

⑤ 微博背景。企业微博背景也以宣传企业品牌或形象为主要目的，可使用与企业经营内容、经营理念相匹配的图片和文案等作为背景。图9-8所示为"小米手机"官方微博的背景图。

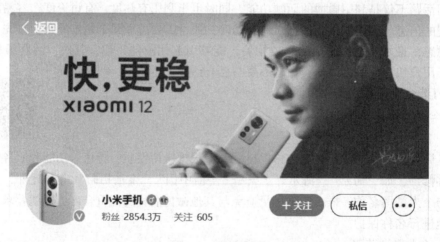

图9-8　微博背景

⑥ 企业认证。为企业微博添加企业认证是企业微博营销的必需步骤，只有添加了微博认证的企业微博才可以赢得用户的信任。

（3）创建微博矩阵

很多将微博营销纳入企业整体营销计划的企业，通常都不会只有一个新浪微博账户，而会根据不同的需求，建立一个完整的微博营销矩阵进行联动运营。比如小米的微博营销体系包括了公司 CEO、高层管理人员、职能部门员工、公司品牌、产品品牌等在内的多个微博，同时对公司品牌和个人品牌进行营销打造，每个微博交叉关注，形成一个多维度的矩阵结构，从而实现推广范围和营销效果的最大化。图 9-9 所示为小米个人品牌和公司品牌的相关微博账户。

图 9-9 小米微博的营销矩阵

2）设置一个亲近粉丝的形象

为了更好地达成企业与用户亲密信任的关系，企业微博可以为自己设置一个容易亲近目标用户的拟人化形象或昵称，比如海尔的"海尔君"，博物杂志的"薄雾"，哔哩哔哩网站的"22 娘""33 娘"等。

3）设置企业微博特色栏目

设计比较有特色的栏目，打造成微博的个性栏目，比如针对不同类型用户的栏目、定时发布的栏目等，通过设计特色栏目培养微博粉丝的阅读习惯，引导粉丝定时参与栏目互动，从而扩大传播效果和范围。

一般来说，特色栏目多以微博话题的形式进行表现，比如魅族科技的官方微增就设置了"魅分享""早安魅聊""睡前魅聊"等栏目。

4）官方微博的内容设计

企业官方微博要想吸引用户和已有粉丝，就必须对其进行设计，使其新颖、有趣、有吸引力。

（1）贴近用户

微博可以拉近企业与用户之间的距离，使企业变得生活化、亲和化，这种形象更容易获得用户的亲近和好感，因此企业官方微博的内容风格可以尽量与用户的日常表述方式靠拢，非类似声明等的特殊内容不建议使用过于严肃的语言风格。

（2）形式丰富

企业微博内容很少使用纯文字的形式，多配有图片、音乐或视频，这样比较容易引起用户的注意，特别是有创意、好看、新颖的图片、音乐和视频。运营人员还可以在图片、音乐或视频中设计隐藏的小创意，引导用户去寻找和探索，增加互动性。

（3）内容独特

在微博上，简单、有趣、新颖的内容很容易形成广泛的"病毒式"传播效果，对提升品牌知名度具有很大的作用，而要做到这一点，企业微博运营者就必须懂得发掘内容。发掘内容主要包括两个方面：一方面是自己创作有价值的热点，通过在相关网站、垂直网站搜索有价值的素材，将创意与网络素材相结合，设计出内容独特的原创微博，引起用户的关注和转发；另一方面是学会利用其他红人、明星的微博，当这些有影响力的微博发布了可以与产品产生联系的内容时，可以通过转发他们的微博并添加品牌信息的方式进行宣传，转发的内容最好风趣活泼，从而吸引用户和粉丝的讨论。

5）企业官方微博活动策划

（1）活动形式

企业官方微博的活动形式比较多样化，可以自己策划全新活动，也可以借助体育事件、文化节日和娱乐新闻等策划活动。自己策划全新活动是指自己设计活动主题，通过微博宣传开展，或与其他企业合作开展。

借助体育事件开展活动是指针对近期热门的体育事件、体育人物设计一个与此相关的主题活动，比如奥运会期间的乒乓球、女排等运动就经常出现在各大企业的官方微博上。

借助文化节日开展活动是指借助著名的公益事件、文化事件、经典书籍、历史事件，甚至各种节日等设计一个主题营销活动，以此吸引对文化节日感兴趣的目标用户。

借助娱乐新闻开展活动是指借助歌手、演员、电视剧、电影、综艺节目等设计一个主题营销活动，该类活动是现在很多知名企业的常用方法，通过邀请明星、提供赞助等方式开展活动，吸引对明星、电视、电影、综艺节目等感兴趣的目标用户。

（2）活动手段

在微博开展活动的手段一般包括有奖转发、有奖征集、有奖竞猜、有奖调查等。

有奖转发是微博上最常用的一种活动手段，大多是"转发+关注+@好友"的形式，即微博用户关注转发微博，并提醒 1~3 名好友，即可参与活动，有机会获得丰厚礼品。

有奖征集是指企业官方微博对创意、段子、文案、祝福语、买家秀图片等进行征集，用户根据征集要求参与活动，并有机会获得丰厚礼品。

有奖竞猜是指企业官方微博提供谜面，可以猜文字、图片、谜语、价格等，然后从答案正确的用户中抽取幸运者赠送礼品，该方式的主要目的是调动用户的互动积极性，加强微博与用户之间的联系。

有奖调查用于营销推广的场合很少，多在企业需要收集用户反馈意见、调查用户喜好时使用，通过提供奖品调动用户参与调查的积极性。

9.1.4　实训步骤与成绩评定

1. 实训步骤

第一步，结合水果超市的营销目标，定位官方微博。微博的内容和风格围绕"拟人化"的定位和形象展开，确定微博的内容发布方向。

第二步，微博装修。依据官方微博定位创建微博并设置微博的昵称、头像、封面、公司简介、栏目。

第三步，微博运营规划。搜集企业相关资料，如公司介绍、产品优势、优秀案例、行业科普等微博内容素材。制定企业一天的微博运营计划，围绕用户的需求，组织对用户有吸引力的内容，每天有规律地更新。

第四步，发布活动微博。整理可供线上活动的主题，围绕一年中不同的节日，结合企业产品特性制定活动主题，并按照积累粉丝的方法，发布主题活动微博。

2. 成绩评定

成绩评定的要求见表 9-1。

表 9-1　考核要求及评分标准

考核内容	考核要求及评分标准	分值
定位官方微博	准确定位微博内容发布方向	5
	打造微博"拟人化"形象	5
微博装修	设置微博的昵称、头像、封面、公司简介	15
	用话题规划微博常用板块栏目	15
微博运营规划	合理制定企业一天运营规划	30
发布活动微博	发布 5 条以上某主题活动微博，积累粉丝，提升人气	30

9.1.5　课后练习

1. 选择题

（1）微博营销是基于（　　）关系的信息分享，传播及获取的平台。

A. 客户

B. 用户

C. 企业

D. 自身

（2）PRAC 法则倡导"2+N 微博矩阵模式"，即以（　　）为主平台，补充添加运营领导员工微博、粉丝团微博、产品微博及活动微博。

A. 品牌微博、客户微博

B. 用户微博、客户微博

C. 品牌微博、用户微博

D. 用户微博、商家微博

（3）微博的主要互动方式有（　　　）。

A. 活动+奖品+关注+评论

B. 关注+评论+转发

C. 活动+评论+转发

D. 活动+奖品+关注+评论+转发

（4）一个好的微博昵称应符合（　　）原则。

A. 简单易记

B. 拼写方便

C. 平台一致

D. 避免重复

（5）一般来说，运营者要关注（　　）几个方面的内容。

A. 发布频率

B. 原创和非原创内容的比例

C. 栏目种类和发布时间

D. 广告变现

2. 案例分析题

伊利"爱在日常 不止中秋"

每逢团圆佳节，我们总会想着带点礼物回家给爸妈。当我们习惯用礼物来表达爱的时候，也许忘了爸妈真正想要的，其实藏在那些我们缺席的日常里。

2021年中秋，人民网与伊利联合发起"爱在日常 不止中秋"活动，呼吁大家把爱变成日常，让关心不只是节日限定。

伊利针对此次活动，十分精心地对纯牛奶的包装进行了设计。响应"每天一盒奶，一个便笺，一句关心，让陪伴从节日到每一日"的口号，伊利还融入了365日"爱的便笺"的创意形式，承载365个不同的关心小技巧，更好地展现陪伴的深层含义。

此外，伊利还与人民网共同在微博发起"爱在日常 不止中秋"的话题，率先邀请了马龙、刘国梁、苏炳添、杨倩、孙一文等奥运选手参与这个话题，在超话"看，这是我爸妈"中分享自己与家人相处的有爱日常，引发更多互动。有了奥运选手们的调动，许多博主也纷纷参与到这个话题中，呼吁粉丝们共同加入日常关心父母的行动中来。

伊利在作为传统营销黄金节点的中秋佳节，利用物质和情感的双重契机，满足情感需求，并彰显了品牌的社会价值。而这些积极正面的营销方式，不仅能履行社会责任，还能最大化提升品牌势能，为品牌产品进行宣传。

思考与讨论：

（1）微博话题的作用是什么？

（2）微博话题与超话有哪些区别？

任务 9.2 微信运营

9.2.1 实训目标

通过实训，了解微信公众号的类型，熟悉微信公众号的基础操作，掌握微信公众号运营的方法和技巧。

9.2.2 实训内容

信息碎片化的移动互联网时代，营销活动逐步向移动端倾斜，微信作为常用的移动端应用之一，用户数量巨大、用户黏性高、使用频率密集，为商家开拓营销市场提供了广阔的空间。小李通过前一段时间的微博营销，取得了一些营销效果，还希望通过微信来拓展企业的营销渠道。

微信营销主要有两种类型，微信个人运营和微信企业运营。微信个人运营主要是指个人开通的微信号，可以与手机通讯录绑定，邀请手机联系人、微信好友进行交流，可以通过朋友圈发布状态，与微信好友进行互动。企业微信运营主要通过建立微信公众号，发布文章、推送消息、公众号关注、移动应用下载、卡券分发、品牌活动广告等多种官方推广，多维度组合定向投放，实现高效率转化。从营销的角度来说，微信公众号在品牌传播、宣传推广等方面都具有非常重要的意义。小李所在的连锁水果超市此前并没有官方微信公众号，小李决定从建设公众号开始企业微信运营。

9.2.3 实训指导

1. 微信公众号的定位和选择

1）微信公众号的定位

不管是个人还是企业，要想获得更好的公众号推广效果，都必须对目标用户进行精准

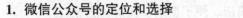

定位。只有准确地将信息传达给需要它的用户，才能快速取得原始资源，为公众号的进一步发展累积动力。因此，一个公众号在发展前期，一定要做好定位，先制定出适合自身发展、符合自身形象的定位，再通过这种定位去吸引用户，最后慢慢形成品牌效应，达成营销目的。

定位就是定位目标人群，目标人群喜欢什么，就给他们提供什么。要定位目标人群，首先应该了解他们的喜好，明确他们的行为动机，可以根据公众号要服务或推广的人群的地域、年龄、性别、教育程度、收入、行业等特点来策划公众号的运营内容，设计出他们喜欢的风格、特色和服务。此外，也可以从用户的使用场景出发进行设计，比如目标用户一般何时查看公众号信息、愿不愿意进行分享、有没有付费行为等，根据用户的这些特征策划公众号内容和活动。

2）微信公众号的选择

微信公众号有多种类型，每一种类型的使用方式、功能、特点均不同，用于营销的公众号一定要选择最适合自己的公众号类型，才能达到预期的营销推广效果。

微信公众号主要包括订阅号、服务号、企业号和小程序4种类型。

订阅号具有信息发布和传播的能力，可以展示自己的个性、特色和理念，树立自己的品牌文化。订阅号主要偏向于为用户传达咨询内容（类似报纸、杂志），每天可以群发一条消息，具有较大的传播空间，如果想简单地发送消息，达到宣传效果，建议可选择订阅号。

服务号具有用户管理和提供业务服务的能力，服务效率比较高，主要偏于服务交互，比如银行、114等提供服务查询的机构适合选择服务号，客户服务需求高的企业也可开通服务号。服务号每个月可群发4条消息，还可开通微信支付功能。

企业号主要用于公司内部通信使用，具有实现企业内部沟通与内部协同管理的能力，需要用户先验证身份才可以关注成功。

小程序是微信的一种开放功能，具有出色的体验，可以被便捷地获取与传播，适合有服务内容的企业和组织注册。

对于用于营销的公众号来说，目前服务号和订阅号的使用率更高。订阅号通过微信认证资质审核通过后，有一次升级为服务号的入口，升级成功后类型不可再变，服务号不可变更成订阅号。

2. 微信公众号设置

1）微信公众号的名称

微信公众号的名称是用户识别公众号的重要标志之一，也是直接与公众号搜索相关联的关键部分。从某种角度来说，微信公众号的名称的设置与营销效果息息相关。

微信公众号的名称设置基本要求为统一、简洁、便于搜索、注明功能等。

（1）统一

统一指保证微信公众号的名称与其他媒体平台的名称相一致，特别是已经积累了一定影响力和知名度，或者有个人品牌的用户。一般来说，企业、媒体、名人、平台等都会采用完全统一的命名方式。

（2）简洁

简洁指公众号要便于用户记忆和识别，在简洁的基础上，也可以进行一些个性化的优化，方便给用户留下深刻印象。

（3）便于搜索

很多用户在添加公众号时，都会使用搜索公众号名称的方式，如果公众号名称过于拗口、有生僻字或有不方便记忆的外国文字，很容易影响搜索结果，从而损失掉一部分的粉丝。

（4）注明功能

注明功能指公众号名称要与产品产生联系，比如一个介绍服装搭配的公众号，可以叫"××穿搭""教你日常穿搭""××穿搭札记"等，让用户通过名字快速了解公众号性质。

2）微信公众号的头像

头像也是微信公众号的重要标志之一，代表了公众号的个性和风格，展现了公众号的品牌形象，同时还能方便用户对公众号进行认知和识别。公众号头像主要有logo、个人头像、文字、卡通形象、知名角色等几种主要类型。

（1）logo

logo一般指品牌logo，拥有品牌的企业或个人可将logo作为公众号头像。

（2）个人头像

很多自媒体、明星、名人等都会将自己的照片作为公众号头像。

（3）文字

设计精美的中文、中英文组合或文字与logo组合都是比较常见的头像样式。

（4）卡通形象

很多自媒体、创意公司、行业名人，甚至政府、学校等官方组织，都会为自己设计一个专属的卡通头像，这类头像通常具有极高的辨识度。

（5）知名角色

知名角色是指著名的电影、电视剧、动画、历史中的形象，这种角色比较具有知名度和辨识度，容易引起用户注意，也能更好地表达公众号的定位。

3）微信公众号的二维码

微信公众平台提供了二维码尺寸设置和下载功能，根据自己的推广需要，可以设置合适尺寸的二维码，还可对二维码图片的效果进行美化。二维码的重新设计可以结合自己的产品特色，添加一些可以展示产品特性的元素，使其更具个性化。

4）微信公众号的功能介绍

微信公众号的功能介绍主要用于描述公众号的作用，会在用户搜索公众号时显示，因此需要重点设置。一般来说，功能介绍必须突出重点、便于理解，让用户可以通过该介绍快速了解公众号提供的服务和公众号的价值等，比如直白地展示卖点，快速打动目标消费人群。除了说明功能和作用外，功能介绍也可以用来表达情感、展现特色，通过个性化吸引消费者。大部分品牌的公众号通常会在功能介绍中进行品牌介绍，或者放置一些文案标语，进一步进行品牌推广。

3. 微信公众号基础操作

一个刚注册成功的订阅号后台功能主要包括群发、自动回复、自定义菜单、投票管理、消息管理、用户管理6个基础功能。

1）群发

群发功能目前主要支持图文、文字、图片、语音和视频5种形式，同时支持从素材库中选择已设计好的素材，也可重新新建图文，还可转载其他公众号的原创文章。群发时默认发送给全部用户，也可对群发对象、性别、地区进行选择，只有选中的粉丝才能接收到群发消息。

2）自动回复

微信公众号自动回复分为被关注回复、收到消息回复和关键词回复3种形式。

"被关注回复"和"收到消息回复"可以回复文字、图片、语音和视频，"关键词回复"可以回复图文、文字、图片、语音和视频。企业通过以上3种自动回复，可以告知用户有哪些内容服务产品及相关使用方法说明，引导用户回复关键词、查看历史消息、单击菜单，为网站引流，推广App及推广相关账号等。

（1）被关注回复

被关注回复是用户关注一个公众号后的自动回复，这是公众号与用户的第一次互动，所以自动回复的内容要尽可能体现企业的宗旨和理念，又不失个性化，让用户能一目了然。

（2）收到消息回复

收到消息回复是用户给公众号发送消息后，公众号的自动回复，让用户可以借此更深入地了解微信公众号并自主操作。

（3）关键词回复

关键词回复是用户发送公众号设定的关键词后，公众号有针对性地回复。相比前两种自动回复，关键词回复的设置规则更加复杂，具体需要设置规则名称、关键词、回复内容和回复方式。

3）自定义菜单

公众号底部可以自定义菜单，从实现的功能来说，自定义菜单与关键词回复的作用是一样的。自定义菜单最多可以创建3个一级菜单，每一个一级菜单下最多可以创建5个子菜单。子菜单可以发送消息、跳转网页、跳转小程序，其中跳转网页只有认证过的微信公众号才可实现。

4）投票管理

投票管理功能可用于比赛、活动、选举等，进行粉丝意见的收集。投票设置后，必须插入图文消息中才可生效。投票将统计该投票在各个渠道的综合结果，包括群发消息、自动回复、自定义菜单等。

5）消息管理

微信公众平台"消息管理"页面内展示的是粉丝发送过来的即时消息。运营者可以在此页面查看粉丝发送过来的即时消息，直接回复粉丝。文字消息最多可以保存5天，图片和语音消息只可以保存3天，如果你想将消息长时间保存以方便查阅，可以点击收藏，已收藏的消息会被永久保存。

一个订阅用户48小时内未与公众号互动，那么运营者无法主动发消息给用户，直至用户下次主动发消息才可对其进行回复。

6）用户管理

用户管理可以对公众号的粉丝进行搜索、备注、打标签、加入黑名单等管理。为了方便对微信公众号里的一些特别重要的用户进行记忆，可通过修改备注来记忆。如果微信公众号粉丝较多，最好的管理办法就是对用户打标签，一个公众号，最多可以创建100个标签，标签功能目前支持公众号为用户最多打上3个标签。通过添加不同的标签，对用户进行细分和肖像描写，有利于针对目标用户设计有针对性的展示。

4. 微信公众号内容策划

1）内容设计

对于大多数公众号来说，都是以内容来进行用户定位，也就是说分享公众号文章给目标用户，吸引同质的粉丝，再通过对后台数据表现的持续分析，不断地调整和优化文章内容。一般来说，公众号文章主要有原创和转载两种模式，其中原创难度大，但粉丝的忠诚度也会相对更高。原创文章的选题方式非常多样化，用户需求分析、九宫格思考、话题借势、时间地图等都是比较常用的方法。

（1）用户需求分析

分析用户需求的目的是写出他们喜欢阅读的内容，而在分析用户之前，需要了解用户数据，问卷、客服交流、用户问答等方式都可以收集到用户数据。在了解了用户的问题和诉求的基础上，即可开始选题策划，从不同角度挑选出最适合的选题，比如行业热门消息、有深度的内容、名人的视角、群众的视角、有内涵的企业文化、生活实用技巧、生活感悟、产品福利活动等。

（2）九宫格思考

九宫格思考的用法类似于思维导图，即从一个主题进行联想和延伸，发展出各种与主题相关的内容，再对内容进行解析和组合。如一个成都美食公众号，有两个主要关键词——成都和美食，通过"成都"联想出天府、宽窄巷子、辣、地铁等词汇，通过"美食"联想出火锅、小吃、低卡、川菜馆子等词汇，对这些词汇进行组合后，可以得出"宽窄巷子的小吃""地铁线上的川菜馆子"等选题。为了提高文章的吸引力，可适当对标题进行润色，如"地铁1号线上那些让人停不下来的川菜馆子""带你吃遍成都地铁1号线"，即可获得一个新选题。对主题词语的联想越丰富，可以获得的选题就越多。

（3）话题借势

话题借势是十分常见且使用频率很高的一种选题方式，指借助近期热点事件确定选题，热点的话题性越高，爆炸性越强，带来的营销效果就越好，比如曾经很火的"世界那么大，我想去看看"，引发了各大品牌的"世界那么大"体，掀起一波营销热潮。新媒体营销时代，任何能够引起公众关注的热门事件都会引来各个品牌的借势营销。话题借势要求营销人员具备一定的敏感度，能够迅速、及时地捕捉到热点话题，并快速执行，因此要积极关注各种新闻网站、咨询网站和媒体平台等，以便及时、高效地进行话题营销。

（4）时间地图

现在几乎每一个节日都是一次营销机会，法定节假日、民俗节假日、西方节假日、各种纪念日、全国统一考试日期、网络流行节日等都可以成为一次营销选题。作为一名营销人员，应该对各个节假日话题进行提前策划。

公众号的原创内容策划方式比较多，除了上述所讲之外，申请名人文章授权，通过搜索引擎发掘话题，通过贴吧、论坛、微博等媒体平台发掘话题等，都可以为公众号内容设计提供思路，只要所设计内容是目标用户所需求的内容，就能够吸引和留住用户。

2）标题设计

当一个公众号想扩大影响力时，除了名称、头像要具有自己的标识之外，文章标题也可以设计出自己的风格，通过标题格式表达公众号的个性特色，打造系列样式的文章，让用户在看到文章标题时可以快速分辨出这是哪一个公众号、分享的是什么内容，从而进一步加强用户对公众号的印象。

在强化品牌时，还可在标题中加入个人、企业的品牌名称或具有强烈品牌辨识度的词语，如一个旅行相关的公众号，标题前均有"独特旅行 |"的标识，"独特旅行 | 小镇飘出豆腐香""独特旅行 | 飞仙阁的千年秘密"等。

3）封面图设计

公众号的封面图一般都使用与推送内容相关的图片，或与产品相关的图片，如果推送内容分为不同系列，还可以为每个系列设计对应风格的图片。为了表达个性化，封面图也可以使用一些趣味性、带有独特标志的图片，如个人独特的形象图或带有公众号特有 logo、标签的图。

4）视觉设计

一篇吸引人的推送文章，吸引用户阅读依靠的并不仅仅是夺人眼球的标题和开篇，还有优质的视觉效果，所以配色和排版必不可少。

（1）配色

公众号推送文章的配色一般使用与企业或品牌相关的颜色，与品牌保持一致，如果没有品牌色，也建议使用比较统一的色调，作为公众号的代表色，提高辨识度。在一篇推送文章中，颜色不要使用过多，尽量不超过 3 种，同时尽量使用温和的颜色，否则很容易影响阅读，降低用户的阅读体验。如果文章中需要插入图片，文字颜色应该与图片相匹配。

（2）排版

为了保证推送文章整体的美观性和易读性，在进行排版时可以遵循对齐、对比、统一的原则。

对齐主要包括左对齐、右对齐和居中对齐3种形式，一般默认为左对齐，可以根据内容需要选择合适对齐方式，也可混合使用。

对比主要是指标题与正文的对比、重点内容与普通内容的对比，体现标题、正文、重点内容的对比性，可以使文章更加有条理，也更美观易读。

统一是指排版样式统一，包括正文内容字体样式一致、重点内容字体样式一致、行距一致、风格一致等。

9.2.4 实训步骤与成绩评定

1. 实训步骤

第一步，公众号定位。根据连锁水果超市竞争环境，再结合需要推广的产品，对目标用户人群进行分析定位，明确微信运营目标是客户服务、品牌推广、资讯发布还是在线销售。

第二步，选择公众号类型。订阅号是以向用户提供信息和资讯为主，旨在为用户提供信息。服务号是以服务功能为主，旨在为用户提供服务。确定账号类型后，结合企业自有资源定位公众号内容方向。

第三步，设置微信公众号。注册完成后，登录公众号，选择"设置"→"公众号设置"→"账号详情"选项。在"账号详情"中，对公开信息、头像、名称、微信号、介绍和所在地等信息进行设置。

第四步，编辑并群发图文消息。新建一条企业产品相关图文，制作封面摘要，编辑正文内容，确认无误后群发。

第五步，完善微信公众号功能。设置被关注回复、收到消息回复、关键词回复及自定义菜单内容，帮助粉丝更好地使用公众号。

2. 成绩评定

成绩评定的要求见表9-2。

表9-2 考核要求及评分标准

考核内容	考核要求及评分标准	分 值
公众号定位	网络营销环境分析	10
	确定公众号运营目标	5
选择公众号类型	订阅号还是服务号	5
设置微信公众号	昵称	5
	头像	5

续表

考 核 内 容	考核要求及评分标准	分　值
设置微信公众号	微信号	5
	二维码	5
	功能介绍	5
编辑并群发图文消息	编辑图文消息	20
	群发图文消息	5
完善微信公众号功能	被关注回复	5
	收到消息回复	5
	关键词回复	10
	自定义菜单	10

9.2.5　课后练习

1. 选择题

（1）服务号是公众平台的一种账号类型，旨在为用户提供服务。以下不属于服务号类型的是（　　）。

A. 招商信用卡

B. 南方航空

C. 中国联通

D. 央视新闻

（2）以下增加微信公众账号的订阅的方法可行的有（　　）。

A. 通过微博吸引订阅

B. 通过自己的网站推广

C. 通过微信小号推广

D. 通过 QQ、QQ 群等方式推广

E. 可以利用微信做一些活动，给予一些好处引导别人订阅

（3）以下关于"微信公众平台订阅号"说法正确的有（　　）。

A. 主要是提供信息和资讯

B. 一般媒体用的比较多

C. 订阅号每天都可以群发一条群发信息，群发的信息直接出现在订阅号文件夹中

D. 订阅号群发信息时候，手机微信用户将会像收到短信那样的消息提醒

（4）下列对公众平台自动回复功能描述错误的是（　　）。

A. 关键词回复就是用户发送已经设置好的字或词汇才会推送指定内容

B. 被关注回复就是公众号在被添加关注的时候首次发送给用户的内容

C. 收到消息回复就是当公众号收到任何消息时都会推送该指定内容

D. 收到消息回复就是当公众号收到任何消息时都会随机推送关键词的其中一个

（5）公众号的头像应当有（　　）作用。

A. 品牌识别

B. 减少认知成本

C. 展现风格和形象

D. 增加关注度

2. 案例分析题

海底捞的微信公众号运营

1. 功能介绍

海底捞火锅微信公众号的功能介绍采用"品牌介绍+功能介绍+欢迎语"的结构，简洁明了地向用户介绍该账号的主要功能。同时，就餐需要排队已经成为海底捞火锅的标志，所以海底捞微信公众号在功能介绍中点明"预订餐位"能减少排位的时间，还能吸引大量的用户关注海底捞微信公众号。

2. 欢迎语设计

海底捞火锅微信公众号的欢迎语拟人化，将公众号虚拟为海底捞微信客服。"服务至上"一直是海底捞火锅的文化，所以"竭尽全力"的关键词也体现了海底捞火锅的服务精神。

功能介绍+操作引导。海底捞火锅微信公众号除了对该账号的功能介绍之外，还说明了每个功能具体的操作方法——通过单击下方菜单栏即可实现。

3. 内容特色

海底捞火锅微信公众号推送的内容主要以积分兑换、新品介绍、软文推广为主。海底捞火锅擅于利用节日和热点进行内容营销，海底捞火锅微信公众号的每次推送都会选择固定的节日或有热点的时间，通过在文章中打造原生广告吸引用户线下体验新产品或线上购买产品。

海底捞火锅充分考虑用户在就餐前、中、后场景中可能遇到的问题，并通过微信公众号提供增值服务来解决问题。例如，针对就餐前遇到的排队问题，用户可以通过在微信公众号中提前预约座位得到解决；针对在就餐时遇到的等待问题，用户可以通过玩小游戏打发时间；针对就餐后想要购买火锅底料，用户也可以通过微信公众号购买。

4. 增加用户的技巧

海底捞火锅微信公众号增加用户的技巧主要有以下四个：

① 用户通过参与活动获得物质奖励，引导口碑社交宣传；

② 海底捞火锅微信公众号在文章最后设置鼓励分享链接；

③ 除了微信公众号本身外，海底捞火锅在实体产品里放置抽奖码，需要用户在微信公众号上进行抽奖，以此带动关注；

④ 门店引流，用户在门店消费时会被告知可以在微信公众号上提前浏览菜单、排号、订餐、打小游戏等，最大限度地使线下用户转化为线上用户。

5. 与用户的互动方法

（1）举办活动

海底捞火锅会定期举办活动送出代金券，以此来保持用户的活跃度，餐饮类账号很容易形成只基于地理位置的暂时性用户，只有和用户形成互动并给予一定物质激励，才能将短暂用户转化为稳定的用户群体。

（2）后台意见反馈

用户可以通过在微信公众号后台回复"1"进行意见反馈。

（3）游戏或调研互动

海底捞火锅通过对微信公众号中数据的抓取，获得用户的行为偏好，对用户习惯和喜好进行分析，可以给今后的服务提供优化参考。

思考与讨论：

（1）海底捞的公众号运营实现了线上线下相结合的 O2O 模式，具体体现在哪些做法上？

（2）海底捞公众号在服务年轻用户上做了哪些努力？

任务9.3　短视频运营

9.3.1　实训目标

了解优质短视频的要素，能够对短视频内容进行整体规划，掌握短视频脚本撰写方法及拍摄技巧，并对发布的短视频进行引流推广。

9.3.2　实训内容

小李看到"佳帮手"短视频账号通过短视频分享家庭日用百货的使用场景及技巧，并利用抖音销售短视频中的产品。其中防尘化妆品收纳盒商品有 3.7 万人浏览过，懒人拖布商品有 262 万人浏览过。目前，已有众多的企业开通了抖音账号，如华为、小米、支付宝等，通过短视频平台进行品牌或产品推广、在线销售等新媒体营销活动。小李决定也为连锁水果企业开通短视频账号，进行短视频运营推广。

9.3.3　实训指导

1. 什么是短视频营销

1）什么是短视频

快手短视频平台对短视频的定义是："57 秒，竖屏，这是短视频行业的工业标准。"今日头条副总裁赵添给出了另一个定义："4 分钟是短视频最主流的时长，也是最合适的播放时长。"可以这样理解：时长在 5 分钟以内，用户利用碎片时间在移动终端观看的短片视频即为短视频。短视频的内容涵盖了技能分享、幽默搞笑、时尚潮流、社会热点、街头采访、公益教育和广告创意等主题。

目前短视频有四大主流平台：抖音、快手、西瓜视频和淘宝卖家秀。

2）优质短视频的要素

一个优质的短视频应该包括 5 个要素，分别是价值趣味、清晰画质、优质标题、音乐节奏、多维胜出。

（1）价值趣味

短视频的第一要素——价值趣味，是一个短视频的基础。

价值趣味是指短视频给用户提供某种价值和趣味。一个短视频可能让用户看完觉得很无聊，不知所云；也可能让用户深受启发，得到价值和趣味上的共鸣。我国首个新媒体短视频奖项为"金秒奖"。入围作品包括《高考前考生背后的故事》《广东人与广东蚊子的战斗史》《带着狼上下班是什么体验?》《留学生出国常犯的错误》《心理医生不能说的秘密》等。受欢迎的短视频具备一个共同特征，即真实（真实的人物、真实的故事、真实的情感），可以为用户提供某种价值趣味，这是优质短视频的第一要素。

（2）清晰画质

短视频的第二要素——清晰画质，它决定了一个短视频带给用户的体验。

很多短视频传播不开，和短视频本身的画质有很大的关系。如果短视频拍摄得不清晰，画质不够优秀，即使内容很好，也不会吸引用户。现在很多短视频的画质都在向"大片"靠拢，画面清晰度也符合"消费升级"的要求。播放介质不同，对短视频画质和短视频尺寸的要求也不同。例如，长视频在 PC 端播放，需要适合 PC 端显示器屏幕的大小；短视频在移动端播放，需要适应移动端屏幕的大小。

（3）优质标题

短视频的第三要素——优质标题，它决定了短视频的打开率。

想要增加短视频的打开率，短视频的标题是决定性因素。由于平台主要通过机器算法对短视频内容进行推荐分发，机器会从标题中提取分类关键词进行推荐，随后短视频的播放量、评论数、用户停留时间，将决定这条短视频是否能够继续得到推荐。

例如，某短视频账号发布的内容是关于宝宝辅食的，其中的一个短视频标题《非常简单，十分钟做养脾胃辅食》。这样的标题没有说清楚要为谁、解决什么问题。如果要解决的是宝宝脾胃不良的问题，就要找到对应的症状，然后创作出下面的标题"宝宝消化不良，睡眠不好，十分钟学会调理脾胃蔬菜饼"。首先，短视频要解决的是宝宝脾胃不好的痛点；其次，消化不良和睡眠不好是脾胃不好带来的症状。宝妈们看到这个标题，就会点击进去观看。有了这样的标题，短视频的打开率就会提升。

（4）音乐节奏

短视频的第四要素——音乐节奏，它决定了短视频的基调。

短视频本身就是一种视听的表达方式，配乐作为声音元素的重要组成部分，能够更好地表达短视频中的内容。音乐节奏的搭配有三个要点：一是尽量把短视频中人物的动作放在音乐节奏的重音上，使音乐和画面看起来很协调，也很有重点；二是挑选和短视频内容相符的音乐类型，如新年风、民族风等；三是学会模仿优秀作品，优秀作品的音乐节奏一般都把握得很好，值得短视频创作者好好分析和模仿，以积累更多经验。

对短视频创作者来说，音乐负责升华短视频的主题，帮助用户快速进入情境。

（5）多维胜出

短视频的第五要素——多维胜出，它决定了短视频的综合价值。

好的短视频会在编剧、表演、拍摄、剪辑和后期加工等多方面精细打磨，这种能多维度胜出的短视频最终会成为优质短视频。

2. 短视频内容规划

1）确定短视频用户画像

基于大数据的用户画像多被网站、大型公司、App 用来进行用户分析，确定用户画像对技术和资金都有较高的要求。定位短视频内容的用户，可以结合用户画像和定性研究的思路，具体操作步骤如下。

（1）准备工作

第一，用户信息数据分类。

用户信息数据分为静态信息数据和动态信息数据两类。静态信息数据是用户的固有属性，是构成用户画像的基本框架，主要包括用户的基本信息，如社会属性、商业属性、心理属性等。这类静态信息是无法穷尽的，如姓名、年龄、性别、家庭状况、地址、学历、职业、婚姻状况，短视频创作者选取符合需求的即可。动态信息数据是用户的网络行为，包括搜索、收藏、评论、点赞、分享、加入购物车、购买等。动态信息数据的选择也要符合产品的定位。

以美食类短视频账号为例，静态数据包括用户的性别、年龄、城市等；动态数据包括用户常用的短视频平台、关注的账号、点赞、评论、留言、取消关注等的动机和原因。

第二，确定用户使用场景。

短视频创作者确定了用户的信息标签类别，还不能形成对用户的全面了解，还需要将用户特征融入一定的使用场景，才能更加具体地体会用户的感受，还原用户形象。这是非常关键的一步。

短视频创作者确定用户使用场景，可以采用经典的 5W1H 方法。

Who：观看短视频用户。

When：观看短视频的时间。

Where：观看短视频的地点。

What：用户选择观看什么样的短视频。

Why：某项行为背后的深层动机，如关注、点赞、转发。

How：短视频创作者可以与用户的动态、静态场景结合，洞察用户使用产品时的具体场景。

（2）获取用户的静态信息数据

短视频创作者可以通过卡思数据来获取用户静态信息数据。卡思数据是国内领先的视频全网大数据开放平台，提供全方位的数据查询、用户画像、视频监测服务，为短视频创作者在内容创作和用户运营方面提供数据支持。

（3）获取用户的动态信息数据

在《用户画像——大数据时代的买家思维研究》一书中，作者阿黛尔·里弗拉给出了几种"用户洞察"的方法，如问卷调查、用户深度访谈等。用户深度访谈属于定性分析，是短视频创作者通过与用户进行深入的沟通来获取有价值的、细致的信息，因此需要用户做一些理解、回忆和思考。

（4）形成短视频用户画像

短视频创作者把以上的静态信息数据和动态信息数据进行整合，就形成了短视频账号的用户画像。这里以美食类短视频账号为例，具体内容如下。

性别：女性用户占比 60%~70%；男性用户所占比例相对较小。

年龄：6~17 岁用户占比 30%~40%，18~24 岁用户占比 50% 以上，25~30 岁用户占 10% 左右。

地域：广东、江苏、四川、浙江、山东等省的用户占比较高。

婚姻状况：未婚的用户居多。

较常用的短视频平台：抖音、新浪微博。

使用频率：女性用户 3~5 次/周；男性用户 2 次/周。

活跃时间段：晚上 19:00—20:00；中午 12:00—13:00。

周活跃时长：2~8 小时/周。

地点：家、公司、学校。

感兴趣的美食话题：被推送到首页的各地特色美食类短视频。

什么情况下关注账号：画面有美感、日常饮食可以借鉴、账号持续输出优质内容。

什么情况下点赞：比期望值高、特别"走心"。

什么情况下评论：激发了用户共鸣或产生争议。

什么情况下取消关注：短视频内容质量下滑、与预期不符、无更新、广告太多。

用户其他特征：喜欢摄影、美妆，喜欢有质感、有格调的产品。

2）建立爆款题库

要想持续地输出优质内容，短视频创作者就必须拥有丰富的储备素材，因此要建立选题库。建立选题库主要有以下渠道。

（1）日常积累

短视频创作者一定要养成日常积累选题的习惯，通过身边的人或事，以及每天阅读的书籍和文章等，将有价值的选题纳入选题库，训练自己发现选题的嗅觉。

（2）分析竞争对手的爆款选题

短视频创作者可以研究竞争对手的选题，搜集其选题，并进行整合与分析，从而获得灵感和思路，拓宽选题范围。短视频创作者可以进入卡思数据网站，获取竞争对手的账号数据，如粉丝量、集均点赞、集均分享、集均评论和爆款选题。

（3）收集用户想法

收集用户想法是一种自下而上的选题决策，可以帮助短视频创作者有效利用群体智慧，增强短视频的互动性，丰富短视频的内容。收集用户想法的方法有以下两种。

方法一，从自己的短视频账号评论或竞争对手账号评论中寻找有价值的选题。评论是短视频创作者与用户有效交流的渠道，它可以折射出不同用户的态度，如赞同、反对、质疑或者提出新的问题，这些都可以被发掘为短视频的选题。

方法二，搜索关键词。在寻找选题时，短视频创作者可以使用不同的搜索引擎搜索关键词，常用的搜索引擎有百度、微博搜索、微信搜一搜、头条搜索等，然后对搜索到的有效信息进行提取、整理、分析与总结。

3）准确切入选题

确定选题以后，短视频创作者可能会发现该选题与很多竞争账号中的内容相似。对于相似的选题，短视频创作者要选择不一样的切入点，以避免内容同质化，这样才能有机会制造话题爆点，超越竞争对手。

例如，用户都有"喜新厌旧"心理，某一类型的短视频可能一开始由于形式新颖受到用户的喜爱，但用户看多了便会产生审美疲劳，如果这个时候突然有与众不同且十分优质的内容出现，用户一定会觉得耳目一新。

因此，在确定选题以后，短视频创作者要设想竞争对手会怎么做，尤其是一些大家都想"蹭热点"的话题。当对竞争对手的观察足够细致和深入时，就会对其经常采用的短视频形式了如指掌，这时就要寻找到与竞争对手不同的切入点，并列出若干个方案，从中找出最佳方案。

短视频创作者在切入选题时，要注意以下几点。

（1）有效整合各种物质要素

做短视频少不了资源方面的支持，如物力、财力、人力等物质要素，有效地整合这些物质要素，可以为短视频的创作提供极大的便利，否则就会步履维艰。例如，团队中某个人的"颜值"不错，擅长演奏钢琴，有大量大型演出的经验，短视频创作者就可以将这些资源整合起来，开设一个教大家演奏钢琴类账号。

（2）以兴趣为支撑

"兴趣是最好的老师"，如果短视频创作者对某一领域有着浓厚的兴趣和饱满的热情，那么就可以支撑其在某个方向深耕，持续产出优质内容，深化内容的垂直性。不过，兴趣和专业不同，如果只有兴趣，但没有专业能力，也无法保证短视频创作者持续地创作出优质的短视频。因此，要想判断自己是否可以在选择的领域内深耕下去，短视频创作者要先对比同行业的头部账号，分析其短视频内容的深度和价值属性，判断凭借自己的兴趣是否能够稳定而持续地产出优质短视频。

（3）及时调整选题

短视频创作者在刚开始做短视频时，可能会有一段试错的路要走。一般来说，短视频创作者要先持续发布作品 10 天以上，并密切关注数据变化，以此来做预估和调整，然后判断是按照既定的选题做下去，还是调整选题方向或者内容形式。

在试错的过程中，短视频创作者要衡量短视频制作成本与短视频播放量、账户粉丝量的对比情况，从而把握账号的走向和市场情况，最后做出是否调整选题的决定。

3. 短视频制作

1）短视频脚本写作

脚本其实就是短视频的拍摄提纲和框架。有了这个提纲和框架，就相当于给后续的拍摄剪辑、道具准备等做了流程指导。虽然短视频大多都是在 30 秒左右，有的甚至不超过 15 秒，看似没几个镜头，但如果想要基础流量高、转化率高，就必须精雕细琢每一个视频里面出现的细节，如景别、场景布置、演员服化道具准备、台词设计、表情、后期配乐和音效等，这些都是需要脚本来呈现的。

短视频脚本大致可以分为三类：拍摄提纲、分镜头脚本和文学脚本，脚本类型可以依照拍摄内容而定。

（1）拍摄提纲

拍摄提纲是指短视频拍摄要点，只对拍摄内容起到提示作用，适用于一些不易掌握和预测的内容。由于拍摄提纲的限制较小，拍摄者可以发挥的空间比较大，但对后期剪辑的指导效果不大，所以在制作抖音和快手这类短视频时一般不采用这种短视频脚本。

（2）分镜头脚本

分镜头脚本既是前期拍摄的依据，也是后期制作的依据，同时可以作为视频长度和经费预算的参考。

分镜头脚本主要包括镜号、分镜头长度、画面、景别、人物、台词等内容，具体内容要根据情节而定。分镜头脚本在一定程度上已经是"可视化"影像了，可以帮助制作团队最大程度地还原创作者的初衷，因此分镜头脚本适用于故事性强的短视频。表 9-3 所示为分镜头脚本示例。

表 9-3   分镜头脚本示例

镜号	景别	画面	分镜头长度	人物	台词
1	中景	小唐和小静分别坐在餐馆两侧，默默无声，低头喝茶	2 秒	小唐、小静	
2	近景	小静紧张不安	3 秒	小静	小唐，最近有一个男生追求我，我该怎么办？
3	特写	小唐看着小静	2 秒	小唐	（内心独白）我最喜欢的女生啊！
4	特写	小唐嘴角抿起，垂下头	2 秒	小唐	没事，喜欢他就同意吧！
5	近景	小唐的胳膊支在桌子上，端起茶杯	1 秒	小唐	喝茶吧！
6	特写	桌子突然晃得厉害，茶水洒了出来	2 秒		
7	特写	小唐面带疑惑地看着小静	2 秒	小唐	你怎么这么紧张？
8	特写	小静摇摇头	2 秒	小静	我不紧张啊！
9	全景	小静离开座位，小唐的手在剧烈抖动	2 秒	小唐、小静	

（3）文学脚本

文学脚本需要创作者列出所有可能的拍摄思路，但不需要像分镜头脚本那样细致，只需要规定人物需要做的任务、说的台词、所选用的镜头和整个视频的时长即可。文学脚本除了适用于有剧情的短视频外，也适用于非剧情类的短视频，如教学类视频和评测类视频等。

下面是某剧情类短视频的文学脚本，如表 9-4 所示。

表 9-4   某剧情类短视频的文学脚本

镜号	景别	画面	台词
1	全景	中年男子推开门，步态疲乏，看到 3 岁儿子坐在沙发上，手里拿着两个苹果	
2	近景	中年男子坐到儿子旁边，微笑着说	爸爸肚子饿了，给爸爸一个苹果好不好？
3	特写	儿子看了一眼爸爸，把两个苹果都咬了一口	
4	近景	中年男子脸上的笑容逐渐消失，叹了一口气，准备站起来	
5	特写	儿子把其中一个苹果递给中年男子	
6	全景		这个甜，给爸爸。
7	近景	中年男子笑着抱起了儿子	我的好儿子，谢谢你！

2）拍摄景别

景别是影响画面构图的一个重要的因素。景别是指被摄体与镜头之间的距离变化，造成被摄主体在画面中所呈现出的范围大小的区别。分别有远景、全景、中景、近景和特写，如图 9-10 所示。

远景是指画面中除了主体以外，还包括更多的环境因素和其他因素。此时需要多加注意背景的选择，尽量选择一些简单的背景，以免喧宾夺主。远景在渲染氛围、抒发情感、表达意境等方面具有独特的运用。由于具有广泛的视野，因此远景在气势、规模、场景等方面的表现力更强。

全景是指以拍摄主体作为画面的重点并全部显示于画面之中，适用于表现主体的全貌，相比于远景更容易体现主体与环境之间的密切关系。在人像拍摄中，运用全景构图，既能表现人物的行为动作、面部表情与穿着，也可以从某种程度上表现人物的内心活动。

中景是指被摄对象膝以上的部位。用于对人物一些细节的描写，同时画面中也会拥有一些环境因素来渲染气氛。

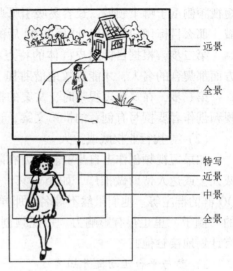

图9-10 景别

近景主要拍摄的是被摄对象胸部以上的部位。这种构图对于主体的环境描述减少，但对于主体的细节层次较好，使画面具有一定的感染力。

特写主要是针对被摄体的面部、容貌进行特写。不仅能让观众产生接近感，还能完美地表现人物面部表情，通过面部把内心活动传给观众。

4. 短视频引流推广

1）运用分享功能，多渠道分享视频

要想最大限度地推广短视频，让更多的用户看到，短视频创作者可以利用平台上的分享功能，将短视频分享到尽可能多的平台上，让其面对更多的用户群体。只要短视频的内容有足够的吸引力，自然会被越来越多的用户关注和认可，成为爆款短视频的概率就会变得很大。

2）借助KOL为短视频做宣传

KOL，即关键意见领袖，指的是拥有更多、更准确的产品信息，且为相关群体所接受或信任，并对该群体的购买行为有较大影响力的人。在做短视频宣传时，要找的KOL是那些可以发挥社交媒体在覆盖面和影响力方面的独特优势，具有较强的用户黏性和号召力的账号，具体方法如下。

（1）找名人付费投放

名人的粉丝众多，他们的一举一动都会引来粉丝们的围观，因此借助其宣传短视频是一个不错的方法。但需要注意的是，所找的名人要与自己的短视频主题或内容在气质上具有相似性。但一定不要与有污点的名人合作，因为他们的形象早已因为某些负面新闻而崩塌，与之合作的风险会大大增加。

借助名人做短视频宣传的流程如下。

第一步，根据短视频的主题和内容找到目标用户群体，短视频创作者要先弄明白自己的短视频侧重于哪个领域，最容易吸引哪些用户观看。例如，若创作的短视频属于美妆垂直领域，那么目标用户群体以90后和00后的女性为主。

第二步，根据目标用户群体的特点和喜好寻找最契合的KOL，只有找到与短视频各个方面都契合的名人，才能有效地借助其"光环效应"达到最好的宣传效果。

第三步，在宣传短视频时，文案的撰写要避免老生常谈，以免让用户产生审美疲劳。短视频创作者要撰写有创意的推广文案，让用户眼前一亮，与名人的"光环效应"相互促进。

（2）寻找行业权威或达人

如果短视频创作者自身资金实力有限，无法付费找名人宣传短视频，也可以寻找行业权威人士或达人帮助做推广，如企业家、自媒体达人、行业达人、资深记者，大型微信群或QQ群的群主等。他们虽然不像名人那样拥有巨大的流量和众多的粉丝量，但在其自身所在的"圈子"里也很有影响力。短视频创作者在生活和工作中要不断发现和积累KOL资源，有计划地接触他们。

3）参与平台活动提升知名度

短视频平台本身就是一个巨大的流量池，当短视频创作者积极参与各种活动，并在其中展示出自己的短视频时，短视频内容和账号自然会被越来越多的用户知道并关注。

9.3.4 实训步骤与成绩评定

1. 实训步骤

第一步，结合水果超市的营销目标，绘制短视频账号目标用户画像。

第二步，为小李所在企业的短视频账号进行内容规划。

第三步，搜集整理短视频制作内容素材。

第四步，为连锁水果超市的企业或产品，撰写一份推广短视频分镜脚本。

2. 成绩评定

成绩评定的要求见表9-5。

表9-5 考核要求及评分标准

考 核 内 容	考核要求及评分标准	分 值
用户画像	确定静态信息数据类型	10
	确定动态信息数据类型	10
内容规划	结合企业短视频运营目标定位选题	10
素材搜集	围绕行业、企业、产品整理内容素材	20
分镜脚本	确定景别	10
	设计画面	20
	撰写台词	20

9.3.5　课后练习

1. 选择题

（1）以下不属于短视频平台的是（　　）。

A. 抖音

B. 快手

C. 微视

D. 优酷

（2）抖音海外版的名称是（　　）。

A. Tik Tok

B. KaKao Talk

C. Talk BOX

D. Musically

（3）短视频入局的门槛很低，不过想要做好短视频账号运营却没有那么容易，短视频运营需要掌握的技能有（　　）。

A. 文案策划

B. 摄影摄像

C. 视频剪辑

D. 营销推广

（4）以下关于短视频运营过程中的注意事项，不正确的说法是（　　）。

A. 短视频内容是核心，要保持内容的创意

B. 保持短视频的更新频次，可以提升平台推荐机会

C. 参与平台话题、热门推荐可以提升短视频内容曝光

D. 短视频的背景音乐的选取相对来讲比较随意

2. 案例分析题

北京环球影城营销策略

北京环球影城位于北京市通州区，毗邻东六环和京哈高速公路，是亚洲的第三座、全球第五座环球影城主题乐园。2021 年 9 月 14 日，北京环球影城门票开售，一到零点，各大售票平台门票便在数秒内售罄，北京环球影城迅速跃居全球单景区销量 TOP1，中秋国庆期间出游目的地中，北京成为了搜索量最高的城市，其受关注程度可见一斑。

关于北京环球影城的营销，以下几点非常值得一说。

1. 超级 IP 加持，本土化沉浸式体验

北京环球影城背靠环球影业的 IP 资源，打造了丰富多样的 IP 主题园区，其中 7 个游乐

场所，涵盖了哈利波特、变形金刚、功夫熊猫、小黄人和侏罗纪世界在内的 5 大 IP，保守估计，这些动漫 IP 在国内的粉丝，累计即可达数十亿。北京环球影城为了适应中国的实际情况，做出了本土化的改造，给中国消费者更沉浸式的游玩体验。北京环球影城中出现了首个以"功夫熊猫"为主题的景区：功夫熊猫盖世之地，而变形金刚景区中也融入了专属于中国的故事线。此外，"话痨"威震天也是 IP 本土化的一项佐证，与电影里的威风凛凛不同，景区内的威震天极会说"单口相声"，"话痨"的属性给这个人物增添了不少的反差萌感。

2. 多平台、多渠道的立体式传播矩阵

首先，是必不可少的品牌宣传片。9 月 1 日，北京环球影城发布开园大片，让大家提前感受身临其境的园区体验。短片中，在手机、电影屏幕、电视里看到的动漫全都变成真实可感的实物来到现实生活中，虚拟与现实的穿梭流转，科技与复古的碰撞，在北京环球影城都可以亲身体验。官方发布的这支短片，提前展现了环球影城内部的精彩布局，起到了为开业提前预热的良好效果。

其次，是明星网红打卡，实现快速种草。试营业期间，也是品牌蹭流量的好时机。众多明星艺人和知名网红、博主被邀请到北京环球影城打卡，拍摄 vlog、上传打卡照片，利用粉丝效应为影城扩大影响力。

3. 品牌联动，增强营销传播力

在品牌合作方面，北京环球影城与宝马、蒙牛、天猫等知名品牌，联合发起了抽奖送门票活动。在天猫大牌日惊喜预热，推出 88VIP 会员专享抽奖活动，中奖者即可获得北京环球影城试运行指定单日门票。

4. 多平台助力，提高品牌声誉

在北京环球影城的强影响力之下，各大平台纷纷开辟了环球影城专区，也算是间接为其品牌营销添了一把火。小红书作为生活分享平台，基于自身特色另外添加了拍照攻略和穿搭指南等特殊板块。B 站（bilibili）则集结了众多网红博主的打卡攻略，用一份超详细的游玩指南让网友感受到身临其境般的沉浸式休验。

除了携程、去哪儿网等旅行购票平台，抖音和小红书等非旅行类 App 也开辟了购票通道，2021 年 9 月，支付宝作为北京环球影城官方售票合作伙伴之一，启动了北京环球度假区支付宝小程序，游客可以进入支付宝小程序购票，预约入园，为游客提供了极大便利。

5. 玩转饥饿营销，激发消费者购买欲望

北京环球影城在筹建时期便多次传出开业消息，然而受内外力因素影响一拖再拖，这种延迟满足的操作让这个本就全球知名的大 IP 主题乐园吊足了消费者的胃口。除此之外，试营业期间内测和多渠道社交传播引发了更多消费者的好奇心理和强烈的购买动机，开售日"门票供不应求、官方购票 App 崩了"等话题快速冲上热搜，营造出了激烈的抢购氛围。这一系列操作利用消费者的好奇、求新心理在无形中为品牌提高了潜在的附加价值，从主客观上维护了品牌形象。

思考与讨论：

（1）你在哪些短视频平台看到过北京环球影城的宣传视频？请描述印象最深的一条短视频。

（2）根据北京环球影城的相关短视频，谈一谈吸引人的短视频应具备哪些特征？

任务9.4　直播运营

9.4.1　实训目标

了解直播营销的优势和常用的直播营销形式，掌握直播营销的规划流程，能够策划一场营销直播。

9.4.2　实训内容

小李通过短视频营销为连锁水果企业带来了更多的网络知名度和人气，为了进一步促进产品销售，小李决定通过直播营销"引流"造势，促进流量到销量的转化。小李通过学习直播营销，了解了直播营销的流程和模式，现要策划一场水果在线销售直播。

9.4.3　实训指导

1. 直播营销概述

直播营销以直播平台为载体，通过现场展示的方式传递企业品牌或产品信息，其呈现形式主要有两种，既可以直接在 PC 端直播，也可以通过手机直播，与用户进行互动。直播营销是目前主流的营销方式，掌握其操作方法可以帮助企业更加灵活地策划与实施各种直播营销方案。

一般来说，直播营销主要包括 4 个要素，分别是场景、人物、产品和创意。场景是指直播的气氛，要让用户感到身临其境。人物是指直播的主角，可以是主播或直播嘉宾，主要任务是展示营销内容并与用户互动。产品要与直播中的道具或互动有关，以软植入的方式达到营销产品的目的。创意则是指提升直播效果、吸引用户观看的创新方式，如知名艺人访谈、互动提问等形式，比简单的表演直播效果更加吸引用户。直播这种直观、真实、互动性强的营销渠道，已经开始展现出巨大的营销价值，并逐渐被更多的个人或企业应用到产品和品牌的推广活动中。

1）直播营销的优势

（1）媒介设备简单

直播营销的设备很简单，常见的智能手机就可以作为直播和观看的设备。因此，直播营销的传播范围更广、速度更快，所达到的营销效果也就更明显。

（2）全方位覆盖用户认知

对于一般的营销方式，用户在查看产品信息的同时需要自己在脑海中构建场景，而直播营销可以直接将产品的形态、使用过程等直观地展现给用户，将用户带入营销的场景，达到全方位覆盖用户认知的效果。

（3）直达用户

直播营销能直达用户，能够消除品牌与用户间的距离感。直播能够实时向用户直观地展示品牌理念、产品制作流程及企业实力等，让用户更加了解品牌，切身地感受到产品和品牌背后的文化。另外，直播营销不会对直播内容进行剪辑和加工，播出的内容与用户所看到的内容是完全一致的。因此，要注重直播流程与设备的维护，避免出现直播失误，给用户留下不好的印象。

（4）身临其境的体验

营销宣传环节的用户契合问题一直是令企业头疼的问题。而直播营销恰恰能解决这个问题，利用实时共享的直播服务，企业可以为用户打造身临其境的场景化体验。例如，阿里旅行直播就远比照片、文字更能让用户直观地感受旅游地的自然人文风光；直播酒店房间配备、景区实景能让用户感受到细节等。

（5）营销效果更直接

不管使用哪种营销方式，都是为了获得更好的营销效果。在直播营销方式中，主播可以通过说辞来更加直接地传递各种优惠信息，同时现场开展促销活动，极大地刺激用户的消费热情，提高营销效果。

（6）营销反馈更有效

在确定目标产品的前提下，企业开展营销活动的目的是展现产品价值，实现盈利。在这个过程中，企业需要不断优化产品和营销策略，对产品进行升级改进，提升营销效果。而直播营销强有力的双向互动模式，可以使主播在直播内容的同时，接收用户的反馈信息，如弹幕、评论等。这些反馈不仅包含对产品的反馈，还有直播用户的现场反应，这也为企业下一次开展直播营销提供了改进的空间。

2）直播营销的常用形式

（1）直播+电商

"直播+电商"是常见的直播营销表现形式，在电商商家中应用广泛。这种表现形式主要是通过直播来介绍网店中产品的材质、功能、卖点等，或通过直播来传授知识、分享经验等。电商平台的用户众多、流量集中，观看直播的用户目的明确，他们对某类型的产品感兴趣或早有购买计划，才会观看直播。因此，"直播+电商"的形式能够快速吸引消费者购买产品，形成直接转化，如淘宝直播、京东直播等边观看直播边购买产品的模式，就是典型的"直播+电商"表现形式。

（2）直播+发布会

"直播+发布会"是众多企业抢夺人气、制造热点的营销法宝。"直播+发布会"的直播地点不再局限于会场，互动方式也更多样和有趣。这种直播方式不仅可以对产品进行直观的展示和充分的说明，还可以结合电商等销售平台实现流量的直接变现。小米的无人机发布会放弃了御用的发布会场地——新云南皇冠假日酒店，改为举办纯在线的新品直播发布会，雷军通过十几家视频网站和手机直播 App，发布了令人期待已久的无人机。仅在小米直播 App 中，同时在线人数就一路飙升，发布会临近结束时，已经有超过 50 万用户在线观看。

（3）直播+企业日常

如同普通用户分享自己日常生活的点滴，营销策划人员也可以分享一些企业中的日常趣事，与用户建立密切关系。与精致包装的企业宣传片相比，企业日常显得更加真实，更加能够引发用户的共鸣，增强用户对企业的信任。比如为了宣传新一代 Mini Clubman，宝马 Mini 联手《时尚先生》杂志，在映客上连续 3 天直播了时尚大片的拍摄现场。直播的主角是几位知名艺人，该直播通过这些知名艺人吸引了众多年轻用户。最终，映客上的在线观看量超过 3 530 万人次。

（4）直播+广告植入

直播中的广告植入一般都是经过精心策划的"软广"，内容真实、有趣，能够获得用户的好感。例如，很多主播通过直播给用户分享化妆秘籍，然后在分享的过程中植入面膜、保湿水、洁面乳等护肤产品的广告，这样自然而然地推荐产品或品牌，更容易使用户接受。在植入广告的过程中，还可以导入购买链接，促进商品成交转化。

（5）直播+活动

"直播+活动"的最大魅力在于通过有效的互动将人气链接到产品或品牌。直播活动的种类很多，如街头采访、互动游戏、用户体验等，在活动的过程中，可以通过与用户互动来进行产品或品牌的宣传，如弹幕互动、问题解答、粉丝打赏、独家情报分享等。由于直播不能剪辑，而活动又充满一系列不确定因素，因此对于主播的应变能力要求也比较高。

（6）直播+访谈

"直播+访谈"是从第三方的角度来阐述观点和看法，如采访行业意见领袖、特邀嘉宾、专家、路人等，以第三方的观点来增加营销内容的可信度，对于传递企业文化、提升品牌知名度、塑造企业良好的市场形象有着积极的促进作用。这种直播方式切忌作假，在没有专家和嘉宾的情况下可选择采访路人，拉近与用户的距离。

2. 直播营销规划流程

一场直播活动，看起来只是几个人对着镜头说说话而已，但背后却有着明确的营销设计，企业要么通过直播营销提升企业品牌形象，要么利用直播营销增加产品销量。企业将营销目的巧妙地设置在直播各个环节，这就是直播营销的整体设计。直播营销的整体设计主要包括五大环节，确保其完整性和有效性。

1）整体思路

在做营销方案之前，直播团队必须先把整体思路理清，然后有目的、有针对性地策划与执行。刚接触直播营销的新手容易进入一个误区，认为"直播营销只不过是一场小活动而已，做好方案然后认真执行就够了"。实际上，如果没有整体思路的指导，直播营销很有可能只是好看、好玩而已，并没有达到企业的营销目的。

直播营销的整体思路设计，包括三部分，即目的分析、方式选择和策略组合。

首先，目的分析。对企业而言，直播只是一种营销手段，因此企业直播营销不能只是简单的直播人员线上才艺表演或互联网游戏分享，而是需要企业根据产品特色、目标用户、营销目标，确定出直播营销的目的。

其次，方式选择。在确定直播目的后，直播团队需要在明星营销、稀有营销、利他营销等方式中，选择其中的一种或多种进行组合。

最后，策略组合。方式选择完成后，直播团队需要对场景、产品、创意等模块进行组合，设计出最优的直播策略。

2）策划筹备

好的直播营销需要"兵马未动，粮草先行"。首先，直播团队将直播营销方案撰写完整；其次，直播团队在直播开始前，将直播过程中用到的软硬件测试好并尽可能降低失误率，防止因为筹备疏忽而引起不良的直播效果。

为了确保直播当天的效果，直播团队还需要提前进行预热宣传，鼓励用户提前进入直播间，静候直播开始。

3）直播执行

前期筹备是为了直播现场执行更流畅，因为从用户的角度，用户只能看到直播现场，无法感知直播团队前期的筹备。

为了达到已经设定好的直播营销目的，直播团队需要尽可能按照直播营销方案，将直播开场、直播过程、直播收尾等环节顺畅地推进，并确保直播的顺利完成。

4）后期传播

直播结束并不意味着营销结束，直播团队需要将直播涉及的图片、文字、视频等，继续通过互联网传播，让其抵达未观看现场直播的用户，让直播效果最大化。

5）效果总结

直播后期传播完成后，直播团队需要进行复盘。一方面，进行直播数据统计并与直播前的营销目的做比较，判断直播效果；另一方面，组织团队讨论，分析本场直播的经验与教训，做好团队经验分享。每一次直播营销结束后的总结与复盘，都可以作为直播团队的整体经验，为下一次直播营销提供优化依据或策划参考。

需要强调的是，直播营销的第四环节和第五环节虽然都是在现场直播结束后进行的，但是直播团队必须在直播开始前就做好两方面的准备：第一，提前设计数据收集路径，如淘宝店流量来源设置、网站分销链接生成、微信公众号后台问卷设置等；第二，提前安排统计人员，不少直播网站后台的数据分析功能不够细化，因此一部分数据（如不同时间段的观看人数情况、不同环节的互动情况等）需要人工统计，便于后续分析。

3. 直播营销过程设计

一般来说，直播营销的执行过程包括直播开场、直播过程和直播结尾三个部分。

1）直播开场设计

在直播中，开场的目的是让用户了解直播的内容、形式和主播本人等信息，给用户留下良好的第一印象，使用户判断该直播是否具有可观性。开场的用户主要包括前期宣传所吸引的用户，以及在直播平台随意浏览的用户，这些用户一般会在进入直播间的 1 分钟内做出是否观看的决定，因此主播要做好直播活动的开场设计。直播活动的开场方式主要有 6 种。

（1）直接介绍

在直播开始时，直接告诉用户本次直播的相关信息，包括主播的自我介绍、主办方介绍、直播话题介绍、直播流程等。需要注意的是，这种方式比较枯燥，容易使部分用户感到不耐烦，因此建议添加一些吸引用户的活动环节，如抽奖、发红包、邀请特约嘉宾等，最大限度地留住已有用户。

（2）提出问题

提问可以引发用户思考，带动主播与用户之间的互动，使用户有一种参与感，同时，主播又能通过用户对问题的反应，预测本次直播的效果。

（3）数据引入

专业性较强的直播活动，可以通过展示数据的方式来开场，增加直播的信服度。这种开场方式要求数据必须真实可靠，否则容易引起用户的质疑，为直播带来负面影响。

（4）故事开场

具有趣味性、传奇性的故事，可以快速引发用户的讨论与共鸣，为直播活动营造一个良好的氛围。但不要选择争议性太大的故事，因为其容易引起用户的激烈讨论，导致无法快速进入主题。

（5）道具开场

营销产品、礼品、场景工具等都可作为开场辅助道具，主播可以通过对道具的简单说明来进入主题。

（6）借助热点

参与直播营销的用户大多喜爱上网，对当前的热门事件非常熟悉，借助热门事件开场可以使主播快速融入用户，拉近与用户之间的距离。

2）直播过程设计

直播活动的过程主要是对直播内容的详细展示，除了全方位、详细地展示产品信息外，主播还可以开展一些互动活动，如弹幕互动、参与剧情、发放直播红包、发起任务等，在增加用户兴趣的同时引爆活动。

（1）弹幕互动

弹幕是以字幕形式出现的评论，它以飘在屏幕中的形式密集出现，所有观看直播的用户都可以看到这些内容。直播时用户的评论就会以弹幕的形式出现，主播在直播过程中要关注弹幕的内容并挑选一些进行回复，特别是用户的一些提问、建议、赞美等内容，如"能介绍一下这个产品的原材料吗？""小姐姐皮肤真好，是用介绍的这个护肤品吗？""什么时候抽奖呀？"等。

（2）参与剧情

参与剧情适合户外直播，通过邀请用户参与直播内容的下一步策划与执行，加强用户的参与感，同时还能借助用户的创意，增加直播的趣味性。若采纳了用户的意见，可以给予其一些奖励，提高用户的积极性。例如，2016年里约奥运会期间，咪咕直播与凤凰网联合推出的"走着｜看里约"直播，就采纳了观看用户的意见，该直播以采访里约街头不同国家、不同肤色的奥运观赛人群为主题。

（3）发放直播红包

主播也可以以发红包或赠送礼物等方式来回馈用户，增加直播的人气并加强互动。主播要提前告知用户发放红包的时间，如"10分钟后有一大波红包来袭""20:00准时发红包"等，这是为了让用户知道抢红包的时间，在提醒用户做好准备的同时，暗示用户邀请更多人加入直播等待红包，提高直播的人气。

（4）发起任务

在直播中发起任务是指让用户按照指定的方式，在指定的时间内完成一系列任务，如邀请用户进入一个微信群，在微信群中分享自己的糗事；邀请用户在某个帖子或微博下评论；号召用户一起做出与主播相同的动作，并分享到社交网站上等。发起任务可以快速凝聚用户，形成团体力量，使用户产生成就感和满足感。

3）直播结尾设计

从直播开始到结束，用户的数量一直在变化，到结尾时还在观看的用户，在一定程度上都是本次营销活动的潜在目标用户，因此，一定要注重直播活动的结尾，最大限度引导直播结束时的剩余流量，实现企业产品或品牌的宣传与销售转化。

（1）引导关注

直播结尾时，主播可以将企业的自媒体账号和关注方式告知用户，引导用户关注，使其成为自己的粉丝，便于后期的粉丝维护。

（2）邀请报名

直播结尾时，主播可以告知用户加入粉丝平台的方式，并邀请其报名。加入粉丝平台的这部分用户对直播内容的认可度较高，能够快速参与直播互动，具有转化为忠实粉丝的潜力。

（3）销售转化

直播结尾时，主播可以告知用户进入官方网站或网店的方法，促进其购买产品，实现销售转化。这种结尾方式，建议给用户一些对他们有利的信息或营造一种紧迫感，如限时打折、优惠或供不应求等。

9.4.4　实训步骤与成绩评定

1. 实训步骤

第一步，分析连锁水果超市的目标消费者，选择合适的直播营销平台。

第二步，结合水果超市销售促进的营销目标，确定直播营销的方式。

第三步，策划一场水果销售主题的直播过程。

2. 成绩评定

成绩评定的要求见表 9-6。

表 9-6　考核要求及评分标准

考核内容	考核要求及评分标准	分　值
选择直播平台	分析目标消费者，选择合适的直播营销平台	20
确定直播方式	直播+电商	10
直播营销过程	设计直播电商开场	20
	设计直播电商过程	40
	设计直播电商结尾	10

9.4.5　课后练习

1. 选择题

（1）直播开场时，主持人借某网红吃肉夹馍事情抛出主题，属于（　　）形式的直播活动开场。

A. 借助热点

B. 抛出数据

C. 提出问题

D. 直白介绍

（2）商业企业在"直播+"的营销过程中不包含（　　）形式。

A. 直播+内容营销

B. 直播+互动营销

C. 直播+电商

D. 直播+调查

（3）下面几点对直播运营的工作内容的认识，说法错误的是（　　）。

A. 直播前直播运营需要对直播进行选品上架，以及策划营销活动

B. 直播运营需要给主播当助理，帮忙打理形象，直播中递东西端茶倒水

C. 直播中直播运营要对直播情况实时监督和分析实时数据，以及追踪活动落实情况

D. 直播后直播运营需要和直播团队一起对本场直播内容、数据、活动等问题复盘

（4）小明最近直播间在做活动，粉丝互动积极性很强，以下几项回复功能设置可以优先考虑的有（　　）。

A. 活动

B. 优惠

C. 快递

D. 质量

（5）主播在直播前需要准备的工作有（　　）。

A. 熟悉脚本

B. 整理个人形象和情绪

C. 配合灯光调校工作

D. 拟定直播中引导粉丝加自己私人微信号的话术

2. 案例分析题

佰草集打造现象级直播间

2021 年直播电商风起云涌，在"卖货"模式渐臻成熟后，追求内容成为打造差异化直播间、寻求流量增长的关键词之一。美妆国货品牌佰草集以"宫廷直播"为开端，为用户打造出"追剧式"直播间，被称为"场景创新的天花板"。

随着市场环境的日渐复杂化、碎片化，对于佰草集而言，如何找到最合适的平台和最恰当的时机与年轻消费者进行沟通变得至关重要。抖音是一个月活超过 6 亿用户的超级内容平台，是年轻消费者聚集的阵地。在抖音上做内容是最快也是最有效与年轻消费者进行沟通的方式。

佰草集直播间与传统的直播间不同，借力清宫剧内容，采用了新颖的古装直播方式。直播期间，每个主播都扮演着自己的角色，为了增加趣味，扮演容嬷嬷和皇后的主播都是反串出演。每当观众进入直播间，就能看到实时更新的"一出好戏"。三个主播带货时，不仅分外入戏、努力"宫斗"，还解锁了属于自己的直播语言——沉浸式宫廷剧带货，从主播到后方场控的一言一行，都自动代入到宫廷剧中；评论区有用户提问，主播也会根据用户的昵称，用王爷、格格之类的称呼进行互动。

在没有头部主播和明星引流的情况下，"佰草集延禧宫正传"抖音账号开播一周就一炮而红，冲进抖音直播带货销售额实时榜单 TOP50，开播不过一个月就迅速起量，成功吸粉

23万，观众人数峰值达到82万+，成为了"双11"期间的现象级案例。

面对直播间的迅速走红，佰草集所属上海家化的相关负责人表示："这个直播间和一般的直播间不大一样，在商业广告的投放目的上，更多希望能够运用商业流量帮助这个账号打磨更加精准的人群标签，帮助在免费流量的获取上触及更多精准的人群。年轻消费者存在审美疲劳期，他们对创新的期待周期越来越短，'佰草集延禧宫正传'的一炮打响，也会引来诸多的追随者模仿，我们如何去完成迭代是当前的重要任务。未来我们不仅要吸引更多的新粉丝进来，也要留住进来的粉丝，通过用户的清晰和沉淀，将对佰草集品牌有认知度、喜爱度的用户留在直播间，提升粉丝的互动体验，顺势达成更多的转化。"

思考与讨论：

（1）佰草集直播间成功背后的原因是什么？

（2）随着佰草集直播间用户的审美疲劳，提出一些改良意见。

知识点小结

微博营销是指商家、个人通过微博平台为用户创造价值的一种营销方式。微博营销注重价值的传递、内容的互动、系统的布局和准确的定位，是基于粉丝基础进行的营销，对于营销者而言，微博上的每一个活跃粉丝都是潜在营销对象。企业用户可以通过微博向粉丝传播品牌信息、产品信息，树立良好的企业形象，提升品牌影响力。个人用户也可以通过微博建立自己的粉丝圈子，打造个人品牌，开展各种营销活动。

微信营销主要有两种类型，微信个人运营和微信企业运营。微信个人运营主要是指个人开通的微信号，可以与手机通信录绑定，邀请手机联系人、微信好友进行交流，可以通过朋友圈发布状态，与微信好友进行互动。企业微信运营主要通过建立微信公众号，发布文章、推送消息、公众号关注、移动应用下载、卡券分发、品牌活动广告等多种官方推广，多维度组合定向投放，实现高效率转化。从营销的角度来说，微信公众号在品牌传播、宣传推广等方面都具有非常重要的意义。

短视频是指时长在5分钟以内，用户利用碎片时间在移动终端观看的短片视频。目前短视频有四大主流平台：抖音、快手、西瓜视频和淘宝卖家秀。目标用户明确，内容细化垂直，标签明显的短视频内容更有可能获得流量倾斜。要想最大限度地推广短视频，让更多的用户看到，短视频创作者可以利用平台上的分享功能，将短视频分享到尽可能多的平台上，让其面对更多的用户群体。只要短视频的内容有足够的吸引力，自然会被越来越多的用户关注和认可，成为爆款短视频的概率就会变得很大。在做短视频宣传时，要找的KOL账号是那些可以发挥社交媒体在覆盖面和影响力方面的独特优势，具有较强的用户黏性和号召力的账号。

直播营销的第一大环节是整体思路。在做营销方案之前，直播团队必须先把整体思路理清，然后有目的、有针对性地策划与执行。直播营销的第二大环节是策划筹备。首先，直播团队将直播营销方案撰写完整；其次，直播团队在直播开始前将直播过程中用到的软硬件测试好并尽可能降低失误率，防止因为筹备疏忽而引起不良的直播效果。直播营销的第三大环节是直播执行。直播团队需要尽可能按照直播营销方案，将直播开场、直播过程、直播收尾等环节顺畅地推进，并确保直播的顺利完成。直播营销的第四大环节是后期传播。直播团队需要将直播涉及的图片、文字、视频等，继续通过互联网传播，让其抵达未观看现场直播的用户，让直播效果最大化。直播营销的第五大环节是效果总结。一方面，进行直播数据统计并与直播前的营销目的做比较，判断直播效果；另一方面，组织团队讨论，分析本场直播的经验与教训，做好团队经验分享。